明辽东长城
陆海协同军事聚落
格局与演变研究

范熙晅 王 震 王双琳 刘文斌 著

中国建筑工业出版社

图书在版编目（CIP）数据

明辽东长城陆海协同军事聚落格局与演变研究 / 范熙晅等著. —北京：中国建筑工业出版社，2024.4
ISBN 978-7-112-29682-8

Ⅰ.①明… Ⅱ.①范… Ⅲ.①长城—防御体系—研究—辽宁—明代 Ⅳ.①K928.77

中国国家版本馆CIP数据核字（2024）第057266号

责任编辑：杨　晓
书籍设计：锋尚设计
责任校对：王　烨

明辽东长城陆海协同军事聚落格局与演变研究
范熙晅　王　震　王双琳　刘文斌　著

*

中国建筑工业出版社出版、发行（北京海淀三里河路9号）
各地新华书店、建筑书店经销
北京锋尚制版有限公司制版
北京中科印刷有限公司印刷

*

开本：787毫米×1092毫米　1/16　印张：16¼　字数：306千字
2024年5月第一版　　2024年5月第一次印刷
定价：78.00元
ISBN 978-7-112-29682-8
（42344）

版权所有　翻印必究
如有内容及印装质量问题，请联系本社读者服务中心退换
电话：（010）58337283　　QQ：2885381756
（地址：北京海淀三里河路9号中国建筑工业出版社604室　邮政编码：100037）

前言

明代长城世界文化遗产是由长城本体、军事聚落、烽传、驿传及其他防御工事组成的复杂的军事防御体系。明代，北边长城防御体系主要由九大军镇分区域管辖，其中辽东镇便是九镇中的东端第一镇。

明代辽东镇辖域内（今辽宁省）的长城修筑始自春秋战国时期，明代达到高潮。《明史》称其为"九边之首"，即明代管辖长城的九大军镇之东端第一镇，其所辖长城边墙长度也为九镇最长，可见其是明长城大型世界文化遗产不可或缺的重要组成。然而，在很多权威文献对明长城的记载中，对辽东镇只字未提，或存在很大的误读。虽然随着多次长城资源考察与文物普查，对辽东镇长城的认识正在逐渐完善，但系统科学的基础性研究亟待加强。

在明代长城九边中，辽东镇是除蓟镇东端山海关防区外，唯一兼顾陆防与海防双向防御的军镇，防御机制与空间布局极具特殊性。但辽东镇的长城体系，无论是边墙还是军事聚落，都在面临着严重的破坏。据2011年公布的《辽宁省明长城资源调查报告》及实地调研发现，史料记载的明辽东镇100余座军事聚落中，约3/4正在遭受严重破坏，个别已毫无存留。现存的军事聚落随着城镇发展，或翻修或仅存片段城墙，城内建筑留存甚少，只能通过门额等遗存来推测位置和名称。在快速城镇化背景下，建筑遗址空间形态的残缺造成了遗产原真性缺失，聚落文化性与独特性逐渐丧失而变得更加趋同，严重影响了聚落自身文化的认同感与归属感。作为重要的历史文化遗产，辽东镇军事聚落体系蕴含了深厚的文化脉络，由军事防御体系要塞发展而来的聚落拥有独特的规划特征，决定了这一地区整体脉络结构与聚落的规模等级，对城镇体系的发展演变产生了极其深远的影响。

本书系统梳理了明代辽东长城陆海协同军事聚落的空间格局及其演变特征，厘清辽东镇地区空间发展的脉络，深入解读辽东镇所处地区的城镇体系时空特征，研究成果可为历史遗存的保护利用、国土空间合理开发提供参考，也为带动东北地区文化遗产的保护、城乡体系的可持续发展提供重要的支撑。

目录

绪论
1
- 一、研究缘起 — 1
- 二、研究背景 — 2

第一章 明辽东镇军事聚落体系形成与发展
11
- 一、明辽东镇军事聚落体系形成背景 — 13
- 二、明辽东镇军事聚落体系建置沿革 — 22
- 三、明代对外战争与辽东镇军事防御体系 — 33

第二章 明辽东镇军事聚落体系选址与规划布局特征
43
- 一、辽东镇军事聚落选址及规划特征 — 45
- 二、明辽东镇军事聚落体系规划布局特征 — 58
- 三、陆海协同防御机制的形成和空间布局 — 70

第三章 清代军事聚落体系发展演变
79
- 一、明清交际时期社会背景转变 — 81
- 二、清盛京地区驻防城体系和行政建置沿革 — 87
- 三、清盛京地区城镇商业萌芽初显 — 97
- 四、清晚期"铁路附属地"的城市化发展 — 110
- 五、清代聚落体系格局演变 — 118

第四章 民国时期聚落体系发展演变
129
- 一、民国时期社会背景的转变 — 132

二、民国时期辽东地区聚落体系延承	138
三、"满铁附属地"的城市近代化发展	149
四、东北地方当局的城市近代化运动	159
五、关内移民浪潮与辽东地区城市化	168
六、民国时期辽东地区聚落体系格局演变	177

第五章 现代辽东地区聚落体系重构

185

一、现代社会背景的转变	187
二、东北重工业基地的兴起与发展	189
三、当代辽东地区聚落体系城乡格局转化	196

第六章 辽东镇军事聚落体系演变特征与影响因素

213

一、演变特征	215
二、影响因素	223
三、保护与利用	227

| 附录 | 235 |
| 参考文献 | 249 |

绪论

一、研究缘起

聚落的形成与发展经历了漫长的时间积淀，伴随自然、社会与人类活动的共同作用，受到物质与非物质因素的双重影响，串联起国家、民族发展的历史。历经战乱的时代背景，不少聚落在成立之初，便带有独特的军事防御属性，并潜移默化地影响着聚落的发展演变。

明代辽东镇位于北边长城防御体系的最东端，被称为"九边之首"。明初的统治者为了巩固边防，大力布防长城军事防御体系。与此同时，为了抵抗倭寇侵扰，明政府逐步发展起了东部海防军事防御体系。辽东镇便是九边中唯一兼顾陆海防御的军镇，整个体系东以鸭绿江为起点，西抵瑞昌堡、山海关，南至旅顺，北至开原（旧归仁县）境外，东西横跨约一千五百七十五里（近800km），南北跨约九百八十里（490km）。

对于明代统治者而言，辽东镇军事防御设施是保护自身安全的必要手段，选址必经深虑。辽东地区环境优越，经过明代的发展，军事聚落体系从单体建筑到整体规划布局，管理格局相对完善，体系脉络基本确立，聚落后期发展也逐渐与周边的自然风貌融合。特殊的地理位置、精细的空间布局、多层的军政管理凸显了辽东镇军事聚落的独特发展演变。军事聚落体系在物质层面内容丰富，包括以进攻、防御为目的的建筑物、民居、庙宇等多种建筑功能形态。而现存古迹破坏较为严重，遗存下来的军事防御设施，虽然已经丧失其原有的职能，但仍具有重要历史价值。

通过加强对辽东镇军事防御体系的综合认识，可更立体、全面地理解明清、民国时期卫所军事聚落的历史演变。充分挖掘、了解聚落蕴含的精神内涵，能帮助重构民众与聚落之间身份的认同感。

1. 明代辽东镇军事聚落保护的建筑学意义

通过调研情况与历史文献记载对比发现，伴随城市不断地发展，辽东长城军事聚落体系正在遭受严重的破坏，聚落历史遗迹损毁较为严重，聚落特色逐步丧失。因此，亟待对辽东镇进行系统性研究和保护。通过理清脉络，补救遗存的重要建筑文化遗产，以期重焕属于聚落内在传承的生命力。

2. 明代辽东镇陆海协同军事防御的社会学意义

在明代长城九边中，辽宁段明长城是唯一兼顾陆防与海防的防御重镇，拥有独特的地理位置和军事地位，其中最主要的特点是拥有陆海协同防御体系，两个体系配合灵活，有机统一。通过研究，可以加深了解防御体系背后的经济、文化、民俗背景，挖掘丰富的人文信息，从军事防御视角，了解防御体系的规划布局原理，挖掘背后的人文价值。

3. 文化遗产保护的历史学意义

辽东镇卫所聚落发展跨越时空，聚落的历史建筑遗产本身可作为过去军事力量的象征，所承载的遗产价值较为特殊，聚落建造过程中的历史事件和建筑本身涵盖的精神、技术、艺术都作为重要历史价值，彰显一个地区的本源特色。

受政治、经济和文化多重因素影响，不同地区聚落的材料、形制、保存状况等都不尽相同，体现了当地人文特色。由聚落发展演化而来的村落众多，是研究辽东镇军事防御体系的历史印证。利用文献查阅和实地调研，可以完善、补充军事聚落发展的历史脉络，从整体视角掌握聚落发展进程，这会对遗产保护和发展提供新思路，便于充分阐释防御工事的复杂性、丰富性、活化利用的模式，利于实现聚落保护与发展的双重价值。

二、研究背景

明长城世界文化遗产，由长城本体、军事聚落及其他防御工事组成，是一个组织严密的军事防御体系，而辽东镇长城又兼顾了陆海协同的多重功能，因此研究涉及多学科交叉范畴。目前，国内相关研究主要集中在明清辽东镇聚落格局及城市形态研究，国外研究成果提供了丰富的城镇史及城市群等相关资料。全面了解研究内容相关的理论，利于丰富研究视角，完善相关方法，更好地进行科学、严谨的探究。

1. 古籍与历史资料

明代辽东镇是九边重镇之一，防御体系地理范围分布广，时间跨度大，同时又是拱卫京师的重要军事防区，相关史实资料丰富，较为全面地记录了辽东镇的地理环境、建置以及军政战事。虽然内容繁杂、事件分散，却是前期资料中的重点，可以为论文提供线索和推论依据。古籍史料包括明清、民国的官修典籍、舆地图集乃至当代各地方志书。

《明史》①《明实录》②等以时间为轴，介绍了辽东地区的政治文化背景。《明史》叙事清晰，史料丰富。书中对卫所建制记载较为详细，是本书研究的重要参考。《明实录》记录了明朝十五朝皇帝的诏书敕令以及国家政治经济等相关的大事件，合计十三部、一千六百多万字，史料系统而丰富，为研究明朝历史的基本史籍。

由兵部官员编制的《四镇三关志》③《九边图论》④等可作为军事资料，辅助了解辽东镇的兵马屯田、官职武备等。《四镇三关志》⑤由时任蓟辽总督的杨兆复委托刘效祖⑥编纂于万历二年至万历四年（1574—1576年），该书共十卷，是在嘉靖之后，明蒙关系紧张的时代背景下编修的边关志书，主要内容围绕边境关、镇地区的军事防御，是研究明代政治、军事、制度与民族关系的重要史料。《九边图论》汇集九边镇等相关情况资料，配有图说。明末清初的《读史方舆纪要》⑦将地理环境、军事要塞布局与军事思想融合，综合探讨军事战术，很有借鉴意义。

地方志书可作为查阅的资料集，包含地势、领地、山川、人口、政策等基本信息及相关风土人情。《辽东志》⑧《全辽志》⑨中含有辽东镇各地卫所的城池示意图，内容丰富，可以充分了解城池周围的山川河流等地形风貌。《开原图说》⑩《奉天通志》⑪等各地方志书涵盖清代至民国时期，共数十本资料，内容各有偏重。从自然、人文视角详细记录了辽东镇各地区的图文信息，还有各个时期的大事件。经过对比研究，可以串联起各

---

① 张廷玉，等. 明史［M］. 北京：中华书局，1974.
②《明实录》，美国国会图书馆所摄原北平图书馆藏"红格钞本"之缩微胶卷影印版，1962年。
③ 刘效祖撰，《四镇三关志》，万历四年刻本。
④ 许论. 九边图论［M］. 北京：北京出版社，1538.
⑤ 同③。
⑥ 刘效祖（1522—1589），明嘉靖二十九进士，曾任陕西固原兵备副使。
⑦ 顾祖禹，《读史方舆纪要》，卷37，1692年（康熙三十一年）。
⑧ 毕恭. 辽东志书序［M］. 1934年《辽海丛书》本. 沈阳：辽沈书社，1985.
⑨ 王之诰.《全辽志》叙［M］//李辅. 全辽志. 1934年《辽海丛书》本. 沈阳：辽沈书社，1985：496.
⑩ 冯瑷辑，《开原图说》，万历刻本。
⑪ 翟文选、臧式毅主修，《奉天通志：大事志》，东北文史丛书编辑委员会，沈阳博物馆藏本。

个聚落发展演变的脉络，归纳城池规模的变化、功能重心的转移、政策偏向以及人口迁徙动向，进而得出聚落演化至城镇的发展规律。

从另一角度看，通过了解地区不同的生活细节，更真实全面地复原"历史剖面",[①]补充分析中的人文氛围。史实资料具有真实可靠性，是研究中数据的首要来源。

2. 明辽东长城军事体系相关研究

目前，针对辽东镇陆防海防军事防御体系和聚落形态研究的成果较多，为军事聚落研究提供了充分的资料与理论基础。

1) 陆防体系

辽东镇陆防体系主体依据明长城布列，特征鲜明。其中，天津大学张玉坤团队研究成果丰硕，李严的博士论文《明长城"九边"重镇军事防御性聚落研究》[②]从宏观至微观探讨军事聚落的时空分布特点、防御特征、层次规模、内部构成这四方面内容，内容翔实。王琳峰的《明长城蓟镇军事防御性聚落研究》[③]通过建立数据库的方法量化研究聚落演变。范熙晅的《明长城军事防御体系规划布局机制研究》[④]将部分抽象的分析内容转以具象的图示表达，表达完整且简明扼要。刘珊珊、张玉坤的《明辽东镇长城军事防御体系与聚落分布》[⑤]较深刻地剖析了辽东镇的军事聚落布局的时空分布规律，对体系布局的成因分析较为透彻。

东南大学朱小棣团队，对明代遗存的大同、辽东段长城进行了大量的实地调研，多从土木工程角度研究夯土构造、材料等问题，对一些墙体搭建进行推测总结，并针对性地提出保护意见。《明代大同镇长城与自然地理环境关系研究》[⑥]通过数据分析坡向、坡度，进一步分析长城的城墙、敌台等的视域、射程。整理大量数据，建立了长城信息数据库，为长城研究的深入提供支持。《长城建造中的层位关系在构造层面的反映——以

---

① 鲁西奇. 区域历史地理研究：对象与方法：汉水流域的个案考察 [M]. 南宁：广西人民出版社，2000.
② 李严. 明长城"九边"重镇军事防御性聚落研究 [D]. 天津：天津大学，2007.
③ 王琳峰. 明长城蓟镇军事防御性聚落研究 [D]. 天津：天津大学，2012.
④ 范熙晅. 明长城军事防御体系规划布局机制研究 [D]. 天津：天津大学，2015.
⑤ 刘珊珊，张玉坤. 明辽东镇长城军事防御体系与聚落分布 [J]. 哈尔滨工业大学学报（社会科学版），2011，13（1）：36-44.
⑥ 汪涛. 明代大同镇长城与自然地理环境关系研究 [D]. 南京：东南大学，2010.

明长城大同镇段为例》①分析出了不同时间段修筑长城的三种构造做法，对改善当今长城修缮技术大有裨益。《长城的建造技术特征与建造信息保护——以明长城大同镇段为例》②通过对大同段长城建造技术的总结，还原原本的构筑物特征，理论联系实际，具有重要科研意义。

另外，朱小棣团队对辽东段明长城的研究成果也颇丰，《基于军事运作的明长城选址与布局特征——以辽宁小河口段长城为例》③中，运用GIS技术，论述不同地理条件下，长城及附属设施选址特征。《基于军事功能运作角度的明长城建造特征及保护策略研究——以辽宁锥子山长城小河口段为例》④引入地形学理论、历史文献、实地调研与GIS结合，分析城墙、城堡等分布特征，以大量分析图佐证，科学严谨，最后提出相应保护意见。黄欢在建筑历史与理论方向的硕士论文《明代长城防御体系之辽东镇卫所城市研究》⑤中从卫所城市发展的视角，对重要城市的建制、发展及其当代保护等方面进行了探讨，但缺少对辽东镇陆海军事卫所聚落之间有机关系的分析。

大连理工大学李冰团队，在调研基础上，收集整合盖州、复州等古城室外详细数据，分析街巷尺度、建筑功能排布，进行了系统的量化分析。

北京林业大学相关学者对长城军事堡寨研究也有一定的贡献，施瑶在《明大同镇长城军事聚落适应性特征研究》⑥中从聚落和环境的整体观与适应性研究的视角入手，研究大同镇72座长城军事聚落在空间形态上的适应特征。王念等在《明代贵州卫所屯堡聚落形制初探——兼与长城和海防沿线卫所比较》⑦中基于地方志和实地调研，探讨贵州屯堡聚落各层级总体规模，并进一步运用收集到的数据，将贵州卫所屯堡聚落与长城陆防、海防沿线聚落进行大致比较，研究思路对笔者有一定的启发。段诗乐等的《明长城

---

① 常军富，沈旸，周小棣. 长城建造中的层位关系在构造层面的反映：以明长城大同镇段为例 [J]. 中国文化遗产，2018（3）：24-30.

② 周小棣，沈旸，常军富. 长城的建造技术特征与建造信息保护：以明长城大同镇段为例 [J]. 建筑学报，2011（S2）：57-61.

③ 相睿，沈旸，周小棣. 基于军事运作的明长城选址与布局特征：以辽宁小河口段长城为例 [J]. 中国文化遗产，2018（3）：15-23.

④ 章冬. 基于军事功能运作角度的明长城建造特征及保护策略研究：以辽宁锥子山长城小河口段为例 [D]. 南京：东南大学，2012.

⑤ 黄欢. 明代长城防御体系之辽东镇卫所城市研究 [D]. 南京：东南大学，2007.

⑥ 施瑶. 明大同镇长城军事聚落适应性特征研究 [D]. 北京：北京林业大学，2020.

⑦ 王念，周政旭，胡杰. 明代贵州卫所屯堡聚落形制初探：兼与长城和海防沿线卫所比较 [J]. 现代城市研究，2020（5）：80-85.

宁夏镇军事聚落分布与选址研究》①从军镇和聚落两个尺度入手，史料配合图解分析，对不同军事聚落选址进行归类。

2）海防体系

区别于明长城陆防系统以长城为主线构成的军事聚落体系，海防系统则是利用地形优势，军事要塞配合沿海岛屿等共同构成军事防御体系。刘文斌的《明辽东地区海防聚落工程体系研究》②以海防聚落工程体系为研究对象，分析其成因及内在的联系。尹泽凯的《明代海防聚落体系研究》③以实地调研为基础，融入大数据思维和可达性理论。毕建业的《威海地区明海防军事聚落体系与空间分析》④挖掘了体系和军事管理内在的关联性。该文章的思路对辽东镇的海防体系研究有借鉴之处。刘俊勇的《明代辽东海防城堡的调查与考证——以金州卫、复州卫为中心》⑤搜集多种资料，介绍了典型的几个海防堡城、驿站。

3）陆海协同军事防御体系

刘谦所著的《明辽东镇长城及防御考》⑥最早提出了辽东镇同时拥有独特的陆防海防体系。目前，针对辽东镇陆防海防各自体系的研究，丰富且深入，但缺少整体性的研究。辽东镇各部分防御模式复杂丰富，有机统一，自成特点且互相联系和制约，因而需要从整体性视角将陆防海防二者有机结合进行研究。笔者范熙晅的博士论文《明长城辽东镇陆海协同军事防御体系布局研究》⑦将陆防海防军事防御系统结合，并将其协作关系分段展现，在此基础上，本书进一步对明代辽东镇海陆协同防御体系的空间互动关系进行了研究。

4）辽东镇军事聚落相关研究

明代时期，辽东镇军事聚落开始建立，逐步发展扩大。关锡镝和王飒的《明代辽东都司军事聚落体系变迁新探》⑧通过舆图补充了一些聚落的图文信息，重要的是针对以

---

① 段诗乐，林箐. 明长城宁夏镇军事聚落分布与选址研究 [J]. 风景园林，2021，28（6）：107-113.
② 刘文斌. 明辽东地区海防聚落工程体系研究 [D]. 天津：天津大学，2012.
③ 尹泽凯. 明代海防聚落体系研究 [D]. 天津：天津大学，2016.
④ 毕建业. 威海地区明海防军事聚落体系与空间分析 [D]. 天津：天津大学，2012.
⑤ 刘俊勇. 明代辽东海防城堡的调查与考证：以金州卫、复州卫为中心 [J]. 东北史地，2015（4）：35-39，97-98.
⑥ 刘谦. 明辽东镇长城及防御考 [M]. 北京：文物出版社，1989.
⑦ 范熙晅. 明长城辽东镇陆海协同军事防御体系布局研究 [D]. 天津：天津大学，2015.
⑧ 关锡镝，王飒. 明代辽东都司军事聚落体系变迁新探 [C] //中国建筑学会建筑史学分会. 2016年中国建筑史学会年会论文集. 武汉：武汉理工大学出版社，2016：393-402.

往对明代辽东军事聚落修建的"三阶段论"观点进行修正,结合史料提出"五阶段论",为以后的研究提供更多思路。李严等的《明长城军堡与明、清村堡的比较研究》[①]从聚落始建背景等方面进行比较,解析了长城军堡与村堡从表现到本质上的区别,给笔者一定的启发,在探讨军事聚落防御功能弱化之后,在聚落转变以居住为主要功能的时期,一些聚落的特征表现可参考借鉴。

明清之际涉及朝代更替,战争频繁的社会背景下,社会动荡,人口流动性极大,该时间段对辽东地区而言,无论积极或消极影响,都是促使聚落发展转变的一个重要契机。表现上,局部聚落重心地位开始下滑,辽东镇整体的军事防御体系受战争影响,破坏严重,防御功能在清代时期极大削弱。由于时间段的特殊性,需要挖掘更详细的资料作为背景补充。

张丹卉在《论明清之际东北边疆城镇的衰落》[②]中分析了几个主要军事聚落如今对应的城镇方位,并阐述了明清战争对辽东地区城镇的严重破坏。江红春的《明清时期辽东半岛建置沿革》[③]查阅了大量军事、政令等文献资料,梳理脉络,利于理解当今辽东半岛的行政区划。王雁的《衰落与萌芽——明清战争期间辽宁城镇发展》[④]对比了明清战争前后辽宁城镇的发展,论述聚落格局、地位及文化方面发生的变化。

清代时期政府对待辽东镇的态度与明代时期大为不同,相关研究中学者们也归纳总结出该时期辽东地区聚落的特征。智喜君的《我国东北城市形成和发展的历史特点(上、下)》[⑤]按照朝代更迭,在一个大环境下,系统扼要地介绍了东北城市的发展演变。陈喜波等的《论清代长城沿线外侧城镇的兴起》[⑥]展示了长城沿线外侧发展繁荣的一种现象。何一民的《清代东北地区城市发展与变迁》[⑦]讲述了辽东地区由战后衰败如何开始兴旺发展。同时代其他区域的城镇发展特点总结也可提供借鉴。綦岩在其学位论文《清代黑龙江地区城镇研究(1644—1860年)》[⑧]中,探讨了黑龙江地区城镇发展的特

---

① 李严,张玉坤. 明长城军堡与明、清村堡的比较研究[J]. 新建筑,2006(1):36-40.
② 张丹卉. 论明清之际东北边疆城镇的衰落[J]. 中国边疆史地研究,2004(1):58-68,150.
③ 江红春. 明清时期辽东半岛建置沿革[J]. 满族研究,2006(2):26-32.
④ 王雁. 衰落与萌芽:明清战争期间辽宁城镇发展[J]. 满族研究,2012(2):38-44.
⑤ 智喜君. 我国东北城市形成和发展的历史特点:下[J]. 鞍山师范学院学报,1998(3):4-11.
⑥ 陈喜波,颜廷真,韩光辉. 论清代长城沿线外侧城镇的兴起[J]. 北京大学学报(哲学社会科学版),2001(3):12-18.
⑦ 何一民. 清代东北地区城市发展与变迁[J]. 四川大学学报(哲学社会科学版),2010(1):5-21.
⑧ 綦岩. 清代黑龙江地区城镇研究(1644—1860年)[D]. 哈尔滨:黑龙江大学,2013.

点，包括城镇内外结构以及彼此之间的关系连接。这为辽东地区城镇发展的研究提供了一种参考。

将明清两个时期作为一个整体，对辽东镇聚落城镇进行跨时间段整体性研究的学者众多。其中，吴迪的《明清辽东地区城市形态演变研究》[①]通过结合具体案例，分析明清时期城市形态的特点，但忽略了明代辽东镇军事防御体系大背景的影响。张芳的《明清时期辽东半岛城镇体系演变研究》[②]通过综合对比不同时段辽东半岛城镇体系的发展全貌，发现辽东半岛三地城市中心的转移，同时总结出清末国家社会性质的变化对辽东半岛城镇体系的影响最显著，这一重要结论。

5）辽东地区历史地理背景研究

辽宁省地方志编纂委员会出版的《辽宁省志·地理志·建置志》[③]，逻辑清晰，框架完善。清代、民国时期乃至当代，辽宁地区的政治制度转变、城镇建置沿革记载详尽，数据有据可循，该书是一本重要的参考资料，有力地佐证了辽东地区聚落的发展演变规律。

中国社会科学院的历史研究员张志强通过《东北近代史与城市史研究》[④]介绍了东北近代时期的重大事件。城市史部分则以沈阳为重点，探讨了城市发展的特点。

曲晓范所著的《近代东北城市的历史变迁》[⑤]，以时间为序，内容充实详尽，重点突出，通过对清代、民国时期东北地区城镇变迁的社会背景串线，展现当时丰富的人文特色。该书时代背景衔接贯通，更利于理解城镇发展变迁的根由。书中通过城市规划视角，阐述了近代航运市镇、"铁路附属地"的兴起发展，观点科学严谨。其中，东北三省土地、人口数据丰富。该书对本书观点的提出、数据的整理帮助颇大。

曲彦斌所著的《辽宁文化通史》[⑥]，仔细挖掘了各个历史时期辽东地区的社会文化背景、风俗习惯。民国时期，西方列强插手辽宁地区铁路附属城镇的规划，兴建了一批中西结合式建筑，书中均有详细描写，这提醒了相关研究学者，特殊时期的建筑风格也是

---

① 吴迪. 明清辽东地区城市形态演变研究［D］. 沈阳：沈阳建筑大学，2017.
② 张芳. 明清时期辽东半岛城镇体系演变研究［D］. 北京：中央民族大学，2012.
③ 辽宁省地方志编纂委员会办公室. 辽宁省志：地理志：建置志［M］. 沈阳：辽宁民族出版社，2001.
④ 张志强. 东北近代史与城市史研究［M］. 北京：社会科学文献出版社，2013.
⑤ 曲晓范. 近代东北城市的历史变迁［M］. 长春：东北师范大学出版社，2001.
⑥ 曲彦斌. 辽宁文化通史［M］. 大连：大连理工大学出版社，2009.

辽东镇军事聚落体系演变过程中的文化积淀，与明代的军事聚落遗存一样价值独特，均需认真保护。

3. 城镇体系相关研究

城镇体系研究内容较为广泛复杂，内容需要充足的史料与科学方法相互配合，才会发现、归纳出合理的演化规律。金毓黻所著的《东北通史》①阐述了中国东北地区从远古至清末疆域变迁以及各朝代的盛衰兴亡。顾朝林所著的《中国城镇体系——历史、现状、展望》②是一本研究城镇体系的著作，书中观点对笔者有很大的启发性。该书通过十六个章节，从中国古代原始聚落群形成，到早期城镇体系产生，封建社会的发展，然后是近现代城镇体系的特点，再到最后对中国城镇未来发展的预测，条理清晰，框架严谨，数据丰富，能体现出作者丰厚的功底。

北京大学的董黎明在研究辽宁城镇布局的过程中利用发展条件因素因子评价体系，较客观地得出辽宁地区各城镇的发展现况，便于针对性地提出改进意见。王士君等的《从中心地到城市网络——中国城镇体系研究的理论转变》③分析了城镇由具有局限性的中心地理论转向网络化发展的动势。

方法上，各位学者借用不同理论对城镇的规模、布局等进行定量的可视化分析。张亮靓的《城市规模分布的演化、影响因素与经济增长：基于国际数据的分析》④借用了位序规模法测度城市规模分布，引用不同策略研究城市规模分布的影响因子。尹泽凯等的《基于可达性理论的明代海防聚落空间布局研究》⑤运用可达性理论，对明代海防聚落空间布局作了分析，试图找出分布规律。张昊雁的《清代长城北侧城镇研究》⑥利用分形几何理论对城镇进行了科学定量的分析。鲁西奇的《区域历史地理研究：对象与方

---

① 金毓黻. 东北通史 [M]. 重庆：五十年代出版社，1944.
② 顾朝林. 中国城镇体系：历史·现状·展望 [M]. 北京：商务印书馆，1992.
③ 王士君，廉超，赵梓渝. 从中心地到城市网络：中国城镇体系研究的理论转变 [J]. 地理研究，2019，38（1）：64-74.
④ 张亮靓. 城市规模分布的演化、影响因素与经济增长：基于国际数据的分析 [D]. 上海：华东师范大学，2018.
⑤ 尹泽凯，田林，谭立峰. 基于可达性理论的明代海防聚落空间布局研究 [C]//中国城市规划学会. 活力城乡 美好人居：2019中国城市规划年会论文集（04城市规划历史与理论）. 北京：中国建筑工业出版社，2019：105-117.
⑥ 张昊雁. 清代长城北侧城镇研究 [D]. 天津：天津大学，2016.

法——汉水流域的个案考察》[1]提出"建立连续的地理剖面"的理论方法。即研究者将某一区域的历史，依据某些因素分为几个时间片段，再复原时间段内该区域综合的实际情况，组合成区域整体性的历史地理剖面[2]，再将各时段的历史地理剖面进行对比，得出区域发展演变的规律以及背后的影响因素。这种研究方法提供了一个较新颖的分析角度。马正林的《中国城市历史地理》分析了中国古代单体城市的选址原则[3]，对笔者有一定的启发性。

在人口统计方面：理学博士张力仁在《清代城市的空间范围及其人口属性》[4]中，通过实例论证，以城市人口平均密度来判别文献记载的"疑似"城市人口数据更为合理。该方法可为计算城镇人口数量时，提供理论支撑。

在国外，克里斯泰勒的《德国南部的中心地》一书中提出了城市地理学相关的理论。施坚雅作为较早研究中国城镇发展的国外学者，受时代所限，其论文中某些观点难免偏颇，但作品中简单犀利的观点也可加以批判利用，《中华帝国晚期的城市》[5]针对当时的中国社会背景，对城镇发展的特点进行了探究。

综上，对明辽东长城陆海协同军事聚落的历史格局与演变进行整体性、系统性的研究，揭示了这一亟待保护的重要文化遗产在规划布局及演变中的深层机制与特征，对保护与利用辽东长城具有重要的研究意义，也为带动东北地区文化遗产的发展提供了重要的支撑。

---

[1] 鲁西奇. 区域历史地理研究：对象与方法：汉水流域的个案考察[M]. 南宁：广西人民出版社，2000.
[2] 同①.
[3] 马正林. 中国城市历史地理[M]. 济南：山东教育出版社，1998.
[4] 张力仁. 清代城市的空间范围及其人口属性[J]. 陕西师范大学学报（哲学社会科学版），2014，43（5）：121-130.
[5] 施坚雅. 中华帝国晚期的城市[M]. 北京：中华书局，2000.

第一章

明辽东镇军事聚落体系形成与发展

"辽东"这一地名古来有之,《管子·地数篇》中已有"燕有辽东之煮"的记载,战国时燕国便在此设"辽东郡",开辽东地区行政建置之先河。东晋十六国时期,中国北方地区陷入混乱分裂的局面,无暇他顾,部分辽东郡故地被高句丽所占。至唐代重归统一后,灭亡高句丽,设立安东都护府以管辖辽东及高句丽故地。到明代时,辽东地区濒临渤海湾,向西、北分别盘踞着蒙古诸部及女真势力,向东连通朝鲜、日本,向南则屏障京师,与中原地区不过一道山海关相隔,易攻难守。在此背景下,辽东地区的防务已成为新生王朝的命脉所在,辽东镇军事聚落体系亦成为明长城军事防御体系的重要组成部分。

有明一代,在国家政策及相关制度的支撑下,辽东镇军事管理机制不断调整,明廷在辽东千里荒野之间修建大量军事城池,聚落之间联系紧密,运行高效,是辽东镇军事聚落体系发展的高峰期。出于特殊的地缘格局和历史背景,辽东镇是明长城九边重镇中唯一兼具陆防与海防的军事防区,以明长城作为主线,以"镇—路—卫—所—堡"为等级划分的军事聚落,通过烽燧、驿传系统相互联系,形成了立体、全面、陆海协同的古代军事防御体系。

从宏观角度来看,在明以前的数千年历史长河中,辽东地区作为少数民族势力与中原王朝对抗的前线,始终处于文明的边缘地带,城镇发展情况薄弱,军事纷争不断。而明辽东镇军事聚落体系的形成则成为其城镇演化进程的重大转折点,大量以军事需求为导向的聚落应运而生,为地区的城镇格局发展奠定了基调。研究明代军事聚落体系的形成与发展,有助于追本溯源,厘清辽东地区空间格局,把握城镇体系发展脉络。从微观角度来看,明长城军事聚落在选址、规划、设施建设方面都体现了鲜明的中国古代军事城镇规划思想。辽东镇作为唯一具有陆海协同防御机制的军事防区,其特殊的地理位置和防御功能都在军事聚落的形态与规划中有所体现。

几经时代变迁,辽东镇军事聚落体系的防御功能虽已不存,但其不仅在中国古代军事和城市发展史上占据重要位置,对现代辽宁地区的城镇发展格局的影响更是源远流长,是一笔珍贵的历史文化遗产。

一、明辽东镇军事聚落体系形成背景

1. 辽东地区地理区位条件及地缘政治格局

辽东镇地区濒临辽东湾，海上与日本、朝鲜一衣带水，陆上是少数民族势力与中原王朝的边缘地带。因其特殊的地理位置和地缘政治格局，历朝历代都被视为"兵家必争之地"。《周易》曰："天险不可升也，地险山川丘陵也。王公设险以守其国，险之时用大矣哉。"① 自古以来，军事聚落选址便多设立在地势险要之处以御外敌，辽东镇地区军事聚落体系正是其中的典型代表，是明廷抵御北方入侵者的不二选择。有明一代，明廷陆续在辽东兴建了以"镇—路—卫—所—堡"为等级划分的军事聚落，通过驿传和烽燧系统串点成链，形成结构复杂、防御严密的军事防御体系。

在地区复杂地形基础上，筛选易守难攻的形胜之地兴建军事聚落体系，可见明廷并非图一时之计，而是考虑到后期战略资源的开发利用，以达到军事防御的长远目的。明初的主要敌人是残余的北元势力，辽东镇并非首要防御之地。但到了明中后期，建州女真成为明廷政权最大的威胁，辽东镇的军事地位急剧上升，辽东镇的沦陷也敲响了明王朝覆灭的丧钟，可见其在明清交际地缘政治格局中的重要性。

1）地理区位条件

明代辽东镇指挥使司下辖管理范围基本涵盖当今辽宁省辖域，范围东起鸭绿江，西抵瑞昌堡、山海关，与京畿相连接。辽东镇区域整体地势东西高，中间低，由北向南、自东西向中部倾斜，涵盖平原、山地、丘陵等多种地貌，整体地块呈马蹄形倾斜入渤海。辽西以丘陵地势为主，在渤海沿岸冲积形成了狭长的沿海平原，即"辽西走廊"；辽东则以长白山支脉延续部分为主要山脉，地势起伏较大；中部则有辽河平原。水系则以辽河及其支流为主。辽东镇整体呈现出"六山一水三分田"的地势特征。

辽西地区多丘陵山地，主要山脉有努鲁尔虎山、七老图山等。整体高度自西北向东南逐级下降，海拔高度由1000m以上降至300~400m。整个区域以大凌河为界，西北侧为连绵不绝的辽西丘陵，东南侧为渤海沿岸狭长的海滨平原，形成连通京畿与东北地区的重要通道，即辽西走廊。辽西走廊地区作为"负山面海，形势绝胜"之地，在明清辽东战争中起到了极为重大的军事作用。

---

① 姬昌. 周易 [M]. 北京：华夏出版社，2009.

辽东镇中西部多为辽河水系作用形成的冲积平原。自今内蒙古境内发源的西辽河和今吉林省东南部发源的东辽河，在辽宁省昌图县福德店汇流，自东西两岸山地发源的大小河流注入辽河，形成了辽东镇地区的主要命脉——辽河水系。辽河平原土壤肥沃，水路畅达，农业开发条件优越，航运条件好，在近代成为重要的农业区和航运贸易中心。

辽东地区以长白山支脉延续部分作为地区主脊梁，将东部地区按东北西南走向划分为两部分，山地海拔在500～1000m，该地区是辽东地势最高的部分，山势起伏变化较大。地处群山之中，自然山水成为聚落的天然军事屏障，军事聚落多依山势险要之处建成。南部辽东半岛一直延伸至旅顺入海口，与山东省登、莱二州隔海相望，三面环海的特殊位置也催生了海防军事聚落的设立。

辽东镇不仅地势险要、有突出的军事价值，而且其自然气候相对东北腹地更加温和，有利于人口的集聚和军事聚落的发展演进。气候因素变化还会直接影响御敌作战，据地质资料记载，辽东气候波动较小，大陆性季风气候的特征明显。夏季高温多雨，冬季寒冷干燥，因此，辽东地区的河流有春、夏两个汛期，季节性变化明显，水资源相对丰富。由于中部马蹄形地形对气流的影响，降雨量自东南向西北递减。地区大小约有390余条河流。[①]辽河是主要的一条通航干流，自东北向西南贯穿辽河平原。除了辽河水系外，辽西地区的大凌河在众河流中的流量较大，也是重要河流之一。

2）地缘政治格局

辽东镇地势险要，军事地位特殊，对内是联系中原与东北地区的重要交通要塞，对外则是历代中原王朝拒止少数民族势力的边防重地。

从往来交通角度看，辽东镇地区"左控朝鲜，而右引燕蓟，前襟溟渤，而后负沙漠，盖东北一都会也。"[②]自关外地区进入中原，狭长的辽西走廊成为陆上必经之处，起到沟通关内外地区的作用。除了陆上交通以外，辽东镇的航运业也由来已久。自秦汉时期以来，辽东半岛便是重要的海上交通节点，整个东北地区经由渤海可自南向北，与山东半岛、朝鲜半岛相连通。另外，明代立国以后，再次明确了朝鲜作为中原王朝藩属国的地位，朝鲜使者往来朝贡、请封，皆要经过辽东镇进入中原地区。因此，出于对朝鲜使者的安全考虑，在辽东镇建立完善的聚落体系和驿传系统也是有必要的。

从军事防御角度看，中原地区政权数千年来的首要威胁几乎都在北方，盘踞在边远

[①] 杨孝本. 清代辽宁地区城镇地理研究[D]. 长春：东北师范大学，2010.
[②] 金毓黻. 辽海丛书：全辽志：卷一：图辽考[M]. 沈阳：辽沈书社，1985.

地区的游牧民族始终对中原沃土虎视眈眈，而将北元驱赶至长城北端的明政权，天然就有着对残余蒙古势力卷土重来的忌惮。辽东镇属于明长城九边之首，其东北侧盘踞着建州女真势力，北侧则为东海、海西女真，西北部为蒙古兀良哈三卫。因其"三面环夷"的险要位置，兼以作为屏障京师之门户，自然成为明廷的军事命脉所在。辽东镇若失陷，北方少数民族势力可以一举南下直入京畿，动摇国本，这一问题在明成祖朱棣向北迁都至北京后变得更为尖锐。因此，辽东镇复杂的地缘政治格局也决定了其以军事为主要导向的聚落体系的形成。

由于辽东南部半岛多丘陵，海岸地形破碎，岸线蜿蜒曲折，海岛众多，辽东镇在承担陆路防御压力的同时，亦要防备陆海腹背受敌的情况。有明一代，朝鲜始终作为藩属国而存在，对明廷而言并无军事威胁，但日本对朝鲜土地的觊觎间接影响了辽东镇的地缘格局，倭寇盛行的情况也促使了海防体系的发展。因此，辽东半岛设立了金、复、海、盖等诸多卫所聚落，扼塞而控险，"形胜谓山屏峦古，水绕东瀛，其大势也，而境内之山脉起伏川流汇海者，悉数正多兹，据所著名者详之，后之人按籍以稽盖犹可了如指掌耳。"①辽东镇内可自成陆海协同军事防御体系，外可与山东半岛配合联动，作为渤海门户共同拱卫京师。

据《全辽志》书中所言，辽东镇地区"北拒诸胡，南扼朝鲜，东控夫余，真番之境，负山阻海，地险而要，中国得之则足以治胡，胡得之亦足以抗中国，故其离合实关乎中国之盛衰焉。"②可见辽东镇在明代军事地位之重，直接关乎国家存亡命运。地理区位条件、地缘政治格局等因素对军事聚落的选址和演进等方面影响深刻，辽东镇有着得天独厚的自然优势和复杂多变的地缘政治格局，其兴亡与明代国祚息息相关。保持对辽东镇地区军事防御体系的掌控，则内可以稳定时局，外可以抵御少数民族势力，这是明辽东镇军事聚落体系建立的重大意义。

2. 辽东地区历史制度沿革

聚落的形成发展并非一日之功，而是随时间缓慢积淀的过程，朝代虽然更迭不断，历史的承传却是生生不息。因此，明辽东镇军事聚落体系的形成和完善，自然离不开前人的铺垫积累。辽东地区自战国设郡以后，其政治经济活动渐多，军事、政治制度作为

---

① 程廷恒修，张素纂，《复县志略》，1920年（民国九年）.
② 侯丹蕾. 明长城辽东镇驿传系统研究[D]. 天津：天津大学，2018.

上层建筑，也在其发展进程中起着不可或缺的重要作用。由于辽东地区复杂的地缘格局，历代政治制度也多以军事防御、民族融合等需求为主，统治者的决策导向对聚落发展有着重要的推动作用，确立了聚落体系演进的脉络走向。通过对其历代政治制度的梳理，可以窥见历史推进的必然规律，辽东镇军事聚落体系的产生发展也变得有迹可循。

囿于古代生产力的限制，中原王朝对疆土的掌控力往往有限，核心疆域的演进和积淀受到更多的关注，而与少数民族比邻的边缘地带则遭到忽视，在历史舞台上存在长期缺位。其一是因为这些边缘地带的军事压力通常较大，一旦中原政局不稳便会陷入混战，无法维持稳定的发展环境；二是因为统治者往往鞭长莫及，无法维持强有力的控制。因此，历代官史对这些边缘地带的制度沿革记载寥寥，但也可从中稍微窥得其兴起发展的脉络。

辽东地区与其他边缘地带相比，拥有不可忽视的特殊地理位置和地缘格局，与中原联络往来密切，因此也成为我国历史上开发较早的区域之一。自夏朝起，便有对辽东地区的记载，例如《尚书·禹贡》曾指出，当时辽东地区隶属于冀、青二州地。商朝时，辽东地区被分封给辽西的竹侯、貥侯。西周建立后，将辽东地区划分给燕国，战国时燕整合东北，在辽东地区设立辽东、辽西二郡。[①]在这一时期，辽东地区最早的军事防御设施已经出现，即燕国建造的障塞[②]体系，构成了其点线式长城的主体部分。

公元前221年，秦一统六合，建立中国史上第一个中央集权制政权。秦建立以后，接管燕国故地，沿袭旧郡制，仍设辽东、辽西二郡。西汉时辽宁地区属幽州，初置辽东郡，统领十八县，以襄平（今辽宁省辽阳市）为郡治，后以医巫闾山为天然分界，置辽东、辽西郡。进入秦汉历史时期后，辽东地区的经济开发和政治活动的作用日渐突出。[③]辽东地区的农业蓬勃发展。鱼、枣、栗等特色产品与中原商品交换频繁。海水煮盐业日趋繁荣，与齐国的渠展之盐共负盛名。

东汉式微，三国鼎立，魏置东夷校尉，并设立辽东、昌黎二郡。[④]西晋初年改辽东郡为辽东国。西晋末年永嘉之乱后，少数民族势力席卷整个北方，"二京倾覆，幽冀沦

---

① 辽宁省地方志编纂委员会办公室. 辽宁省志：地理志：建置志［M］. 沈阳：辽宁民族出版社，2002.
② 先秦边防工事，塞即长城边墙，障即障堡，通常指边防险要之处建造的防御城堡。
③ 同①.
④ 房玄龄. 晋书：地理志［M］. 北京：中华书局，1974.

陷",北方汉民死伤甚巨。而此时的辽东地区在前燕主慕容廆治下,"廆刑政修明,虚怀引纳,流亡士庶多襁负归之"①。为了统领前来投奔的汉人,慕容廆设置侨州郡制度,按其原籍命名,"冀州人为冀阳郡,豫州人为成周郡,青州人为营丘郡,并州人为唐国郡。"②东晋十六国时期,辽东地区共历前燕、前秦、后燕、北燕四代政权,政局动荡不堪。南北朝时期,辽东地区又先后属北魏、东魏、北齐辖区。当时设置营州于和龙城(辽宁朝阳),辖领辽东(辽阳)、营邱(锦州)、昌黎(义县)等郡及属县。③

魏晋南北朝时期,北方广大土地始终处于长期割据状态,政权更迭频繁,混战不断,因此也给了高句丽以可乘之机,到隋朝初年,辽东大部分地区被高句丽族所割据。因此,隋炀帝三伐高句丽,但均无果而终,反而使得国力消耗殆尽。唐贞观十九年(公元645年),唐太宗称"辽东本中国之地,隋氏四出师而不能得。朕今东征,欲为中国报子弟之仇,雪君父之耻耳"④,并正式发动对高句丽的讨伐。至唐高宗时期,正式灭亡高句丽,将高句丽故地辽东城改为辽州,盖牟城改为盖州,并置安东都护府以统辽、盖二州⑤,辽宁西部则设立隶属河北道的营州都督府。有唐一代,政局基本稳定,辽东地区始终隶属于中原王朝的掌控,为其经济和城镇发展提供了稳定的发展环境。

辽金时期是中国北方地区疆域趋于稳定发展的重要时期。在这个时期,北方少数民族政权长期经营辽东地区,促进了汉、契丹、女真等各族融合,社会经济进一步发展。辽代时辽东地区被划分为东京道、上京道和中京道⑥,辽阳府(今辽阳市)为东京道治所,可见在当时辽阳已有重要军事地位。金代大体因袭辽制。元初置东京总管府,至元二十四年(1287年),置辽阳行省,南部地区隶属辽阳行省的辽阳、沈阳、广宁府路,北部则隶属于开元路咸平府。

明代建立初期,北部残余的北元政权仍存在一定的威胁,因此明廷极为重视辽东地区的军事防卫。明太祖朱元璋认为"沧海之东,辽为首疆,中夏既宁,斯必成守"⑦,其

---

① 司马光,《资治通鉴》,卷99,穆帝永和八年十一月。
② 同①。
③ 辽宁省地方志编纂委员会. 辽宁省志:地理志:建置志[M]. 沈阳:辽宁民族出版社,2002.
④ 袁枢. 通鉴纪事本末:唐平辽东[M]. 北京:中华书局,1964.
⑤ 欧阳修、宋祁、范镇等,《唐书》,宋代。
⑥ 辽代有五京建置,上京临潢府(今内蒙古自治区巴林左旗林东镇南波罗城)、东京辽阳府(今辽宁省辽阳市)、南京析津府(今北京市)、中京大定府(内蒙古自治区赤峰市宁城县大明城)、西京大同府(今山西省大同市)。
⑦ 朱元璋. 明太祖御制文集[M]. 台北:台湾学生书局,1965.

重视程度可见一斑。洪武四年（1371年），置定辽都卫指挥使司，治定辽中卫（今辽阳市）。洪武八年（1375年），改为辽东都指挥使司，治所仍在辽阳。巨大的军事压力使得辽东镇出现了与汉地的布政使司、府、州、县截然不同的行政区划。自明太祖起，明代多位皇帝陆续在辽东修筑军事聚落，根据军事地位和规模分为镇、路、卫、所、堡五级，归辽东都指挥使司统领，建立了一套完整的军事聚落体系。

清军入关定都北京后，因其世居关外，以辽东为龙兴之地，以盛京（今沈阳）为陪都，边防压力消失，卫所制度废弛，改为旗民分治制。稳定无战争的时局极大地促进了辽东地区的社会发展。[①]自1840年鸦片战争起，国力日衰，列强势力入侵，俄、日争相在辽东修建铁路，趁机掠夺资源，扩张势力。近代辽东地区，便在这种内外交困的社会背景下，进入了曲折发展的近代化进程。

"国之有政治犹人身之有血脉也，身无血脉则枯，国无政治则乱。惟时势变迁，凡百事物莫不随潮流而竞进。"[②]由历史规律可见，辽东地区作为开发程度较深的民族"边缘地带"，其演进和发展多仰赖于稳定的政治环境和坚实的经济基础，中原王朝一旦陷入混乱，辽东地区便成为少数民族势力入侵中原的前线阵地，若政局稳定，则能成为燕京之左臂、屏障京师之门户。在历代发展中，明代作为大一统的中原正统政权，既有建设军事防御体系之国力，也有建设之急迫性，因此，明代是辽东地区军事聚落体系发展的高峰期也是历史的必然选择。史实也证明了，辽东镇的军事失利是明王朝覆亡的前奏，唯有坚守辽东镇方能掌控国本。沧海桑田，故人故地早已化作黄土，但其遗留下的军事聚落体系仍然深远影响着辽东地区的发展，以明代军事聚落为基础的城镇体系逐步发展壮大，为近现代辽宁省城镇体系发展演化奠定了重要基础。

3. 明初辽东地区军事防御需求日益增长

古代辽东地区几经战乱，最终以唐灭高句丽为节点，开始进入到长期稳定统一的阶段。自唐以后，辽东经济和城镇发展初成雏形，与中原地区的联系逐步紧密。

自明太祖朱元璋起兵后，其一统天下的进程呈现出由南向北、渐次展开的趋势，先灭陈友谅、张士诚等割据势力，整合江南地区，再北伐夺取中原。明灭元之战时，元顺

---

① 辽宁省地方志编纂委员会办公室. 辽宁省志: 地理志: 建置志 [M]. 沈阳: 辽宁民族出版社，2002.

② 李植嘉等修，《辽中县志》，1930年（民国十九年）。

帝被迫北走上都（今内蒙古自治区锡林郭勒盟正蓝旗境内），退居蒙古高原，但仍然与明军相对峙，史称"北元"政权。残余蒙古势力并未得到彻底清除，仍旧盘踞在辽东镇西北侧的蒙古高原、大兴安岭的边缘地带，有明一代，屡屡侵扰辽东边境，与明廷对峙长达百余年。

为防残余蒙古势力卷土重来，明廷修筑明长城边墙，并在沿线相继设置九边重镇，其军事防御体系规模和复杂程度都空前绝后，可见北方边境军事防御需求之紧迫。在明长城九边重镇中，因辽东镇三面临边的地缘特征，其面临的威胁不仅仅只有蒙古三卫、女真势力，还有海上边线以倭寇为主的敌军侵扰，明代"南倭北虏"两大外患，均集中于辽东镇。

辽东镇陆海双线交错，极易腹背受敌，有明一代也饱受异族侵扰之苦。但其战略位置又极为重要，尤其是明成祖朱棣自应天（今南京市）迁都至北京后，辽东镇的掌控权已关系到了整个明政权的生死存亡。面对这一战略要地，明代统治者因形就势，针对辽东镇不同的地理位置、军事防御需求等采取相应措施巩固防卫，建立立体、高效的军事聚落体系，以保卫京畿之门户。

1）陆防边疆战事

明洪武元年（1368年），明太祖朱元璋带领起义军攻占元大都，以此宣告元朝国祚终结，但当时辽东地区仍受蒙古族控制。在明军的持续追击下，北逃的元顺帝以退据和林的元大将扩廓帖木儿所部和由甘肃退据金山的纳哈出统帅的近二十万兵力为依托①，纠集其残余势力进行持续的军事反攻，史称北元政权。据《明史》记载："元人北归，屡谋兴复，永乐迁都北平，三面近塞。正统（1436—1449年）以后，敌患日多，故终明之世，边防甚重，东起鸭绿，西抵嘉峪，绵亘万里，分地守御。"②

洪武三年（1370年），西北部的形势逐步稳定，明朝统治者开始着手向东北进军，以辽东半岛为要塞，逐步开展对北元的反攻进而清除其残余势力。洪武四年（1371年）在辽阳设立定辽都卫指挥使司（后改为辽东都指挥使司）。辽东都司的地理范围大致为："东至鸭绿江五百六十里，西至山海关一千零一十五里，南至旅顺海口七百三十里，北至开原三百四十里。自都司至京师一千七百里，至南京三千四百里。"③洪武初年，辽东

---

① 中国军事史编写组. 中国历代军事战略：上下 [M]. 北京：解放军出版社，2010.
② 张廷玉，等. 明史：卷九十一：志第六十七：兵三 [M]. 北京：中华书局，1974.
③ 李贤，等. 大明一统志 [M]. 成都：巴蜀书社，2017.

地区局势并不稳定,军事防御体系亦在紧锣密鼓建设当中。"今之边患,三卫为紧,女真次之,朝鲜无患"①,可见当时明廷的头号敌人是蒙古兀良哈三卫,对女真势力仅仅处于提防和纳贡阶段。

洪武八年(1375年)十二月,北元再次对辽东镇进行成规模的侵扰,北元军队"绕过盖州(辽宁盖县),攻扰金州(辽宁金县)……元将乃喇吾率精兵数百至城下,中弩被俘,韦富纵兵进攻……马云等亦自盖州出击,追击元军至将军山、毕栗河(碧流河在今辽宁庄河境内),斩获甚众,王胜追击至猪儿峪,纳哈出仅以身免。"②

洪武二十一年(1388年),明将蓝玉等又击破北元主于捕鱼儿海(今内蒙古贝尔湖),北元主仅以身免,远走北方。③洪武二十三年(1390年),明击元残部伊都之战,燕王朱棣的军队规模得以扩充,增强了作战实力。蒙古势力日渐衰弱,内讧不断。曾得益于蒙古族的强大,退居塞外的北元残存民族势力存在自1368年至1402年,持续时间较长,直至鬼力赤杀死元主坤帖木儿,废元改称鞑靼,方才结束北元统治。明初国力强盛、军事策略主动,明军数次出击和反击在一定程度上遏制了元军的进攻势头。

随着部落吞并迁徙,鞑靼分裂成瓦剌、鞑靼两部,相继崛起壮大,互相角逐的同时,多次对边境进行出击攻扰。除此之外还有兀良哈部,本已出降明军,部落作为卫所级担任明外围的边防,由于长期受鞑靼侵扰勾结,对明时叛时和,亦成为隐患之一,造成严重威胁。面临多方入侵压力,在当时"争取归附,加强战备"的策略指导下,明军将逼退这些蒙古势力作为灭元战略的延续。

永乐元年(1403年),鞑靼攻击辽东地区,三万卫(辽宁开原)指挥沈永未能抵抗住劲敌进攻。永乐六年(1408年),淇国公邱福在胪朐河附近与鞑靼开战,因轻敌而中计,导致全军覆没,震惊朝廷内外。为表决心,朱棣五次御驾亲征,出击塞外,其中四次进攻鞑靼、兀良哈,逐步分化蒙古贵族势力,也巩固强化北方的防御基础。

明中后期,国力渐弱,辽东边防衰退,瓦剌、鞑靼入侵的次数增多,规模逐渐扩大,女真部落亦逐渐崛起,战事多集中在辽东区域。弘治十四年(1501年),泰宁卫军乘虚而入,派兵进攻长胜等堡(辽河一带),引起轰动。嘉靖二年(1523年),鞑靼小王子频繁侵扰辽东。嘉靖二十四年(1545年),建州女真进攻辽东,守备战死。嘉靖

---

① 魏焕,《皇明九边考:卷二:辽东镇:边夷考》,嘉靖刻本。
② 中国军事史编写组. 中国军事史:附卷:历代战争年表[M]. 北京:解放军出版社,1985.
③ 中国军事史编写组. 中国历代军事战略:上下[M]. 北京:解放军出版社,2010.

四十二年（1563年），明军与俺答在辽阳进行激烈交战。嘉靖四十四年（1565年），明军在辽东、宣府、沿绥等多地反击鞑靼进攻。

隆庆初，在多重军事威胁下，朝廷命李成梁为辽阳主将。在李成梁带领下，明军在隆庆五年（1571年）至万历十九年（1591年）期间，多次战胜鞑靼，击退迤东土酋、泰宁、建州王杲等多方入侵势力，稳固了辽东的边防。同时，明朝开始全面加固、增修长城、军堡及加强沿边的工事。区别于明前期的强盛国力，在明中后期国家政治、经济实力衰退，朝廷的策略重心转移，不再着重军事，边防力量削弱，辽东地区军事防御体系亦偏向防守，呈现出被动姿态。

2）海域倭寇袭扰

明代立国之初，内尚有割据势力及民族矛盾亟待解决，外有蒙古势力不断入侵，军事防御精力分散。因而，统治阶级对待临海相望的日本等国采取"温和"政策。而当时的日本处于南北分裂混战的动乱局面，失败一方的武士、商人借机对我国沿海地区不断进行掠夺侵扰[1]，形成"倭寇之患"。辽东镇海防城堡建设随之逐步加紧，始自洪武四年（1371年），至洪武二十三年（1390年），明廷相继设立众多滨海卫所及堡寨，在辽东沿海形成了纵深防御的海防体系。

永乐九年（1411年），因辽东镇海防防卫不严，倭寇进攻入寨。明廷吸取这次失败的教训，整顿兵备，加强防御体系建设，至永乐十七年（1419年），总兵刘江在望海埚（今辽宁金县）大胜倭寇，入侵者无一人生还。此后很长一段时间内，倭寇不敢再进行大规模的侵扰，可见当时的海防工事卓有成效。

明中期以后，国力衰退、海防废弛。屯卫制度的执行已成纸上空文，卫所大量缺员。到正统十四年（1449年）时，卫所缺员已在百分之五十以上，嘉靖二十九年（1550年）时，卫所人员更是仅有原额的百分之二十，尚存人员多属老弱，军官多是世胄纨绔，战船也多敝败。[2]为了加强抗倭部署，军队统帅从各地调兵和就地募兵，进行抗倭战争。

此时的日本由于国土狭小、资源缺乏，已难以控制其向外扩张的疯狂趋势，最终导致了万历二十年（1592年）的万历朝鲜战争。万历朝鲜战争以明军的胜利、日本的元气大伤作为结局告终，这也是明代对外战争的最后辉煌，不仅使得横行一时的倭寇遭到致

---

[1] 陆春炎. 古代军队处理军民关系思想探析 [J]. 军事历史研究，2001（3）：88-92.
[2] 中国军事史编写组. 中国历代军事战略：上、下 [M]. 北京：解放军出版社，2010.

命打击，更是重新整合了东亚的地缘军事格局。①

自元末以来倭寇便不断骚扰，辽东半岛沿海地区成为重点受害区，饱受倭乱之苦，最终更是引发了万历朝鲜战争。为防海上受敌，明廷致力于在辽东镇进行完善的海防体系建设，海防体系以卫城为中心，沿海城堡和驿城作为补充，对沿海防御实行高效管理，起到护送航运、防御倭寇、保卫海疆的重要作用。②在陆防边疆战事和海域倭寇袭扰的双重作用之下，方才形成了辽东镇独具特色的陆海协同军事防御机制。

二、明辽东镇军事聚落体系建置沿革

1．明代边防军事制度沿革

军事防御体系的形成和发展离不开军事制度的制定，适应国情的军事管理体制会为防御体系的建设乃至国家安全提供保障，国力的盛衰也常常在军事制度的沿革中有所体现。顾诚在《明帝国的疆土管理体制》中指出，有明一代的国家管理制度，可分为六部—布政司—府—县、五军都督府—都指挥使司—卫、守御千户所—千户所两大系统。③前者通常用于内地各省，作为朝廷通行的管理制度使用，后者则具有浓重的军事色彩，常用于具有军事防御需求的边境地区。其中，都司卫所制度是明代独有的军事防御管理制度，是在结合历代经验的基础上，军事、地方行政管理制度以及地理环境融合交叉的产物。

由于涉及多种因素协同作用，辽东镇陆防聚落体系的管理重心随着时间的演变，从都司到总兵再转移到巡抚，军权逐渐过渡，根据国情军政策略不断调整，军政制度体系也在不断完善。由明初开始的军政合一到后期分离，主要源自中央对地方权力的调控制衡。与陆防军事聚落不同的是，海防系统则一直都在都司系统的统辖范围内。

边防军事制度的演变首先与朝廷军事策略的选择脱不开关系。洪武、永乐两朝，天下初定，国力强盛，君主与众将领都为善战之人，而北元残余势力尚且虎视眈眈，这一时期的国家策略自然以武为重。朱元璋册其二十四子及侄孙朱守谦为亲王，其中位于边

---

① 朱尔旦．万历朝鲜战争全史［M］．北京：民主与建设出版社，2020．
② 刘俊勇．明代辽东海防城堡的调查与考证：以金州卫、复州卫为中心［J］．东北史地，2015（4）：35-39，97-98．
③ 顾诚．明帝国的疆土管理体制［J］．历史研究，1989（3）：135-150．

防重地的便有十四位，授予封地及军权，以镇守地方，可见洪武朝对军事防御之看重。永乐后，亲王守边制度渐渐废止，总兵制度出现。随着局势逐渐稳定，文官地位逐步上升，出现以文协武，乃至以文制武的趋势，文官职位在辽东镇军事管理制度中占据越来越高的地位，最终形成多体系并行管理的局面。这一军政分离的局面随着明末党争愈发激烈而更加严重，最终也导致兵备废弛和军事效率的降低。

洪武年间，国家管理机制仍偏重武职系统的完善，武臣地位较高，《菽园杂记》载："建置之初，一切右武"。① 这种背景下，军政合一的都司卫所制度成为代表性的基本军事管理体制，军政长官为武将，整体表现出中央集权的特点，内容包括行政管理和军事镇守两个方面。依据防御需要，中央在九边各地建设卫所要塞，军户世袭管理，解决兵源缺乏的问题，并归各都司统一管辖。都司卫所管理制度在整个明代几乎无变动，始终作为辽东镇最基本的军政管理制度而存在，只是职权大小上有所浮动。

除了最基本的都司卫所制度外，洪武时期也短暂地出现过府、州、县等行政区划，例如辽东镇金、复、海、盖四州及辽阳府的设立，但出于国家的军事需求，这些行政建置都很快被废止，改为卫所，"洪武四年，置定辽都卫。八年，改为辽东都指挥使司。十年，革所属州、县，置卫"。海州废于洪武二十八年（1395年），其余府、州、县皆在洪武十年（1377年）以前被废除，各地均归辽东都指挥使司统辖，这也鲜明地体现了辽东镇地区以军事防御为导向的聚落体系特征。另外，亲王守边制度也同时存在，洪武时藩王多拥兵镇守边境，参与边疆军事防御，但无行政权力。

为实现军事防御体系长期的维护，都司卫所制度通常与军事屯田制相结合，具有自给自足的特点。② 明代屯田制度的出现源自于辽东镇运输粮食物资的不便，"士卒馈运渡海有溺死者"，因此，洪武十五年（1382年），明太祖朱元璋命群臣议屯田之法，"昔辽左之地在元为富庶，至朕即位之二年，元臣来归，因时任之。其时有劝复立辽阳行省者，朕以其地早寒，土旷人稀，不欲建置劳民，但立卫，以兵戍之。其粮饷岁输，海上每闻一夫有航海之行，家人怀诀别之意，然事非获已，忧在朕心，至其复命，士卒无虞，心乃释然。近闻有溺死者，朕终夕不寐，尔等其议屯田之法，以图长久之利。"③

---

① 陆容. 菽园杂记：卷三 [M]. 北京：中华书局，1985：30-31.
② 张廷玉，等. 明史：卷八十一：兵志一 [M]. 北京：中华书局，1974：2175. "外统之都司，内统于五军都督府，而上十二卫为天子亲军者不与焉。征伐则命将充总兵官，调卫所军领之；既旋则将上所佩印，官军各回卫所。盖得唐府兵遗意。"
③《明太祖实录》，卷145，1392年（洪武十五年）。

军事屯田制自古以来便是我国的特色军事制度，秉持"有事则战，无事则耕"的原则，使耕战一体，大大减轻庞大军队体制下军需供给和交通运输的压力。明代是军事屯田制实施较为彻底的朝代，由于世袭制军户的存在，兵源较为稳定，支撑起了明初庞大的军事开支。初期，屯田制在军事、经济、政治上都有所裨益，但随着国家管理能力的削弱，自给自足的军事经济体系暴露出了腐败严重的问题，大量屯田被当地豪强、官宦私自吞并，导致军屯失额严重；世袭的军户遭到长期压迫和剥削，承担着极大的农耕和戍边压力，纷纷出逃。早在永乐年间，军屯制度便已"久而玩，玩而废，数年以来，徒为虚文"①。

永乐靖难之后，对藩王势力进行了彻底的限制和削弱，藩王守边制度废止。与此同时，文官地位的不断上升导致了边防地区军事管理制度的洗牌，为实现文武制衡，与都司卫所制平行的总兵体制形成。据《四镇三关志》记载，永乐时期设辽东总兵，驻扎广宁城，镇守辽东，辽镇始设。②新体制不仅与地方文职共存，且逐步渗透于都司卫所的军事权力体系，分化势力，控制职权，达到分权制衡的作用。都司卫所的镇守职能减弱，逐渐演进为行政管理制度，其地位已居于山东省布政使司之下。③起初设置总兵时，其与都司卫所制度完全平行，因此辽东都指挥使仍旧掌控军政大权，双方职责划分并不清晰。后来随着总兵镇守制度的不断完善，逐渐形成了以总兵为统领，下设副总兵、参将、游击的军事管理制度，完全独立于都司卫所制度，并成为当地最高军政机构，军事指挥权完成了让渡。

宣德十年（1435年），辽东地区设置巡抚，文臣权力范围扩大，总兵的管理权遭到压缩。嘉靖二十九年（1550年），明廷设蓟州总督，次年又改为蓟辽总督，统辖辽东、蓟州、真保、昌镇四镇，由此确立了"督抚"共同作为地方军政长官的管理制度。④辽东镇军事指挥系统已经独立于都司行政管理系统，由巡抚、总督共同负责辽东地区军政决策。同期并存都司行政管理体系、总兵军事镇戍体系和巡抚行政监察体系三种体系，军事管理性质较为复杂，三者职能相互区别又交叠，权力互相制衡。这一时期，除节制

---

① 《明太宗实录》，卷161，1415年（永乐十三年）。
② 刘效祖撰，《四镇三关志：建置考：辽镇》，万历四年刻本。
③ 霍善，等. 诸司职掌：吏部：选部：在外 [M]. 续修四库全书影印北京图书馆藏明刻本. 上海：上海古籍出版社，2000：588-590.
④ 魏琰琰. 分统举要，纲维秩序：明辽东镇军事聚落分布及防御变迁研究 [D]. 天津：天津大学，2016.

三巡抚的蓟辽总督外，巡抚已成为辽东镇军政体系最高长官，总兵则次之，都司卫所管理官员地位最低。

2. 辽东镇军事聚落建置沿革

辽东镇军事聚落建置受到朝廷军事政策和军事管理制度的影响，以朝廷的军事政策为主要导向，军事管理制度亦随之而调整，最终反映到军事聚落建置的演化进程中。国家国力强盛时，为威慑外敌，军事聚落体系的扩张和发展较为迅速，防御设施得到升级和完善。但当国家军事策略由积极出击转向为保守应对时，相应的军事聚落体系发展便进入缓慢和停滞期。而当国力衰微时，外敌的崛起和侵扰则会进一步促进军事防御设施的翻新和修建，但无论规模和效率都远不如早期。因此，军事聚落建置的沿革同样也体现了一个政权的兴衰。

军事聚落体系修筑并非一日之功，由于历史阶段的不同，其形成和发展完善过程具有鲜明的阶段性。目前有关学者将明代整个北方边防聚落的建置过程，随时间变迁大致划分为"三个阶段"[①]，有人在此基础上针对辽东聚落变迁大致提出"五阶段论"。[②] 依据现有史料及研究，结合辽东地区长城军事聚落集中的修筑时间，本书将明代辽东地区的军事聚落建置大致分为四个阶段，即洪武至洪熙年间（1368—1425年）的初步形成期、宣德至天顺年间（1426—1464年）的深入发展期、成化至嘉靖年间（1465—1566年）的完善和巩固期、隆庆至崇祯年间（1567—1644年）的重修和衰退期（表1-1）。

辽东镇重要军事聚落建置 表1-1

名称	级别	所属路	建置时间	现今位置
广宁城	镇城	中路	洪武七年（1374年）	锦州北镇市
辽阳城	镇城	东路	洪武五年（1372年）	辽阳市
海州卫城	卫城	东路	洪武九年（1376年）	鞍山海城市
前屯城	路城	南路	洪武二十六年（1393年）	葫芦岛绥中县
宁远卫城	卫城	南路	宣德五年（1430年）	葫芦岛兴城市
广宁前屯卫	卫城	南路	洪武二十六年（1393年）	葫芦岛绥中县

---

① 李严. 明长城"九边"重镇军事防御性聚落研究［D］. 天津：天津大学，2007.
② 戈锡镝，王飒. 明代辽东都司军事聚落体系变迁新探［C］// 中国建筑学会建筑史分会. 2016年中国建筑史学会年会论文集. 武汉：武汉理工大学出版社，2016：10.

续表

名称	级别	所属路	建置时间	现今位置
中前所城	所城	南路	宣德三年（1428年）	葫芦岛绥中县
中后所城	所城	南路	宣德三年（1428年）	葫芦岛绥中县
沙河中右所城	所城	西路	宣德五年（1430年）	葫芦岛兴城市
塔山中左千户所城	所城	西路	宣德五年（1430年）	葫芦岛市
义州路城	路城	中路	洪武二十二年（1389年）	锦州义县
锦州卫城	卫城	西路	洪武二十四年（1391年）	锦州市
广宁中屯卫	卫城	西路	洪武二十四年（1391年）	锦州市
广宁右屯卫	卫城	西路	洪武二十六年（1393年）	锦州市
松山中左千户所城	所城	西路	宣德三年（1428年）	锦州凌海市
大凌河中左千户所城	所城	西路	宣德三年（1428年）	锦州凌海市
开原路城	路城	北路	洪武二十六年（1393年）	铁岭开原市
沈阳中卫	卫城	北路	洪武十九年（1386年）	沈阳市
铁岭卫城	卫城	北路	洪武二十一年（1388年）	铁岭市
懿路中左千户所城	所城	北路	永乐五年（1407年）	铁岭市
汛河中左千户所城	所城	北路	正统四年（1439年）	铁岭市
蒲河中左千户所城	所城	北路	正统二年（1437年）	沈阳市
抚顺千户所城	所城	北路	洪武十七年（1384年）	抚顺市
盖州卫城	卫城	海防路	洪武九年（1376年）	营口盖州市
复州卫城	卫城	海防路	洪武十四年（1381年）	大连瓦房店市
金州卫城	卫城	海防路	洪武八年（1375年）	大连金州区
东宁卫	卫城	海防路	洪武十九年（1386年）	辽阳市

资料来源：依据参考文献 [12、14]，笔者整理。

1）阶段一：洪武至洪熙年间（1368—1425年）

明代初年，北元政权仍然盘踞蒙古高原，伺机对边境发起进攻，因此加强边防、建立军事防御体系是为立国之本。明初国力强盛、重视武治，在军事制度和国家策略上都有鲜明的军事色彩，辽东镇军事防御体系处于大规模兴建时期。

自洪武年间起，辽东镇五路屯兵中除南路外，其他路均开始大规模建城。洪武二年（1369年），明太祖便颁布谕令，在山海关、居庸关之间构筑了三十二道隘堡[①]，是为明

[①]《中国军事史》编写组. 中国军事史：第四卷：兵法 [M]. 北京：解放军出版社，1988.

长城九边军事聚落体系之始。次年，明廷对辽东地区割据势力发起招抚，故元辽阳行省平章刘益决定归附明廷，辽东镇自此方才纳入明廷掌控。洪武四年（1371年），明廷在东北设置第一座军事卫所——辽东卫，"置辽东卫于得利嬴城，以益为指挥同知"①。辽东卫的设立代表着明正式接手元朝辽阳行省的统治权，势力范围逐步向东北地区辐射。同年七月，设定辽都卫指挥使司，治所辽阳，辽东卫并入定辽都卫②，自此开始大规模的军事卫所修筑工程。

洪武五年（1372年），明廷先后在辽东设金、复、盖等州，隶属于山东布政使司③，后辽东镇州、县废止，全部改为卫所。洪武七年（1374年），建立广宁分司城，按《全辽志》记载，广宁城为"镇守总兵""镇守太监""巡抚辽东御史"等三大官员驻地，为辽东最高军政中心，辽东镇逐步形成以广宁、辽阳二城为核心的军事聚落体系。洪武八年（1375年）朝廷下召，将定辽都卫改为辽东都指挥使司。④洪武八年（1375年）设立金州卫，九年（1376年）设立盖州卫，十四年（1381年）设立复州卫，隶属辽东都司，十九年（1386年）设立东宁卫，上述四城均隶于海防路，辽东镇海防卫城格局基本确定。十九年（1386年）置东路沈阳中卫城，二十二年（1389年）修筑西路义州路城，二十四年（1391年）建设中路广宁中卫，自此，中路兴建过程在洪武时期基本完成，后期在万历年间得以完善补充。洪武二十六年（1393年），分别设立北路开原路城、铁岭卫城、南路前屯路城。

在这一时期，辽东镇军事聚落兴建主要集中于洪武年间，完成了辽东镇东、西、北、中路及海防卫所聚落的初步建设，除宣德年间兴建的宁远卫城以外，其余卫城均已建置，在制度上确立了辽阳、广宁作为区域重心的地位，初步形成了辽东镇军事聚落体系的框架。到永乐年间，军事聚落建设便主要集中在更低等级的所城及堡城，而边墙的修筑则尚未开始。另外，永乐七年（1409年），为安抚内迁的北方少数民族移民，明廷又在开原城设置安乐州、自在州两处行政建置，后自在州迁往辽阳城。

洪武、永乐、洪熙三朝期间，明朝政府对辽东镇的行政建置进行了多次调整，最后形成了以辽阳为中心的都司卫所管理体系。辽东都司的辖境亦经历数次变动，最初辽东都司和大宁都司共同统辖东北全境，辽东都司辖区主要位于今辽宁省，而大宁都司

---

① 《明太祖实录》，卷六十六，1371年（洪武四年）。
② 《明太祖实录》，卷六十七，1371年（洪武四年）。
③ 《明太祖实录》，卷六十九，1372年（洪武五年）。
④ 《明太祖实录》，卷一〇一，1375年（洪武八年）。

辖区则包含今河北省北部、内蒙古东南部、吉林省、黑龙江省西北部。永乐元年（1403年），明廷弃守大宁都司，治所内迁至保定府（今河北省保定市），九年（1411年），奴儿干都司设立后，遂使辽东都司辖境逐步缩小至东北地区的南部，范围近乎当今辽宁省大部分地区。①

2）阶段二：宣德至天顺年间（1426—1464年）

辽东镇军事聚落体系的修筑在洪武、永乐两朝已达巅峰，这与明廷的国家军事策略有着密切的关系，洪武、永乐尚武，亦多次北伐蒙古，对其进行了有效的军事打击。而自仁宣二帝开始，辽东边防压力减轻，国家策略重在与民休息，军事上便进入战略收缩期。这一阶段对军事聚落的修筑虽然仍在继续，但整体偏重于南路，并以低等级的所城、堡城为主，对辽东镇军事防御体系进行保守性的完善。加以奴儿干都司管理机构的裁撤，可见此阶段明廷不仅无意向北扩张势力，反而向南收缩，这也为"土木堡之变"的爆发埋下了一定的隐患。

宣德年间偏重于南路军事聚落的建设，宣德三年（1428年）建中前所、中后所、松山中左千户所、大凌河中左千户所，五年（1430年）建宁远卫、沙河中右所、塔山中左千户所。这一时期军事聚落的建设，不仅出于防御北方兀良哈三卫的目的，也因为辽西走廊地区城池稀少、匪盗众多，影响到了东北与中原地区之间的往来安危，例如宁远卫所在之地"旧无城郭，与古瑞州锦州接境，相距几三百里……永乐初，大宁沦没，而虹螺山始入外境，于是……胡马驰驱，岁相抄掠"②，"荒山密林，虏寇出没，使命往来未便"③，便划广宁前屯、中屯两地设立宁远卫。

正统时期南路军事聚落修建达到高峰期，共计修筑了19座堡城，其中南路共修筑三山营堡等16处堡城。正统二年（1437年），完成中路蒲河中左千户所城的构筑，四年（1439年）修造北路汎河中左千户所城。至此，辽东地区军事聚落基本完善，卫城、所城建设暂时告一段落，但边墙的修筑则刚刚起步。永乐时仅仅建设了少部分边墙及墩台，正统二年（1437年）才开始大规模修筑辽东边墙，七年（1442年）始修辽河西部山区边墙，边墙的修筑工程几乎延续了整个明代。

仁宣二朝正值国力强盛之期，但其边防政策是极为保守的，前有大宁、奴儿干都司

---

① 辽宁省地方志编纂委员会办公室. 辽宁省志：地理志：建置志[M]. 沈阳：辽宁民族出版社，2001.
② 任洛，等. 辽海丛书：辽东志：卷一：地理志[M]. 沈阳：辽沈书社，1934.
③《明宣宗实录》，卷2，1368年（洪熙元年）。

相继内迁，削弱了明廷对关外广阔土地的掌控，后有辽东镇防务兵备废弛，良将难觅，屯田制度几乎已成纸上空谈。这一收缩态势也给瓦剌以可乘之机，在整合内部势力后，瓦剌于正统十四年（1449年）挥师南下，分别攻击辽东、宣府、大同、甘州四镇，并直击北京，明英宗被俘，明军伤亡惨重，史称"土木堡之变"。这是自明开国以后第一场彻底的军事失利，也彻底标志着明代对外军事策略由主动转为被动，北方边防失控，终明一代都受到北方少数民族的威胁。但辽东镇军事防御体系承担起东北对外防御任务，达到了一定的军事缓冲目的，土木之变的余悸也使得明廷继续整饬兵备、加强防务，持续对辽东镇军事防御体系进行建设。

3）阶段三：成化至嘉靖年间（1465—1566年）

自土木堡之变后，明朝军政人才损失惨重，国力由盛转衰，该阶段边防策略转为消极防御，不主动出击，坚守长城边墙，将军事防御体系作为国家安全的保障。在此背景下，辽东军事体系处于不断完善和巩固阶段，体系逐渐深化，制度逐步细分，经过实战锤炼和经验积累，军事聚落内部联系加强，形成联系紧密、层次分明的军事防御体系。

成化、弘治年间，属于明代的中兴期，政局相对稳定，但由于土木堡之变元气大伤，国力不似从前。此时北方蒙古诸部中，瓦剌因内讧而由盛转衰，鞑靼各部势力渐强，开始屡屡犯边。成化年间鞑靼各部多次骚扰辽东地区，明廷朝贡机制的日益收缩也引发建州女真的不满，屡次进入辽东镇地区劫掠。成化帝在成化三年（1467年）、十四年（1478年）、十五年（1479年）分别派遣辽东明军向建州女真发起进攻，使建州女真"流离四散，其余存者无几"①，数十年间不再构成威胁，史称"成化犁庭"。

这一时期，明廷对辽东镇的管理制度进行整合调度，军事防御重心突出，体系细节逐步完善，但在修筑军事聚落方面则变动不大，仍属于巩固阶段。成化初年，辽阳分守参将改为辽阳副总兵，统领在辽左、右、中、前、后以及沈阳等共九卫，还有辖下44处堡城。同时对军事体系进行补充完备，这一阶段营建侧重于东路，辽阳东各军事聚落均在成化年间开始营建，共修筑堡城12处，并修筑开原至鸭绿江的东部边墙，到成化十五年（1479年）时，辽东边墙修筑总体完成。

嘉靖年间，国库空虚，九边兵备废弛情况严重，蒙古俺答汗崛起，嘉靖二十九年（1550年），因对明朝"贡市"不遂而发动战争，兵临北京城下，在城附近劫掠八日方

---

① 朝鲜王朝实录《世宗实录》。

离去,史称"庚戌之变"。京师时隔百年再次进入高度警戒状态,震动朝野。嘉靖后期,鞑靼各部用兵方向东移,女真势力也渐渐兴起,蓟州、辽东镇成为朝廷防守之重,依据实际需要,嘉靖时期在辽东镇补充修筑了8处堡城①,并对辽东镇军事防御体系进行进一步的巩固。

除此之外,倭寇的屡次侵扰也使得辽东镇海防防务得到进一步加强。海防聚落在明洪武时期便得以建造,后来倭寇盛行,为了建立良好的陆海协同防御机制,在中后期的嘉靖至末期的崇祯都有所营建。管理机制也随之配合调整,嘉靖十九年(1540年),朝廷在辽东添设金、复、海、盖等兵备,由山东布政使兼任,管制辽东半岛南部。嘉靖二十八年(1549年),在辽阳总兵和副总兵管辖下,增设分守海盖参将,辖海、盖二卫,隶属海盖参将辖制。②

4)阶段四:隆庆至崇祯年间(1567—1644年)

俺答汗与明廷之间的摩擦持续数十年,北方边境地区多遭劫掠和侵扰,至隆庆四年(1570年)时,明廷与俺答之间达成封贡互市的协议,并开放11处边境贸易口岸,使得蒙古诸部可从互市中获取所需资源。隆庆和议后,大致结束了明廷与蒙古的对峙状态,此后蒙古与明政权再未发生大规模战争,边防威胁由蒙古变为崛起的建州女真。隆庆和议是明代北部边防策略的转折点,防御重点东移,辽东镇成为首要的军事重地。

自万历朝开始,国力衰微,在内陷入庙堂之争,对外则劲敌女真部落兴起,万历三大征虽取得胜利,但也极大地消耗了国力,使得明朝开始逐步走向没落。隆庆和万历年间,军事聚落又有一定规模的兴建,修筑的多是军事级别最低的堡城,辽东镇共兴筑16座。这一时期也是明廷军事防御开始转向的时期,蒙古势力已非首要威胁,取而代之的则是日渐兴盛的建州女真。为抵抗女真部落,明廷主要增修了东路、北路的要塞、堡城,其中,时任辽东总兵李成梁奏请修筑的宽甸新疆六堡,对防御女真具有重大的军事意义。同时,明初的军事聚落大多年久失修、防务废弛,进入重新整修和改造阶段。

努尔哈赤一统女真诸部后,辽东镇的防御压力陡增,明廷对原有军事聚落进行了大量的整修、翻新、加固城墙等工作。天启二年(1622年),经地方申请,重新返修前屯城、宁远卫城和中前所城,天启五年(1621年),又修缮了锦州卫城、松山中左千户所

---

① 李严. 明长城"九边"重镇军事防御性聚落研究 [D]. 天津:天津大学,2007.
② 江红春. 明清时期辽东半岛建置沿革 [J]. 满族研究,2006(2):26-32.

城和大凌河中左千户所城。崇祯四年整改了义州路城。①

万历四十七年（1619年），后金向西进军，攻击抚顺、清河，发动了明清辽东战争。后金军一路势如破竹，天启元年（1621年），辽阳失陷，明军丧失在辽东地区的军事统治，两军在辽西走廊地区进入战略相持阶段。最终辽东镇全境失陷，仅剩宁远卫一座孤城，清军攻破山海关进入北京，明朝灭亡。这也印证了"明亡则亡于辽东镇"的谶言。明清辽东战争对辽东镇军事聚落体系的破坏是相当彻底的，大量城池被毁，人口被掳掠，城市发展出现极大的倒退趋势。

明代是辽东地区军事聚落体系的发展鼎盛期，从无到有，再至自成循环的规模体系，是一个不断调整的缓慢历程，凝结了从上至下众人的心血智慧。与多方外敌长期来回拉锯式的抗战中，长城的军事聚落体系仍起到不容忽视的正面作用，在保卫疆土等方面仍有重要的军事价值。

3. 军事聚落体系发展的时空特征

有明一代，对辽东镇军事聚落的修建贯穿始末，根据各代防御压力和军事需求的不同，各个时期所偏重的区域也不尽相同。从修筑类型来看，镇、路、卫、所等高等级的军事聚落大多在明早期就已建设完毕，构建防御体系雏形，而低等级的堡城修筑及旧城翻修则延续了整个明代，边墙、烽燧、驿传系统等要素也在聚落建成后逐步发展和完善。

辽东镇共有辽阳、广宁两座镇城，前屯、开原、义州三座路城，南路、北路、西路及海防共十二座卫城，十座所城，及下辖数十座堡城，与连接聚落的烽燧、边墙、驿站等共同构成完整的辽东镇军事防御体系。辽东镇兴建军事聚落数量最多的为洪武年间，其次则为正统年间，永乐、宣德、成化、嘉靖年间也有一定规模的修筑。而自万历以后，军事聚落体系进入整修改造阶段，虽也有部分堡城建设，但由于财政和防御压力的限制，规模远不如初。

辽东镇军事聚落体系建设所划分的四个阶段，分别都有空间上的侧重及修筑规模的变动，可结合上述阶段来研究其时空特征：

第一阶段，洪武至洪熙年间（1368—1425年），这一阶段是辽东镇修建军事聚落数量最多、等级最高的阶段，大体以辽河流域为中心，开始大规模修筑各等级军事聚落，

---

① 范熙晅. 明长城军事防御体系规划布局机制研究［D］. 天津：天津大学，2015.

共筑各级军堡53座，确定区域重心，在较短时间内形成了辽东镇军事聚落体系的初步框架。

第二阶段，宣德至天顺年间（1426—1464年），宣德年间明廷在边防策略上由主动出击变为战略收缩，虽在第一次修建基础上，又进行了较大规模的增建，但主要偏重于加强南路防御，修筑军事聚落以所城、堡城为主，并开始大规模修筑辽东边墙。

第三阶段，成化至嘉靖年间（1465—1566年），经历土木堡之变，明廷军事防御政策彻底转向消极，新筑军事聚落多为堡城，作为辽东镇防御体系的补充。另外，这一时期倭寇犯边情况严重，海防防务得到了重视，陆海防御互动加强。

第四阶段，隆庆至崇祯年间（1567—1644年），以隆庆和万历年间为主要代表，明廷与蒙古达成和议，主要外敌威胁转变为建州女真，辽东镇的防务骤然紧张。这一时期修筑的多是军事级别最低的堡城，共兴筑16座，并对原有军事聚落进行重点翻修和加固，以图防御建州女真。

结合历代军事管理制度变迁来看，洪武时期侧重军事卫所、城关等防御基础建设，并制定屯田制度，最高管理机构为军政合一的都指挥使司。永乐年间，设置总兵官职，与都司卫所制度分权制衡，并注重将早期制定的屯田制度与军事防御结合，开始建设"屯堡"。宣德年间又出现巡抚制度，文官地位进一步上升，都司卫所制度逐渐演化为行政管理制度。自正统起，辽东镇出现边墙这一军事要素，承担起串联屯堡防线的要务，发展了以边墙为主体的长城防御体系[①]，并修建烽燧、驿站等，使得辽东镇军事防御体系要素不断丰富。管理制度也随之日趋复杂，到了明末时，已形成"督抚共治"、总兵次之、都指挥使司地位最低的格局。

长城卫所军事聚落体系蓬勃发展，到明中晚期时，虽然卫所城市数量变化不明显，但辽东镇内区域结构的划分愈加精细。嘉靖初《辽东志》中有"六路控二十城"的记载，嘉靖末《全辽志》变为"九路控二十三城"，而万历初《四镇三关志》中舍弃军镇下设分路防区的模式，直接以二十城控守各地。[②]可见防御体系各级管控范围不断调整，并分割细化，避免军事防御相应效率低下。

由于明代后期整体国力江河日下，辽东镇的军事防御能力也难免随之削弱，相比

---

① 魏琰琰. 分统举要，纲维秩序：明辽东镇军事聚落分布及防御变迁研究［D］. 天津：天津大学，2016.

② 同①.

明初的主动进攻、追击，中后期军事聚落体系始终秉持着消极而保守的防御政策。"为政之道尤贵因时制宜，泥古拘今有乖政体，优胜劣败，适者生存，秉政者何鉴诸志政治。"①辽东镇军事防御体系虽然结构严密、规模空前，但其毕竟只是机械的军事防御系统，仍然需要统治者和管理者的合理调配与利用，方能发挥出其最大化的作用。否则，国力衰弱和军政混乱情况，都会使得高度军事化的长城体系出现"反噬效应"②，明王朝的掘墓人李自成便是明末因财政问题而被裁撤的长城驿卒之一。

明代辽东镇军事防御体系，终究是以防御目的为主的策略，关外少数民族的威胁始终未得到真正解决，历代数次军事决策的失误也埋下了隐患，直接导致了建州女真势力坐大，最终引发了明朝亡国之战——明清辽东战争。

三、明代对外战争与辽东镇军事防御体系

1. 明中前期军事策略与对外战争

与其他地区相比，辽东镇是多民族融合的边陲地带，明初实行"招徕远人"之策，蒙古、女真、朝鲜等民族皆有流民内迁，共同促成了特殊而多元的辽地文化。尤其是明中期以后，辽东镇周边少数民族势力纷纷内迁，在促进民族交流融合的同时，也给辽东镇带来了巨大的军事压力。

洪武、永乐时，明军数次出兵打击北元残余势力，但自二朝以后，对外战争渐少，军事行动基本只限于防御侵扰、平定小范围叛乱，甚至两度被蒙古势力兵临北京城下。明廷这种由积极出击向消极防御转变的态势，固然是因为其国力日衰，无力维持对边境地区的掌控，不得不坐视外族势力坐大，然而究其根本，自永乐以后，作为一个都城距北疆不远的政权，明廷对边防问题的决策始终秉持保守缩边的态度，将大量兵力囤积在京师，这在强盛的大一统王朝中并不多见。

辽东镇军事防御体系是多元、立体、全面的防御系统，但终究只是防御的工具，而决定战争走向、国家安全的因素则是统治者的决策和人心向背。在国力强盛、影响力仍存的时期，尚且可凭借发达的防御体系维持边境稳定，一旦实力削弱，辽东镇反而成为

---

① 李植嘉等修，《辽中县志》，1930年（民国十九年）。
② 赵现海. 中国古代长城的历史角色 [J]. 社会科学文摘，2021（3）：93-95.

外敌入侵的门户，敲响王朝覆灭的丧钟。历史也证明了，明代二百余年历史中，自蒙古到女真，北方外族势力的威胁始终存在，数次危及国家安全，这与中前期的对外军事策略是息息相关的。

1）缩边内迁，肇祸之始——北平、大宁都司的内迁和缩边政策

北平都司最初设置于洪武二年（1369年），大宁都司位于其东侧，再向东则是辽东镇，北平、大宁二都司为辽东镇起到抵御蒙古诸部的缓冲作用。洪武二十年（1387年）明太祖"置大宁都指挥使司，及大宁中左右三卫，会州、木榆、新城等卫悉隶之，以周兴、吴沔为都指挥使，调各卫兵二万一千七百八十余人守其城"①。后来，明太祖又"诏左副将军傅友德编集新附军，且令简练精锐，于大宁屯驻，以防北虏寇抄"②，可见洪武年间，明廷仍然十分重视对大宁都司的控制，并设置驻军防守。永乐年间，明成祖朱棣将宁王封地移至南昌，"己未，以大宁兵戈之后，民物凋耗，改宁王府于南昌，是日遣王之国"③，并将大宁都司治所内迁，自此明廷几近放弃对大宁都司辖域的控制。而北平都司的区域重镇开平卫也被放弃，开平中屯卫内迁，开平左、右、前、后四屯卫废除。

大宁都司内迁后，虹螺山"始入外境"，辽东镇成为新的缓冲地带，蒙古诸部"胡马驰驱，岁相抄掠"④，进入辽东镇已无阻挡，使得辽西走廊地区陷入动荡。因此，宣德年间又在辽西走廊地区建置大量卫所，以填补大宁内迁后的空白。

北平、大宁都司的弃守内迁，看似是明廷放弃了鞭长莫及的边外土地，但其在国家防御上的影响可能远不止如此。二都司的内迁直接导致宣府、大同、蓟州、辽东成为边境重镇，这四镇距离京师只有一步之遥。另外，以长城边墙串联的军事防御体系，不仅耗费巨大的人力、时间，更是存在着防御纵深的先天不足。洪武年间，九边重镇体系尚未形成，但其整体防御思路都是积极主动的，尚可弥补这一体系的缺陷；但在宣德以后持续的缩边政策下，仍处于国力鼎盛期的明政权竟不断退守，开始修筑边墙以据险防御。军事是政治的延续，这无疑代表一种偏安的心态。在此背景下，只要东部任何一镇被攻破，前方便是一马平川的华北平原，直取北京并非难事。而此时的瓦剌部正整合草原，受到侵扰的海西女真曾向辽东都司求援，明廷此时的国力、军事足以压制诸部、平

---

① 《明太祖实录》，卷185，1387年（洪武二十年）。
② 同①。
③ 《明太宗实录》，卷17，1403年（永乐元年）。
④ 任洛，等. 辽海丛书：辽东志：卷一：地理志［M］. 沈阳：辽沈书社，1934.

息动乱，却采取了"宜约束部下，谨守地方，彼来扰则御之，不扰亦勿侮之"①的消极策略，任其发展，这也为正统土木堡之变和嘉靖庚戌之变的爆发埋下了隐患。

与此同时，二都司内迁也改变了整个明代的北方地缘格局。对于明代这样的大一统中原王朝而言，其"华夷之辨"思想已根深蒂固，对少数民族势力存在天然的排斥，不可能采取接纳和融合策略。因此，两方共存的理想状况便只有模糊"边境线"的存在，明廷保留以长城线为主线、南北两侧的大片领土作为缓冲区，形成多元化的、民族融合的异质社会。②然而，明廷缩边内迁后，退守至宣大蓟辽四镇，在东北方向上辽东镇孤悬于关外，承担了极为沉重的防御压力。北方少数民族自此逐步南迁，逐塞而居，其与中原王朝之间这片模糊的缓冲区不复存在，长城线成为事实上的国境线，导致少数民族与中原朝廷日益难以调和的冲突。无论当时兴起的是兀良哈三卫、鞑靼、瓦剌或是女真，都无法避免这样的历史规律。

以北平、大宁都司内迁为代表的缩边政策，对于当时年轻的明政权和励精图治的皇帝而言，并未伤筋动骨，但这一政策无疑将辽东镇置于与少数民族冲突的最前线，北京城也由此失去战略纵深，初期埋下的隐患不断积累，最终在国力衰弱、君主昏聩之时爆发出来。

2）土木堡剧变，灾临京师——明蒙百年冲突与明代军事策略的转向

自正统到嘉靖百余年，是明蒙冲突最为激烈和频繁的时期，蒙古诸部屡屡越过边墙进犯，而明廷无论决策和用兵都存在着严重不足，从而导致了震惊朝野的"土木堡之变"和"庚戌之变"的爆发。这两次事件背景不尽相同，但引发冲突的导火索却基本一致，除了统治者刚愎自用、决策失误外，朝贡体系的失衡也是明蒙冲突的根本来源。

明代自立国之初，便提出"夷狄奉中国，礼之常经，以小事大，古今一理"③，召各国前来朝贡，并建立了完善的朝贡制度。永乐年间，随着兀良哈三卫、瓦剌、鞑靼相继向明廷称臣纳贡，明蒙朝贡体系方才形成。朝贡实际上并不是一种夷狄对中原王朝的"供奉"，相反，明代始终遵循"厚往薄来"的原则，给予各国使团的回礼极为丰厚，并借此换取边境安宁。因此，在朝贡体系当中明廷始终占据主导地位，而少数民族势力的生产、生活需求皆通过朝贡来满足，因此各方为争取朝贡机会征战不休也是必然的。

---

① 《明宣宗实录》，卷99，1433年（宣德八年）。
② 袁剑. 中国历史中的政治、族群与边疆：另一张隐在的面孔 [J]. 西北民族研究，2009（4）：110.
③ 《明太祖实录》，卷90，1374年（洪武七年）。

明代朝贡体系是联结明廷与周边少数民族势力关系的纽带，而一旦朝贡定额缩减或无法满足需求，便会转变为两者之间冲突和战争的导火索。

明蒙朝贡体系在正统年间达到顶峰，明廷历年给予蒙古诸部的赏赐极为丰厚，已造成了一定的财政负担。但也先继承瓦剌太师之位后，整合瓦剌各部，实际控制了自哈密到女真部落的广袤土地，"漠北东西万里，无敢与之抗者"。也先对明廷朝贡的需求也日益膨胀，瓦剌使团"往来多行杀掠，又挟他部与俱，邀索中国贵重难得之物。稍不餍，辄造衅端，所赐财物亦岁增"①，朝贡规制也从规定的五十人逐步增加至两千余人。而明廷也意图削减对蒙古年年递增的赏赐，朝贡体系的平衡被打破，明蒙关系急剧恶化。

正统十四年（1449年）瓦剌挥师南下，分别攻击辽东、宣府、大同、甘州四镇，明军仓促应战，损失惨重，而明英宗及其宠信的太监王振，则不顾大臣反对执意亲征，被瓦剌军队围困于土木堡，最终被俘。辽东镇方向并非瓦剌的主攻方向，明军却仍然溃败，被掠夺辎重无数，瓦剌更是兵临广宁镇城之下。而后，瓦剌军队穿过广阔的华北平原直取北京，兵部尚书于谦及监国的郕王朱祁钰（景泰皇帝）力主坚守，最终以惨重的代价击退瓦剌，取得了京师保卫战的胜利。虽然朝贡体系的失衡使明蒙关系破裂已成必然，但在国力强盛期遭到如此惨败，明英宗的昏聩在其中有着不可推卸的责任。后世言说多将土木堡之变的责任归于太监王振，但作为军政大权的实际控制人，明英宗才是导致明代军事策略转向消极的始作俑者。

土木堡之变是明代对外军事策略的重要转折点，其一是明廷彻底转向消极的防御政策，修筑边墙、屯堡，意图据险而守，对少数民族则采取不主动出击、任其坐大的策略；其二则是募兵制的兴起快速取代了积弊已久的世兵制，卫所定员缺额严重，几乎已成空文，募兵制相比世兵制而言，战斗力大大提升，但也造成了极大的财政负担，并引发了对明廷而言更为严重的后果——军队私有化。

3）犁庭扫穴，帝国余晖——明中后期东北方向对外战争

隆庆和议以后，明蒙互市重开，明蒙关系恢复正常化，从此再无大规模战争发生。这一时期主要外敌转为女真各部及倭寇，北部防线东移，兼具陆防与海防的辽东镇成为朝廷军事防御命脉所在。

土木堡之变中，辽东镇"被杀虏尤甚"，明廷边防渐坏，东北方向的女真部落也开

---

① 张廷玉，等. 明史：卷三百二十八，列传第二百一十六 [M]. 北京：中华书局，1974.

始屡屡犯边,"乘间窃掠边境,辽东为之困敝"①。土木堡之变后的明廷元气大伤,对女真的侵扰也仅仅采取了小范围防御和驱逐的措施。到成化年间时,女真势力已变本加厉侵扰辽东,明军主将赵辅《平夷赋》中提到"彼狼子野心,终怀觊觎……一岁间,寇边者九十七次,杀虏人口十万余"。因此,成化年间明廷共三次遣兵与女真势力作战,由于双方国力的巨大差距,此次战役如同"犁庭扫穴",明廷对建州女真势力进行了灭顶的打击,"强壮就戮,老稚尽俘。若土崩而烬灭,犹瓦解而冰消。空其藏而潜其宅,杜其穴而火其巢"。这是明廷与建州女真的首次大规模交战。

除了蒙古、女真外,这一时期对辽东镇造成威胁的还有疯狂扩张的日本。万历二十年(1592年)日本正式发动了对朝鲜的侵略战争,朝鲜无力抵御,"京城不守,平壤见陷,国中形势,尽为贼据,散漫猖獗,日肆杀掠,小邦疆土,殆无一邑不被祸者"②。日本之意图不仅在朝鲜,更是要借道朝鲜自辽东镇侵略明朝,"倭将入咸兴府,牧马抚民,收粮整器,声言入犯辽东"③。无论是藩国遭敌还是辽东遇危,明廷都无法置身事外,因此明廷以辽东将领李如松为东征提督,率领兵马支援朝鲜。战火虽未燃在本土,但辽东镇在这场战争中起到了极为重要的作用。战争期间,粮草、兵马调度皆在辽东镇进行,许多支援官兵亦在辽东镇待命。朝鲜之役虽然胜利,但庞大的军队后勤几乎全需国内供给,带给辽东镇人民的是沉重的税赋和粮饷运输压力,也直接导致了辽东镇的防备进一步削弱,对女真势力的控制更加松散。

明代东北方向对外战争的胜利并不意味着其取得了战略上的胜利,只是明朝余威未尽,国力悬殊,尚能节制周边异族。但这些战争也暴露出许多问题,例如万历三大征皆取得了军事上的战果,但几乎耗尽了国力,埋下了灭亡的种子。这实际上也是长期的军事决策失误导致的,庞大的九边防御体系难以维持,军户负担过重,必然引发兵备废弛的后果,朝廷若想用兵,又需要动用财政重新整顿。而募兵制的长期盛行使得军队私有化趋势愈发明显,到后期,国家战斗力较强的军队几乎全是私军,仅听命于将领。与此同时,少数民族势力不断犯边、入侵,二百余年未曾停歇,若有不备便威胁京师。长期的地缘关系紧张对明廷国力是一种巨大的消耗,历代对九边防备的加强也使其成为高度军事化的区域,相当一部分人口以此为生,加以明末小冰河期的出现,灾荒连年,民不聊生。因此,崇祯时裁撤驿站冗员便直接导致了失业的驿卒李自成揭竿而起,最终攻入

---

① 《明英宗实录》,卷290,1451年(景泰二年)。
② 宋应昌,《经略复国要编》,民国间影印明万历间刻本。
③ 同②。

北京城，抵御北方外敌二百余年的政权自内部瓦解。

2. 明清辽东战争的爆发

1）建州女真的兴起与整合

努尔哈赤嘉靖三十八年（1559年）出生于建州左卫苏克素护河部赫图阿拉城（清代尊为兴京），其六世祖永乐年间接受招抚，并被任命为建州卫指挥使，其五世祖董山成化年间屡次侵扰辽东边境，杀掳人口十万之众，为成化丁亥之役所平定。其祖、父领建州左卫都指挥使职，亦是确定无疑的亲明派，却在明军平定女真叛乱时被"误杀"。为替祖、父报仇，明万历十一年（1583年），努尔哈赤以祖、父遗甲十三副起兵，开始对女真各部进行兼并与整合。

在努尔哈赤之前，世居辽东镇东北侧的女真部落十分分散，据清史料记载至少有十余部之多，而明廷则将其大致分为建州、海西、东海（又称"野人"，指建州、海西以外散居在东部的女真人）女真。到1616年建立后金时，女真各部均被其统一，标志着努尔哈赤正式脱离与明廷的朝贡关系，成为一个独立的政权。在这三十余年间，明廷几乎未对他的统一进程作出什么阻挠之举，却向海西女真加紧用兵。可见，明廷对努尔哈赤的叛明之心了解并不深刻，后续应战也极为仓促。

有明一代，明廷对关外异族势力的态度都以招抚、离间为主，"欲其犬牙相制"，这一策略的出发点是防止激化矛盾和穷兵黩武，但自宣德以后，武将地位大幅降低，土木堡之变后尤甚，朝野对边防策略都秉持消极被动的态度，乃至对蒙古、女真等部的整合与发展也坐视不理。事实上，至万历朝时，庙堂之上已有人意识到建州女真势力不可轻视。时礼部尚书杨道宾在《海建二酋逾期违贡疏》中便已提到："成祖文皇帝所以分女直（女真）为三，又析卫所地站为二百六十二，而使其各自雄长，不相止辟一者。正谓中国之于夷狄，必离其党而分之，护其群而存之，未有纵其蚕食，任其渔猎以养其成而付之无可奈何者也。"①万历三十七年（1609年）内阁辅臣叶向高也在奏疏中称"今日边事，惟建夷最为可忧，九边空虚，亦惟辽左为甚"②，足可见辽东镇此时防务废弛情况及建州女真的威胁。

然而，明廷此时已是强弩之末，万历三大征几乎将国力消耗殆尽，且朝堂党争日趋

---

① 陈子龙，《皇明经世文编》，卷453。
②《明神宗实录》，卷464，1609年（万历三十七年）。

激烈，政令难行，纵然有人意识到其中利害，但最终也没有提出实际的解决方案。朝野上下仍然寄希望于"分而治之"，利用努尔哈赤的力量以制衡女真各部，甚至多次给予赏赐、敕封，对其统一女真的进程则不闻不问。明廷甚至主动弃守宽甸新疆六堡，并强行将六堡驻地人口内迁，在辽东镇东部形成了巨大的军事真空。

宽甸新疆六堡于万历六年（1578年）竣工，共孤山堡、新甸堡、宽甸堡、大甸堡、永甸堡、长甸堡六城，其地理位置极为重要，东拒建州女真于外，西为抚顺、清河之屏障，数十年经营，已形成辽东镇重要的军事防区之一。万历三十四年（1606年），因"孤悬难守"等原因，明廷彻底弃守东路宽甸六堡，"先是辽镇宽甸等处六城堡，开拓新疆，围环八百余里，逼邻东房，汉夷接壤，军民苦役，往往逃窜，其中积集六万余人，屯聚日久，生齿益繁，为我患害，至是督抚褰达赵楫等，遣官招徕六万余人，尽归故土"①，将六万余人尽数内迁，将东路大片土地拱手送予建州女真，可见当时明廷防御策略之保守消极。自此，建州女真在辽东扩张几乎已无阻碍，如入无人之境，最终也以进攻抚顺、清河为始引发了明清辽东战争。

2）明清辽东战争始末

按照战场范围和形势来看，可将明清辽东战争分为两个主要时间阶段：后金的战略进攻期（1618—1621年）和战略相持期（1622—1644年），两个阶段以广宁之战作为转折点，前期后金军队势如破竹，接连攻下多座城池，后期有赖于关宁锦防线的经营，双方于辽西走廊地区胶着数年。1644年崇祯帝吊死煤山后，虽仍有坚持抵抗的南明政权，直到南明永历十六年（清康熙元年，1662年）方才正式灭亡，但主要战场已在南方，不在本章叙述内容之内。

在很长一段时间内，明廷视蒙古诸部为头等大敌，对女真诸部的威胁并不在意。成书于嘉靖年间的《皇明九边考》便认为辽东镇夷情不足为惧，"其外附者，东北则建州、毛邻、女直等卫，西北则朵颜、福余、泰宁三卫。分地世官，互市通贡，事虽羁縻，势成障蔽。是以疆场无迤北之患。东北诸夷，屋居耕食，不专射猎，警备差缓。而西北则窃发颇多，若大举入寇则亦鲜矣。故辽东夷情与诸镇异。"②建州女真兴起后，明廷仍然秉持"分而治之"的态度，对其整合、统一都未作表态，显然并未预料到建州女真的发展速度和反叛明廷的决心。

---

① 《明神宗实录》，卷424，1606年（万历三十四年）。
② 魏焕，《皇明九边考》，第二卷，《辽东考》。

后金军队对辽东镇的进攻始于抚顺、清河，由于万历年间宽甸新疆六堡遭到弃守，抚顺、清河便首当其冲，相继失陷。后金起兵的消息传至北京，朝野哗然，辽东边军仓促应战，多半溃败。短短三年间，后金军队连取抚顺、开原、铁岭、沈阳、辽阳等主要城池，势如破竹，辽东腹地大半失陷。沈阳失陷后辽阳告急，"南卫兵马尽数调援辽阳"，几乎放弃了海防四卫的守备，辽阳也失陷后，全辽民众陷入恐慌当中，辽南地区金、复、海、盖四卫居民"望风奔窜，武弁青衿各携家航海流寓山东，不能渡者栖各岛间"①。在后金攻陷广宁以后，明廷在辽东镇的实际控制范围被压缩到了辽西走廊地带，假若辽西走廊失陷，京师将彻底失去屏障的门户。因此，加强西路、南路防备，构建关宁锦防线迫在眉睫。

与此同时，嗣位的皇太极则对明廷军力有着客观的估计，认为明代地广人众，辽东战争很难在短时间内取得胜利。天聪二年（1628年）一份奏疏中提到，虽然"南朝（后金对明的称谓）历代二百六七十年，武弱文强，法久弊生，上下欺罔，贿赂公行，至万历末年而纪纲大坏矣"，然而若持续征战，逼得明廷"以天下之全力，毕注于一隅之间，盖犹裕如也"。②在宁远之战、宁锦之战相继失利后，仰赖于袁崇焕对关宁锦防线的经营，后金始终未曾突破山海关，继而开始向西绕道进攻北京、宣府、大同及辽东镇沿海等地。

双方在辽东镇的战略相持瓦解于崇祯十三年（1640年）松锦决战的爆发，在松锦决战中，仅松山一战明军便阵亡约五万三千余人，且因为杏山、塔山在松锦沦陷后仍誓死不降，遭到清军夷城和屠戮，伤亡惨重。松锦决战是这一阶段决定性的战役，标志着明军在关外的彻底失势，仅剩宁远一座孤城，也很快遭到弃守。清军彼时虽未立刻入关，但大势已去，松锦决战结束后不过两年（1644年），闯王李自成攻入北京城，崇祯皇帝自缢于煤山之上，明朝宣告灭亡。

3）明末辽东镇军事聚落的演变

（1）关宁锦防线的经营

辽东战争期间，东路和北路后金军队势如破竹，迅速占领辽东腹地，明廷仓促之间难以对军事聚落体系进行调整。而辽西走廊地区关宁锦防线的经营，则是这一时期辽东镇聚落体系的最大发展。

---

① 《明熹宗实录》，卷8，1621年（天启元年）。
② 《明清史料：甲编》，天聪二年奏本。

关宁锦防线可分为两段，北段可称为宁锦防线，宁远卫城经由连山、塔山、松山、锦州，与大凌河中左千户所城相连接；南段称为关宁防线，自山海关经由中前所、前屯城、中后所、沙河所城等与宁远卫城相连。这一概念始形成于天启二年（1622年）孙承宗督师蓟辽之后，瓦解于崇祯十三年到十五年（1640—1642年）松锦决战之时。

孙承宗"督山海关及蓟、辽、天津、登、莱诸处军务，便宜行事，不从中制"①，他到达山海关后，采用了袁崇焕"坚守宁远"的建议，开始经营关宁锦防线。关宁锦防线是以宁远为中心、山海关为后盾、锦州为前线的防线，其营建并不仅仅是为了防御所用，而是以屏障京师、把守关隘作为基础，伺机而行，逐步恢复全辽。

营建防线最基础的策略即加固城池，孙承宗先命祖大寿重修宁远城，但"大寿度朝廷不能远守"，草率加固了事，直到袁崇焕接手宁远城，"乃定规制，高三丈二尺，雉高六尺，址光三丈上二丈四尺。命诸将分筑，以翌年完工。"②后又在宁远城南北各自修缮、整顿城池，共计修复大城9座、堡45座，"层层布置，节节安排，边亭有相望之旌旗，岛屿有相连之舳舰，分合俱备，水陆兼施"③，关宁锦防线就此形成。孙承宗去职后，继任的辽东经略高第主张弃守宁锦防线，退入山海关。后金军队因此而进攻宁远卫城，袁崇焕、祖大寿、满桂等人坚持守城，依靠关宁锦防线取得了胜利。宁远之战靠"坚城利炮"固守而胜，是明对后金作战的第一场军事胜利，"辽左发难，各城望风奔溃，八年来贼始一挫，乃知中国有人矣。"④自此以后，袁崇焕任辽东巡抚，仍旧延续关宁锦防线的经营。

袁崇焕的生平与功绩，在明以后至今的史学界一直有着激烈的争议，这样的争议主要源于他本人的复杂性、统治者的性格缺陷和明末混乱的政局。他的一生浮沉与愈演愈烈的朝堂党争息息相关，也与崇祯急躁多疑、志大才疏的性格脱不开干系。国运将尽，阉党灭后，曾以"气节""清流"著称的东林党也陷入党同伐异、荒废政务的境地，党争不仅加速了明王朝的灭亡，而且在南明政权仍然争斗不休。身逢乱世，情势复杂，是非正邪本就难以评说。

但在明末辽东的动荡时局中，朝野上下视辽东总兵为"死官"，在此背景下袁崇焕始终固守关宁锦防线，反对弃守辽东，是毫无疑问的民族英雄。从军事防御角度来说，

---

① 张廷玉. 明史 [M]. 北京：中华书局，1979：6468.
② 恩麟、王恩士修，杨荫芳纂，《兴城县志》，1927年。
③ 茅元仪. 督师纪略 [M]. 北京：北京图书馆出版社，1989：409.
④ 《明熹宗实录》，卷63，1626年（天启六年）。

袁崇焕对于关宁锦防线的经营可谓成功，这条防线固若金汤，牢牢把持通往山海关的要道，孤城宁远甚至坚守到了明王朝的最后一刻。但从整体防备来讲，其经略辽东的战略眼光尚且不足，宁远虽坚固，但孤城难立，无力扭转局势，后金军队也多次绕过关宁锦防线直取内地。在政治水平上缺陷也很明显，尤其是他私杀毛文龙一事给辽东政局造成了难以挽回的影响。但相较于龟缩于京师、主张退守关内的诸多朝臣而言，有缺陷的英雄亦是英雄。袁崇焕死后，辽东精锐军心涣散，关外无可用之将，明廷的国祚也将走向尽头。

（2）军事聚落的建设和衰落

明朝中后期的军事聚落建设以嘉靖、万历二朝为主，女真势力逐渐坐大时，以东路和北路加建为主，嘉靖时期北路建设李屯堡城等12座堡城，东路辽阳西设西兴堡、长安堡，辽阳东新设8座堡城。万历年间辽东战争爆发以前，辽阳东持续建设，东路的宽甸新疆六堡在万历初年建成，又在万历末期遭到弃守。

建州女真正式发动辽东战争后，为加强辽东镇防备、抵御后金（清）军队，明廷在辽东镇南路、西路均有所调整，是时辽东镇局势危急，东路和北路大片土地迅速落入敌手。因此，加强南路、西路的防备更是重中之重。通过不同年代的舆图对比可知，这一时期在西路，大宁堡城、大胜堡城、大茂堡城、锦州卫城缺失，而大顺堡、通夷堡、锦昌堡、锦安堡兴建[①]，此时辽东战争正处于后金的战略进攻阶段，战火尚未燃至西路，西路、南路的军事聚落调整也有明廷防备调整的原因。

另外，后金（清）军在辽东战争的全过程中，都采取了"毁城迁民"的残忍策略，辽东镇多处军事卫所被焚烧、拆毁，对辽东镇军事聚落体系造成了极大的破坏。例如，后金军队攻克抚顺城后即"遣兵四千拆抚顺城"[②]，对开原路城也采取了尽数焚毁的策略，"……未见明军出边，遂毁屡世居住之开原城。毁城而回时，尽焚城内庐舍、衙署、楼台……"[③]攻占辽东镇重要核心城市广宁城时，先毁城内坚固之处，再多次进行焚烧，确保城池彻底毁灭，"……着先查城内坚固之处，毁之，尽焚其房屋，前日焚而未尽之屋，次日再行焚之以尽。"[④]辽东镇东路、北路一片废墟，凡有抵抗便采取毁城策略，仅以辽阳为代表的大城市，因后金意图迁都至此而得以完整保留。

---

① 关锡镝，王飒. 明代辽东都司军事聚落体系变迁新探[C]//中国建筑学会建筑史学分会. 2016年中国建筑史学会年会论文集. 武汉：武汉理工大学出版社，2016：393-402.

②《清太祖实录》，卷2，1618年（天命三年）。

③ 中国第一历史档案馆. 满文老档[M]. 北京：中华书局，1990：95.

④ 同③.

第二章

明辽东镇军事聚落体系选址与规划布局特征

有明一代，在国家政策及相关制度的支撑下，辽东镇军事管理机制不断调整，明廷在辽东千里荒野之间修建大量军事城池，聚落之间联系紧密，运行高效，是辽东镇军事聚落体系发展的高峰期。通过数百年聚落的更替和新建，以及边墙、驿站、烽燧等军事设施的修建，已形成了一个复杂、多元的军事防御体系。

经过数百年经营，辽东镇已有东、西、南、北、中五路之划分，由于地形差异，陆防体系的五路屯兵，分别承担针对性的防御任务，布局选址各有特点。而海防路则成为单独的军事防区，始终归于都司统辖。各军事聚落之间等级隶属分明，联系紧密，战时相互呼应。虽然明廷曾数次调整过国家防守战略，但辽东镇作为九边之首，始终占据着重要的位置。在东北方的建州女真兴起后，辽东镇更是成了国家安全的命脉，在后期得到了倾国之力的经营和翻新。

辽东镇濒临辽东湾，西部和东部均为大片丘陵，大宁、北平都司撤后，辽东镇孤悬东北，仅凭借山海关与中原地区相连。其西北侧为蒙古诸部，东北侧为女真势力，东部与日本、朝鲜一衣带水，海上亦频繁遭到倭寇骚扰，具有"三面濒夷，一面阻海"的险要形势。鉴于如此特殊的地缘格局和历史背景，辽东镇是明长城九边重镇中唯一兼具陆防与海防的军事防区。陆防方面，以明长城作为主线，以"镇—路—卫—所—堡"为等级划分的军事聚落，通过烽燧、驿传系统相互联系；海防上，沿海建立的军事聚落，及其下辖的堡城、沿海及岛屿上的墩台相结合防御外敌；陆防与海防体系相辅相成，必要时互相协同，形成了立体、全面、陆海协同的古代军事防御体系。

对明辽东镇军事聚落体系进行深入认知，从微观尺度来看，则是认知其构成要素和聚落的选址与规划，厘清军事聚落体系的建成脉络和基本框架；从宏观尺度来看，则是认知其空间分布和规划布局特征，研究其陆海相协同的军事空间格局，不仅可对明代军事防御体系的格局进行复现，亦可追本溯源，研究辽东地区在更大的时间尺度上的城镇体系发展。

一、辽东镇军事聚落选址及规划特征

1. 明辽东镇军事聚落选址影响因素

1）自然因素

自古军事要塞选址对地形、地势、气候、交通等因素考量颇多。其中，地形又是自然因素中对军事防御布设的关键影响因子。借用《地纪》中对军事地理的理解，可依据防御需要将有利于军事的自然环境分为六类：险峻要塞之地可"跨据控引"，居高临下且水草丰盈之地适合安营扎寨，平原旷野利于突击作战，山川环抱的地区便于防守，郁葱山谷适合藏匿埋伏，岔路关寨易把控阻击。[1]在军事行动中，基于地理环境条件因地制宜，可起到事半功倍的效果。

辽东镇山川地理环境较复杂，陆地东部有长白山延伸的支脉，南部有千山山脉，西部位于太行山山系区，境内还有以辽河水系为主的300多条河流，所辖海域多岛屿礁石。总体而言，辽东镇为"六山一水三分田"的地理格局，山地丘陵连绵，水系发达。从军事上看，辽东镇属于各方势力的交汇地带，掌控辽东则可以控制进入中原的要道，其自然格局也适宜布置军事聚落体系。若针对地势特点顺势而为，注重军事分区切中要害，系列举措将会促使体系更高效地发挥军事防御效能。

由于难以负担庞大边防军队的供给与运输，明代设立军事屯田制度满足军队的生活补给，关键冲要地区注重防御备战，后方广大腹地则屯田耕种，耕地的质量和数量需要保障，力求军粮自给自足。这种背景下，自然气候对农作业、作战行动的影响直接左右了辽东镇军事聚落的位置选择。干旱会明显制约农田的生产，需要配合灌溉缓解，雨水丰足的"沃土"历来也是军事争夺的热点。

同一区域不同时期，其气候也会直接影响部队的作战能力，恶劣天气不仅严重影响军需运输，也使军队战斗力削弱。在辽东镇陆海协同防御机制下，陆防与海防各自作战的特点不同，对其气候需求也不尽相同，但出于运输需求，则多沿河、沿海布置。军事聚落并非临时防御工事，而是通过城市的长期发展而实现对地区有效控制的手段，因此，土质、洪水、泥石流、地震等自然灾害等因素影响也需考虑在内。

---

[1] 何守法. 投笔肤谈 [M] //程素红. 中国历代兵书集成. 北京：团结出版社，1999：1653-1654.

2）军事策略因素

辽东镇军事聚落体系是自然地理条件与地缘政治格局结合的产物，军事聚落选址以军事防御需求为绝对导向，决定因素包括国家安全战略、潜在威胁以及政府对地区的发展规划意图。选址原则不仅应当考虑自然地理位置，也应当结合时势。辽东镇军事聚落体系基本框架虽在洪武、永乐年间就已经形成，但不断的调整、建设持续了整个明代，由于存在威胁的外敌不同，其防御重点方向也不相同。总体而言，在规划格局上，辽东镇军事聚落体系呈现城池密度增大、防线却逐步收缩的态势；在军事价值上，明中后期的主要外敌由蒙古变为女真，防线东移，辽东镇的军事地位也越来越重要，成为国家命脉之所在。

明朝自建立起便着手加强北方军事建设，针对北方少数民族势力积极防御。通过借鉴以往经验，洪武年间，辽东地区以长城为基线的军事防线脉络基本确立，分主次环列布置卫所，镇城位置较为特殊，一般镇城选址在中心位置，基于辽东镇的"M"形聚落布局，结合地形，两座镇城根据防御重点将整体防御路线分两段统辖，各自包夹在半环路圆中心位置。

后续继任的统治者虽采取缩边的军事战略，但始终持续对辽东镇聚落体系进行建设和发展，在卫所聚落之后，又修筑堡城、边墙、烽燧、驿站等。后经数百年的更替补充，长城卫所军事聚落要素完备，分区明确，结构复杂，其主要规划特征在明廷官员的奏疏中可充分体现，"以形势大略言，则锦义为西路，广宁为中路，辽阳为东路，开原为北路，酌量远近，彼此相援，边疆可拟盘石矣。"[①]

3）经济因素

明代一切军事防务建设行动，都是建立在国家财政基础之上的，因此经济因素作为潜在的决定性因素，渗透在防务工作的各个方面。国家经济情况的好坏与卫所聚落的建设、维护、发展都息息相关。明代虽实行屯田制，但九边防区多为蛮荒之地，远不能自给自足，维持一个庞大的军事聚落体系运转，其军需、兵力、运输、通信都是必然要考虑的问题，需要强大的财力和决策者的支撑。事实上，自宣德起便愈演愈烈的缩边退守趋势，表面上来自于军事聚落体系对财政的消耗，深层次的原因还有守成之主缺乏提升国家军事水平的魄力。

出于对经济因素和聚落后续经营的考虑，在前期选址时需充分考虑战略定位、建设规模、兵力来源、隐蔽防护和运输通信等问题。其中，交通要素最为重要，交通便利发

---

① 刘效祖，《四镇三关志》，制疏，题奏，巡按御史李善奏复辽东边事疏略，明万历四年刻本。

达,强有力地支撑军队调度和物资输送的机动敏捷性,提高作战效率。军队需求由国家政策支持,建设材料也有相应保障。在满足交通便捷的情况下,结合自然地形环境而建城,可以有效减少前期投入。

军事聚落应当将防御安全作为首要的原则,军事要塞一般选择在依高邻水、视线可达性较好的地方。考虑军队设备物流运送成本,军事互助便捷、实际侵扰压力等因素,这也间接决定了军事要塞的主次分布与排布稠密程度。从互利角度看,陆海协同军事防御体系从整体布局上考虑,相互补充,相靠紧密。在军事作战上配合密切,统一听从调配,共同协作扼守要道。

国家在各个阶段的经济水平决定了聚落体系的发展方向,当国力强盛时,生产力得到发展,经济达到一定的发达程度,建设的聚落及军事设施的数量也会由此增多,区域军事等综合实力得以巩固强化。军事防御体系发展完备又会反作用于经济发展,保障经济的稳固,按史料记载,作为辽东镇区域重心的镇城曾呈现出"岁有羡余,数千里阡陌相连,屯堡相望"的景象。但当国力衰弱、财政空虚时,则难以维持聚落的新建和更新工程,甚至主动缩减规模,削弱军事防御能力,例如万历年间甚至出现弃守宽甸六堡、强行内迁的行动。

2. 明辽东镇军事聚落选址特征

明初攻夺辽东地区政权之后,军队的聚落选址多就地因袭旧址,将元代城池加以改扩建进行驻兵管理,后因防御需求另寻要地建立新城,逐步建立起了辽东镇军事聚落体系。新城位置至关重要,既能保障防御"独当一面",又涉及后期整体配合,形成有利的阵势。通过对比分析在辽东地区针对性地筛选出的军事聚落位置,可以提取聚落选址的典型案例,总结出聚落选址表现出的一定特征。

1)聚落选址的综合价值考虑

军事聚落选址主要涉及其军事价值、资源价值、风水价值等因素,与自然演进的普通城池相比,明代九边军事聚落具有高度军事化的特点,其选址显然更侧重于军事战略价值,其他因素的考量也多以兵备防务为导向。辽东镇共有镇城两座、路城三座、卫城十二座、所城十座和堡城数十座,囿于篇幅限制,本书仅选取各要素导向的代表聚落案例进行说明。

(1)军事价值

明辽东镇军事聚落体系的首要职能即防御职能,因此城池的选址和发展都要考虑到军事价值。在选址过程中对军事价值的考量可分为两种情况，第一种是防务空虚之地，需加设城池以防外敌长驱直入；第二种是地势险要之地，便于观察敌军动向、埋伏突击，对攻守之势都有所裨益。

对前者而言，明辽东镇整体地形复杂，西北侧多荒漠沙地，条件较为恶劣，千里荒野，有土无人，并且易攻难守。辽东境外西北部更是盘踞着明廷近二百年的首要敌人——蒙古诸部势力，北部、东北部则为建州、海西、东海女真，若无防御型城池建设，少数民族势力自辽东镇犯边，则易长驱直入直达京师。因此，为经营防务空虚之地，明廷在辽东镇新建了一系列军事聚落，并设置驻军与屯田，意在通过长期经营实现边境军事防御的常态化。

对于后者而言，辽东镇广阔的崇山峻岭是天然的保护屏障，兵法中常以占据山丘制高点或者险要关卡为首要目标，这些聚落对外联系的道路多隐蔽曲折，外敌兵力无法聚集，占据高处优势也均为明军防御和反击提供了有力的支撑。"高有宜依，亦有依壁四面空阔。断崖壁立，则依内卑外高。旁无俯临，则依溪涧陡僻。兵难屯聚，则依籍其利也。"① 另外，辽东湾西岸狭长的滨海平原——辽西走廊地区，作为通往中原地区的交通要道，也被赋予了极高的军事意义，修筑了多个军事聚落，并可用于陆海协同防御机制的完善。另外，河流可提供军队人畜饮用水和军事屯田的灌溉，辽河、大凌河等大型水系的存在也影响了辽东镇军事聚落的分布。

较高等级的军事聚落选址要考虑到交通便捷程度等问题，而长城边墙选址的考虑则较为简单，多依山就势修筑于山脊之上。山顶之上设烽火台、敌台等辅助设施，与长城"唇齿相依"的低等级堡城依照防线走向就近依附长城边墙内侧附近，军事聚落则远离长城一段距离择险而设，要塞间距离、密度可根据军事地位重要程度在符合军事管辖范围的规定下疏密有序，依据地势特点互相配合，形成一套完整的军事聚落体系。

开原路城：开原城是以军事价值为选址导向的典型代表之一。开原城与镇城有直接归属关系，距辽阳镇城北三百三十里，城周长约四里，高二丈，南门有驿站。城池"三万卫临绝徼，翼带镇城，居全辽之上游，为东陲之险塞"②，周围多山，城东二里有龙首山，城西北二十里有平顶山，北二里有柴河。开原城不仅地势险峻，其军情更是极为险要。开原是辽东镇最北端的军事聚落，城池三面受敌，西部有福余、北部有海西、

---

① 尹耕. 乡约 [M] //中国兵书集成：40. 北京：解放军出版社，1994：48.
② 顾祖禹，《方舆纪要》，1692年（康熙三十一年）。

东部有建州、东北部又有同江诸少数民族聚居,若少数民族向南犯边,首当其冲的便是开原,可谓辽东镇最险要之地。此地附近先后设立了铁岭卫及沈阳中卫,但北部仍然空虚,明廷遂在洪武二十六年(1393年)建设城池,军事防御等级极高,仅次于镇城,其下辖的铁岭卫、沈阳中卫两座卫城及数座堡城也提供了强有力的后备支撑,力保开原城守备安全(图2-1、图2-2)。

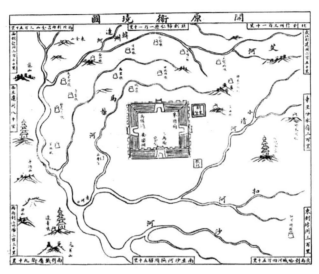

图2-1 开原城选址环境(1)
(资料来源:明代《全辽志·卷一·图考志》)

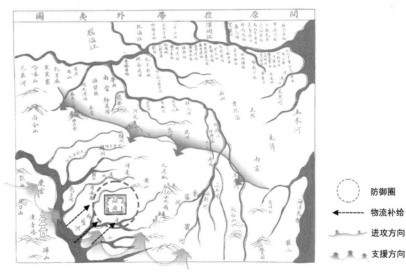

图2-2 开原城选址环境(2)
(资料来源:明代《全辽志·卷一·图考志》,笔者标绘)

铁岭卫城：在辽阳城北二百四十里处，隶属于开原路城，"控扼夷落，保障旁陲，山川环绕，屹为要地"①。铁岭卫城是洪武二十一年（1388年）依据辽金时的旧城修建而成的，城周长约四里，其选址原因与开原城有所相似，皆因辽东镇北部无军事聚落，防务空虚，但三面受敌，因而沿袭辽金故城旧址并重新整修。城南三十里设有汎河中左所城，城南六十里有懿路中左左千户所城，皆隶属于铁岭卫。

中前所城：所城是比卫城更低一级的屯兵城，城池规模通常比卫城小，军事防御压力也小于卫城。中前所城与附近的中后所城、宁远卫城及下辖所城一样，都是明宣德年间建成的，一字排列在滨海平原上，意在缓和辽西走廊地区城池稀少、防务空虚的问题。宣德三年（1428年）中前所城筑城，城周长约三里，高三丈。"绥中地接沧关，负山面海，险阻天然"②，所城靠近"一夫当关，万夫莫开"的辽东咽喉——山海关，这段区域的长城将山、海、关隘串联，防线狭长，北剪群夷，南窥中原，是历代兵家争夺的重点地区。

辽东镇全境军事聚落大体可分为东、西、南、北、中、海防六路，依据军事防御等级高低、地势和交通条件的不同，军事聚落的选址范围也不尽相同。军事聚落的职能也依据选址的不同而分化，例如建立在滨海平原、辽河平原上的城池，其地形不易抵抗入侵者，但是适用于大量屯田以供给军需；高山峻岭用险固塞，利于防守，但不利于物资运输，无论是日常供给还是命令往来都十分不便。因此，高等级的军事聚落多综合考虑交通和地势两方面因素，而低等级的堡城则多据险而守。镇城、路城及较为重要的卫城选址，意在对周边地区进行辐射，全面发挥各自优势，牵拉联动成整体，从而形成功能完备的局部防御圈。

（2）资源价值

军事防御需求并不是军事聚落选址的唯一导向，明代辽东镇军事聚落是长期发展的、独立自足的城镇体系，因此，为满足基本生活保障，区域内水源、土质、气候等附属条件也需酌情考虑。

军事屯田制度在我国已有千年历史，历朝历代都有所应用，但明代辽东镇军屯制度应用范围之广、影响之深都是空前的，因此，军事聚落选址时，土地状况也成为重要考量因素之一。军事屯田制度，也可称为"寓兵于农""边地，三分守城，七分屯种。内

---

① 顾祖禹，《方舆纪要》，1692年（康熙三十一年）。
② 文锡修，范炳勋等纂，《绥中县志》，1929年（民国十八年）。

地，二分守城，八分屯种。"①世袭制下的军户不仅承担边境的驻防工作，在闲时还要耕种官田，以求自足。因此，作为屯兵城的卫、所二级城池多选择临靠土壤肥沃之地，依傍水源，创造良好的耕种环境。山、水、地结合，也体现出了朴素的古代生态观。

除了土地状况外，水源也是军事聚落选址的重要因素之一。河流交汇的地方多是交通枢纽、区域重心，明代时，水运已开始初步发展，展现了其灵活便捷的特点。从军事上讲，把控渠首、控制水源，可直接夺得战争的主动权。从屯兵日常生活来看，卫所聚落虽各有屯田，但镇城、路城等重要聚落驻军较多，对作物、水源等生存资源的需求量很大，更多时期耕种无法完全自足。遇征战之年，军队无暇顾及屯种，大部分粮食及生活用品等需要依赖上级下令自他省水运调遣。因此，防御等级较高的军事聚落，多沿河海借运输之便，战可攻，退可守，水陆并重，利于军需补给。

复州卫：在辽阳城南约四百二十里处，地处边陲且位置险要，"形胜谓山屏峦古，水绕东瀛，其大势也，而境内之山脉起伏川流汇海者，悉数正多兹"②，从元到明朝廷多次颁布政令招徕人口，以求地区发展稳固。其沿海线约有三百六十里，海岸线悠长曲折，拥有优良海港，从山东登州、莱州两郡来往辽东的船只络绎不绝，海航繁荣，有力地保障了军事聚落的物流补给（图2-3）。

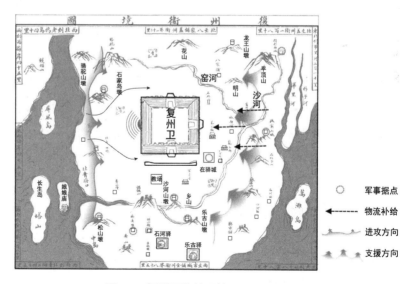

图2-3 复州卫选址环境
（资料来源：明代《全辽志·卷一·图考志》，笔者标绘）

---

① 张廷玉，等. 明史：卷七十七：志第五十三：食货一 [M]. 北京：中华书局，1974.
② 程廷恒修，张素纂，《复县志略》，1920年（民国九年）。

盖州卫：明洪武五年，指挥吴玉借旧土城修筑，九年，废处所制改设为盖州卫。襟山带海，独占优势。"盖州卫控扼海岛，翼带镇城，井邑骈列，称为殷阜，轮者以为辽东根柢允也。"①

（3）风水价值

中国传统城市的规划特征是"内城外郭"，城池往往中轴对称，四周环绕城垣，城内有街道和里坊。传统聚落的形态特征往往与城池等级、城市职能和自然地理条件相关。

军事聚落的选址与普通聚落相比，虽然职能不同，但规划上亦有相同之处。例如，若地理条件允许，辽东镇平原上的重要城池以及在军事防御后方巩固段的聚落，选址时依然尊崇传统的风水理念，通过相地"相形取胜"，寻找龙脉（山）活泼、气运（水）通畅的良好驻扎环境。但军事聚落的选址原则仍然以军事防御职能为导向，城中也多设置角台、瓮城、炮台等军事设施，聚落周围更是排布有所辖下一级的堡城、关城以及驿站。

军事聚落一般选址在山的阳坡，四周山脉呈环抱姿态围绕中央的基地，讲究藏风聚气。基地面前有流水，背山面水，轴线结合山势坐北朝南，同时，聚落平面布局还需兼顾防御对象入侵方向，如上种种，若适逢条件满足，则为难得的风水吉地。这种布局易获得较好的视角，局部气候条件宜居，有良好的日照条件，为军事聚落后期的发展壮大作铺垫。

广宁镇城：位于中西平原腹地，与辽阳城相隔四百二十里，河流纵横。洪武七年（1374年）建立广宁分司城，成为辽东镇级别最高的屯兵城。二十五年（1392年），依据古城旧址重筑广宁卫，城周长约九里。作为幕后掌控全局的聚落重心，选址更加谨慎周密。按照《方舆纪要》所述，"西卫沧关，东翼辽镇，凭依山海，隔绝戎羡，地大物繁，屹然要会，用之得其道，易高丽之舞，革朱蒙之音，不难也。"②广宁城内以五门为轴，呈"井"字形干道划分区域，主要行政领导机构都设在中心区，总兵府设在东区，城外护城河围绕，四周设置有广宁卫、广宁右卫、广宁左卫、广宁中卫，下辖8座边堡，呈现众星拱月之势（图2-4）。

沈阳中卫城：地处辽东南部，辽河平原与辽东山地交界的前沿。域内有浑河流辽河入渤海。"境扼全辽中枢，当京师左臂，西南平原沃野，东南则叠嶂重峦，有沙河小辽水两流域，以护其前懿路寒坡顶，诸要区以卫其后。"③卫城东面接壤抚顺所，西面通新

---

① 顾祖禹，《方舆纪要》，1692年（康熙三十一年）。

② 同①。

③ 赵恭寅修，曾有翼纂，《沈阳县志》，1917年（民国六年）。

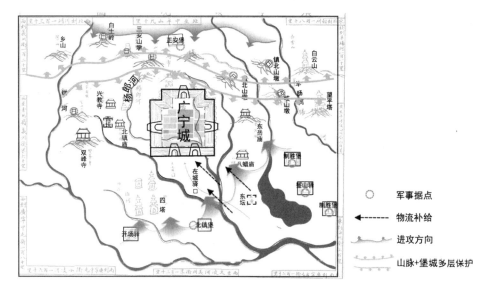

图2-4 广宁镇城选址环境
（资料来源：明代《全辽志·卷一·图考志》，笔者标绘）

民老边，城北四十里设有蒲河千户所城，前后拱卫，交通纵横贯穿，四通八达。城规模较大，城内为"十"字形格局。从遗存现况看，城内部地势较高，城北高地之下是浑河古道，城内高地应该是古人筛选而来，用以作为日常活动和居住的场所。

2）聚落选址的地理区位考虑

在辽东镇军事聚落的选址过程中，城池的地形地势是不可忽视的基本因素，地形地势的不同也直接影响到了区域的军事防御价值、资源价值和交通运输价值等。辽东镇地理形势复杂，东、西两侧山地众多，中部为辽河平原，南部则为狭长的滨海平原，由此也衍生出了多种地理区位条件下的军事聚落。可根据地形的不同，将辽东镇军事聚落选址区域主要分为三类：开阔平原区、崎岖山地区和依山临水区。

（1）开阔平原区

这一类型的军事聚落主要位于辽东镇中部辽河平原以及南部辽西走廊地区，辽东镇诸多主要军事城池均属于此类。其一，位于开阔平原地区的军事聚落建城受限较少，无须考虑地势对城池建设的影响，总体可遵循中国传统城市规划思想，城内平面较为规整，中轴对称，适宜建造高等级的城池。其二，平原地区水系纵横，坐落于其中的军事聚落交通运输相对便利，聚落间联系紧密，是聚落发展壮大的有利条件。

平原区的军事聚落平面多为方形，格局严整，中轴对称，规划分主次街道，多以"田"字或"十"字主街道划分区域，区域内又有尺度更小的街道纵横交错，城中有卫治管理、民居以及庙宇、学校等功能设施。由于平原城池容易四方受敌，防御等级较高，所以多有高大城墙，依据防护需求在城墙四周设二至四扇城门，在门前可通过设立瓮城、城墙四角设置角台以作加强防御之用。另外，高等级的军事聚落通常也有烽燧、驿站以及位于崎岖山区的堡城与之相呼应，共同组成一个结构完整的军事防区。

辽阳城：辽阳是辽东镇二镇城之一，也是副总兵驻地，北距沈阳60km，地处辽东低山丘陵与辽河平原的过渡地带，地势开阔，物产资源丰富。辽阳城作为辽东核心城市的历史由来已久，早在辽东最初设郡的战国时期，辽东郡治所便设于辽阳。辽、金时皆设东京辽阳府，元代设辽阳行省。明帝践祚后，洪武四年（1371年）设定辽都卫时也将治所设于辽阳。辽阳城是辽东地区规模最大、形势最雄伟的边防重镇，也是政治、经济、文化中心和交通枢纽，辽东镇军事聚落体系以辽阳为中心，共设置有四条交通干线，联络各方（图2-5、图2-6）。

明代辽阳城池平面分为南北两城，清时由于重心北移，改为一城制。南北二城合为东西向2km，南北向2.5km的长方形，城墙高约三丈，设置三座城门——东门永智、西门武靖、北门无敌。城内以六门为轴的"井"字干道，把整个辽阳城划分为东区、中区、西区三个大区。[①]主要衙署都设在中心区，总兵府设在东区。

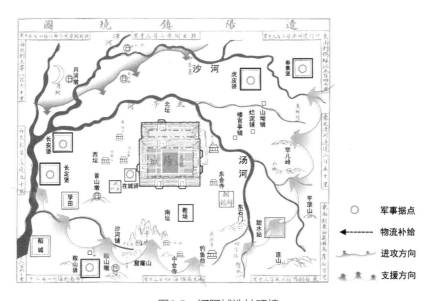

图2-5　辽阳城选址环境
（资料来源：明代《全辽志·卷一·图考志》，笔者标绘）

---

① 刘谦. 明辽东镇长城及防御考［M］. 北京：文物出版社，1989.

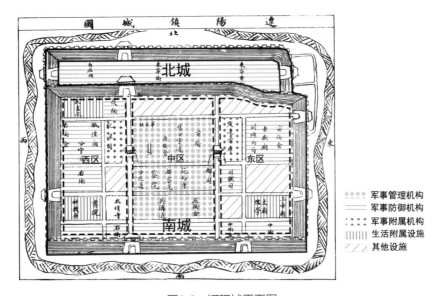

图2-6 辽阳城平面图
(资料来源：明代《全辽志·卷一·图考志·辽东镇城图》，笔者标绘)

中前所城：位于辽西走廊地区南部，宣德年间与宁远卫、中后所等城池同期建置，因大宁都司内迁后，辽西走廊地区城池稀少、贼寇众多，为加强辽东镇南路防备而建设。中前所城是隶属于前屯城管属的七个千户所之一，规模较其他所城而言更大，有"关外第一所城"之称。所城位于狭长的滨海平原之上，距离山海关最近，负山面海，屏障京师，军事价值重大。

城池略成方形，设有三门——东门定远、南门广定、西门永望，城北正中有台基，城墙四角有用于瞭望防御的城角台。各城门原先建有半圆形瓮城，又称"瓮圈活月城"，为巩固防守，瓮城设有箭楼、门闸等设施，城内多为"囤顶"式辽西特色四合院民居，辅助功能也较为全面，城内有城隍庙、真武庙、草堂寺，后皆毁于战争。

（2）崎岖山地区

选址于崎岖山地的军事聚落多为低等级的堡城，以明长城为主线沿内侧分布，有扼守险要之作用。而等级较高的军事聚落多建于山谷，为军事作战需要，城门选址朝向易于把控的交通要道，或者朝向制高点。由于地形地势的限制，城池平面通常不规则，因地势而建，门开方向既便于调动兵力、迅速应战，又利于抵御敌人进攻。[①]

---

① 李严，张玉坤. 明长城军堡与明、清村堡的比较研究 [J]. 新建筑，2006（1）：36-40.

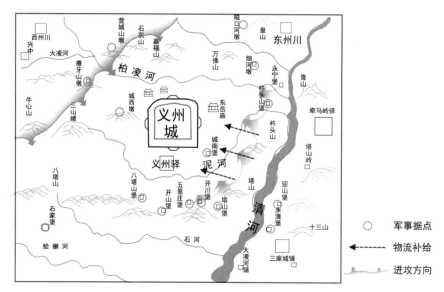

图2-7　义州路城选址环境
（资料来源：明代《全辽志·卷一·图考志》，笔者标绘）

义州路城：中部为丘陵状平原，西部属于松岭山脉，有多条河流。义州路城就位于大凌河南岸，辽东镇军事聚落体系西路。据清《读史方舆纪要》描述：义州路城东三十里为青山。城北二十里为石门山，又十五里为嘉福山。城南十五里为双山，又南十里为八塔山。境内主要河流有大凌河、隘口河、石河、泥河等。[①]山川环峙，提供多层次的防御优势，周围低等级堡城呈放射状分布，要塞间联系密切，依据地势形成紧密的军事防区（图2-7）。

（3）依山临水区

选址依山临水的军事聚落多控守交通、掌握水源命脉，在辽东镇军事聚落体系中，符合这类选址特点的军事聚落可分为两类。其一是海防军事聚落，由于特殊的地理位置，辽东镇成为明代九边中唯一兼具海防与陆防的军事重镇，形成了陆海协同防御机制，因此辽东镇也多有海防聚落要塞的建设。其二则是沿河、海建设的陆防军事聚落，此类聚落以辽西走廊地区为典型代表，聚落均建设于辽西丘陵与辽东湾之间的狭长沿海平原，虽属陆防体系，但仍兼顾海防。

海防军事聚落中，复州卫城、盖州卫城等在前一节资源价值类已详细介绍，故而不作重复叙述。沿海的陆防军事聚落中，宁远卫城是最典型的代表聚落之一。

---

① 顾祖禹，《读史方舆纪要》，卷37，山东八，1692年（康熙三十一年）。

宁远卫城：宁远卫城地处辽西走廊咽喉，距离山海关约100km，东连义州卫，西接前屯城，扼守中原与东北之间唯一的交通要道，有着重要的交通和战略地位。"内拱岩关，南临大海，居表里之间，屹为形胜"。[①]宁远卫辖境大约为"西至广宁前屯卫百三十里，东北至广宁中屯卫百二十里，东北至广宁卫三百里，西北至故大宁卫废利州百五十里。"[②]其地势三面环山，东侧濒临辽东湾，东南至海仅7.5km，狭长的海滨平原是直通关内外的必经之路。宣德五年（1430年）由于辽西走廊城池稀少、防务空虚，明宣宗敕令在广宁中屯卫与前屯路城之间增设宁远卫城，约比前屯城晚35年，但宁远卫城面积与前屯城相等。宁远城池建立之后，所辖11座堡城，凭借重要的地理位置，大大分担了前屯城的防御压力，前屯城下辖只剩两个千户所城。宁远卫城在明清辽东战争中发挥出了极为重要的军事作用，直至清军入关也未被攻破，可见其选址之关键。

宁远卫城平面呈方形，分内外城，外城为明季增强防备而修筑。内城周长约五里，外城周长约九里，城内街道以"十"字为轴，有春和街、延辉街、永宁街和威远街，城正中心有一座钟鼓楼，城东南设有察院行台、参将府，城外护城河绕城一周。四面开城门，城门外设置半圆形瓮城，四角设有角台，架设大炮，供防御之用（图2-8、图2-9）。

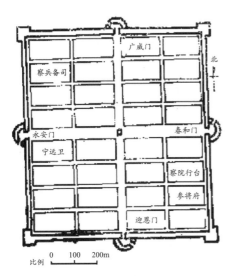

图2-8 宁远卫城平面规划图
（资料来源：明代《明辽东镇长城及防御考》）

图2-9 宁远卫城现状航拍图

---

① 顾祖禹，《读史方舆纪要》，卷37，山东八，1692年（康熙三十一年）。
② 刘谦. 明辽东镇长城及防御考[M]. 北京：文物出版社，1989.

军事聚落承担着防御和进攻的军事职能，其选址需要考量的因素相较于普通城池来说更多、更复杂，区域的军事价值无疑在聚落选址过程中占据主导地位，而资源价值、风水价值也是必然考虑的。辽东镇军事聚落体系按照地形地势划分，可以分为开阔平原型、崎岖山地型和依山临水型，这些聚落的建设目标和职能略有不同，它们各司其职，彼此联系，共同组成了完整的军事防御体系。

二、明辽东镇军事聚落体系规划布局特征

1. 明辽东镇军事防御体系要素构成

1）明长城

囿于古代生产力和交通技术的限制，中原王朝对北疆的掌控力始终有限，且北疆地处荒原，资源极度匮乏，世居于此的少数民族势力无法自给自足，往往要南下劫掠，使得中原王朝始终面临着来自北方的军事威胁。但北方疆域广阔，仅靠驻军和城池难以达到既定的防御目标，而长城则可绵延不断，截断交通，限隔敌骑。因此，历朝历代都很重视长城边墙的修筑。

长城边墙并不是一道孤立的墙，而是以边墙为主体，在其上修筑敌台、关口、马面、烽燧等军事设施，从而形成完整的军事防御体系。长城最早大量修筑于春秋战国时期，由于战争频仍，各国之间都于边境修筑长城以作防御之用。后来长城作为一种通行的军事防御工事为历朝历代所用，直到清代方才终止。其中，以明长城规模最大、结构最复杂、体系最完整。

洪武年间辽东镇并未修筑边墙，而是大量建设军事聚落和屯田，这与明太祖朱元璋主动出击的军事策略息息相关。随着明廷军事策略由主动向被动的转变，边墙的存在也越来越重要。辽东镇最早的边墙修筑始于永乐年间，"永乐时，筑边墙于辽河，内自广宁，东抵开元，七百余里。"[①]但大规模正式修筑是正统二年（1437年）[②]，大宁、北平二都司内迁后，故地为蒙古诸部所占据，兀良哈三卫和海西女真、建州女真等纷纷内迁，辽东镇孤悬于外，仅靠军事聚落难以构筑坚实的防线。正统初年时，兀良哈三卫再次为

---

① 顾祖禹，《读史方舆纪要》，卷37，山东八，1692年（康熙三十一年）。
②《明孝宗实录》，卷72，1493年（弘治六年）。

患，辽东边防告急，因此在正统年间，陆续修筑了辽河流域边墙、自铁场堡（今绥中县境内）至广宁的辽西边墙，成化年间为防御女真，又修了自开原至鸭绿江的东部边墙，辽东镇边墙基本修筑完毕，沿辽东边界呈"M"形分布。后世直到明灭亡以前，辽东边墙仍然处于持续维修、翻新状态。城墙材料多就地取材，以土、石、砖三种为主，有夯土墙、毛石墙、条石墙、砖墙等不同做法。[①]

明长城线作为与蒙古、女真诸部的事实边界线，是辽东镇军事防御体系的第一道防线，也是明廷缩边政策的鲜明体现。明廷与蒙古、女真之间的互市也多设于边墙附近，在一定程度上促进了民族经济和文化的交流，也促进了边境地区城镇的发展。

2）军事聚落

以"镇—路—卫—所—堡"为等级划分的军事聚落形成了辽东镇军事防御体系的基本框架。在明早期的规划当中，也是先修筑各级军事聚落，待城池修筑完毕，完全掌握对附近区域的把控之后，再修筑烽燧、敌台、驿站、边墙等其他设施。明代辽东镇军事聚落具有典型的军事防御特征，虽然也有人口聚居于此，但其城市生活是高度军事化的，军事聚落周围通常有屯田、墩台、烽燧、关隘等附属设施。

军事聚落的等级与其职能和防御等级关联密切，其中最高等级的辽阳、广宁二镇城，统辖一镇之城池，坐镇防线后方调度。辽东总兵最初于广宁分司城驻扎，隆庆元年（1567年）由于防线东移方才移驻辽阳，而辽东都指挥使司的治所一直位于辽阳，可见二镇城的重要地位。五座路城分别统辖一路城池，由开原参将、锦义参将、宁前参将、海盖参将、险山参将和广宁副总兵分别统领，辐射周围堡城，形成五个陆防军事防区。卫城、所城均为屯兵城，通常驻守军队、部署屯田，作为兵源和军需来源而存在，通常下辖低等级的军事堡城。堡城则是最基本的军事防御聚落，通常位于边墙沿线地势险要之处，交通相对不够便利，规模也较小，最重要的功能是对外防御。

明辽东镇军事聚落的选址也以军事防御导向为主，高等级的镇城、路城等通常建于交通便利之地，能够作为区域中心统领辐射其他低等级聚落。用于屯田、屯兵的卫所城市，通常需择土地肥沃、便于屯田之处，而堡城作为最基本的军事防御聚落，通常沿海岸线或明长城线分布，择地势险要之处建立城池，是应对入侵首当其冲的防线。除了"镇—路—卫—所—堡"体系外，还存在驿站城、关城、储粮城等具有特定职能的聚落，共同形成了等级分明、结构严整的军事聚落体系。

---

① 范熙晅. 明长城军事防御体系规划布局机制研究［D］. 天津：天津大学，2015.

从横向格局来看，辽东镇陆防军事体系按地理位置和防御需求分为五路屯兵，部分结合海防堡城作为策应。从纵向结构来看，明辽东镇长城聚落体系可分为前线的军事堡寨、后方的屯田屯兵城和指挥调度的高等级城池，聚落之间职能不同，战时则共同协作进行军事防御。

3）驿传及烽燧系统

军事聚落体系构建完毕后，彼此之间存在一定的距离，需要通过各类方式进行串联和整合。为使军情和谕令及时传递，发挥出军事聚落体系的策应和协同作用，驿传及烽燧系统的形成和发展也是必然的趋势。相比而言，烽燧系统属于对边外紧急军情的快速通报，结构简单，机制高效，方向单一；而驿传系统则是结合了运输物资、传递谕令等多种功能，与军事防御体系协同共生，是复杂多元的体系。

烽燧是一种古老的军情传递系统，"烽燧候表也。边有警，则举火。"[1]统治者往往选择在高处或结合长城修建大量烽火台，如有敌情，则点燃烽火台，一路将紧急军情传递至军事中枢或调度机构。烽传系统受到人的视力、听力等影响，一般间隔约10里（5km）筑一台，并多筑于高处，有的独立存在，有的也与长城边墙相结合。[2]

明代的烽燧点火做法较前代有所进步，加入了硫磺、硝石等助燃，延长了燃烧时间，并使烟火更加浓重，再辅以放炮、雷鼓等措施，使信息传递更加迅速。据明成化二年（1466年）的相关法令："各边墩堠烽炮，务要审实贼势多寡，严立举放之数，仍于总要便于瞭望之所，如数举放，彼若见敌一二人至百余人，举放一烽一炮，五百余人举放二烽二炮，千余人举放三烽三炮，五千余人举放四烽四炮，一万余人举放五烽五炮。"[3]可见烽传系统有严密的组织模式。

驿传交通系统在我国古已有之，并不是军事防御体系所特有，但却是军事防御体系中的重要组成部分，负责运输物资、传递军情，是串联起各等级军事聚落的生命线。辽东镇作为民族交融的边缘地带，自古便不是中原王朝的核心领土，明代开国后，为加强辽东与中原地区的联系，开始广设驿站、开辟驿路，发展了极为完善的驿传交通系统。到宣德年间时，辽东镇驿传系统已经初具规模，且多沿边境设置，"自山海关外辽东所属凡二十四驿，其十八驿俱在极边。"[4]

---

[1] 许慎. 说文解字段注：十三册：卷10：上[M]. 成都：成都古籍书店，1981.
[2] 范熙晅. 明长城军事防御体系规划布局机制研究[D]. 天津：天津大学，2015.
[3]《明宪宗实录》，卷34，1466年（成化二年）。
[4]《明宣宗实录》，卷26，1427年（宣德二年）。

明辽东镇驿传交通系统有驿站、递运所和急递铺三种组织形式，驿站通常负责传递紧急的谕令和军情，递运所则主要承担运输物资的职能，而急递铺作为低等级的驿传设施，数量最大、范围最广，围绕军事聚落及驿站形成运输网络。驿传系统的主要特征是与军事防御系统高度结合，多处驿站城都结合军事聚落设置，驿路也以防御体系的交通路网为主。这一特征不仅保证了信息传递和物资运输的效率，在辽东镇这一四面受敌之地，也可在一定程度上保障驿传交通系统的安全性。

4）军事屯田

军事屯田制度早在西汉时期已经出现，历朝历代皆有应用，但明代高度军事化的都司卫所制度为屯田制发展提供了合适的土壤。明太祖朱元璋以农民之身发迹，在中原大地之上再次建立汉人大一统王朝，其对农耕、粮食的重视程度是空前的。在其称帝之前便已对屯田制有所考虑，"古者寓兵于农，有事则战，无事则耕，暇则讲武"[1]，他认为，在国家征战之时，应当从郡县之间选拔人才，编入行伍，"农时则耕，闲则练习，有事则用之，事平有功者一体升擢，无功000还为民。如此则民无坐食之弊，国无不练之兵，以战则胜，以守则固，庶几寓兵于农之意也。"[2] 将农耕与戍边相结合，既保证军队军需的及时供给，也能够保证边境地区的长期驻防。

明开国以后，辽东镇的屯田制度建设也大致沿袭明太祖的这一思路，只不过无功者亦不再"令还为民"，而是作为世袭制军户世世代代居于屯兵城。明代将天下民众分为民、兵、匠三类户籍，三类之下又细分为诸多小类，一旦定籍则不可更改，只能世代承袭，民众流动亦受到极大的限制，这也体现了明太祖对安土重迁的小农思想的推崇。而其中的军户则面临着更严格的管制，不仅承担着耕种官田和戍守边疆两项任务，战时则战，闲时则耕，一旦出逃则将被视为逃兵。

与军户制度诞生相伴随的便是明早期军事屯田的大规模扩张。辽东地区本就为边陲之地，人口稀少，又历经元末天下混战，更是荒野千里。在此背景下，官方主导的军事屯田开垦无疑为地区经济、社会复苏提供了有效的推动作用。屯田在初期大多归为国有，政府为其提供耕具、种子等生产资料，供戍边的军户耕种。屯田的划定和开垦几乎皆在洪武、永乐二朝，洪武末年时，屯田便已有相当的规模，边境地区农业经济得到长足发展，大大缓解了连年征战所带来的军需压力。

---

[1]《明太祖实录》，卷6。
[2] 同[1]。

明初与蒙古诸部战争频仍，军中土地兼并现象并不严重，军屯制度尚可延续。但到了中后期，明廷消极防御态势愈盛，辽东镇防备废弛，地方豪绅、官宦将大量屯田收归己有，军户地位极低、压力极重，纷纷出逃并导致卫所大量缺员。土木堡之变后，募兵制迅速发展，无论是兵卒待遇还是整体战斗实力都远强于世袭军户，世兵制在事实上已被取代。官有屯田也被大量兼并，明廷曾通过开商屯等方式挽救危局，但最终宣告失败，屯田制名存实亡。屯田制虽式微，但其仍然作为明前期军事防御体系的重要组成部分而存在，也促进了边陲地区的农业经济和技术发展，完成了其历史使命。

2. 辽东镇陆防军事聚落体系空间格局

1) 国家军事策略的变迁与辽东镇空间格局

国家军事政策是边防理念的根据，朝廷在不同阶段的防御态度间接影响了军事聚落的发展。作为一个高度中央集权的封建王朝，统治者的决策在其中起着决定性的作用。明太祖朱元璋、明成祖朱棣都是以军事为立身之本的帝王，因此明前期大量修筑军事聚落，明廷的军事策略也以积极防御和反击为主；但自宣德以后，历代皇帝长于深宫，不事军务，文臣取代武将成为其稳定皇位的倚仗，体现在边防军事策略中就是长期的战略收缩和消极防御态度，军事战略能力的缺乏也直接导致了"土木堡之变"，使明廷尚在强盛期便与蒙古攻守易势，军政遭到巨大的打击。

明太祖朱元璋起兵于凤阳（今安徽省凤阳县），开创了由南向北统一中国的先例[1]，其战略思想在灭元战争中就已形成，曾提出"不烦穷兵，出塞之后，固守封疆，防其侵轶也"的观点。[2]朱元璋的军事战略眼光十分长远，善于归纳战争规律进而预估变数，采取"高筑墙，广积粮，缓称王"的战略方针，最终击败陈友谅、张士诚等割据势力，并北上灭亡元朝。之后，为了保持国家的长治久安，基于历代实践经验，朱元璋着手对军事制度进行改革创新。

太祖在命令士兵备守北平时提出"练习军士，修葺城池，严为备守"[3]，后来慢慢形成"修武备，谨边防，来则御之，去不穷追"[4]的防御战略方针。在方针指导下，结合元代兵制优点，明代创立了卫所制，配合以军户制的兵役制度，并通过实施屯田制解

---

[1] 中国军事史编写组. 中国军事史：第四卷：兵法[M]. 北京：解放军出版社，1988.
[2] 徐元文，《明史·徐达传》，1739年（乾隆四年）定稿。
[3] 谷应泰. 明史纪事本末：故元遗兵：蒙古文[M]. 赤峰：内蒙古科学技术出版社，2011.
[4] 中国军事史编写组. 中国历代军事家[M]. 北京：解放军出版社，2004.

决后勤供应。洪武九年（1376年），朱元璋便早早意识到辽东地区的脆弱与重要，提出"沧海之东，辽为首疆，中夏既宁，斯必戍守"①，通过严谨规划，着重加强防御。洪武年间，辽东镇的辽阳和广宁两座军事中心就已修筑完成，五路兵屯也都分批开始建造。卫所制的特点是"分散成屯，集中使用"②，卫所体系的运用，巩固边疆的同时，间接促进了边关的开发。

朱棣在洪武年间时已四处征战，立下累累战功，经洪武三十一年（1398年）靖难之役后成为新任统治者，在对外军事策略方面基本承袭了明太祖的思想，以积极出击代替防守，歼灭北元残余势力。稳固国内统治之后，将主要精力转向北部边防，形成"以攻代守"的边防策略③，积极主张军事扩充。从永乐七年至永乐二十二年，先后六次派军与北元势力作战，对辽东倭寇的侵犯也积极反击，展现出强硬的军事风格。在辽东镇军事聚落建设中，也依据洪武时期的空间格局进行补充，完善陆防与海防体系，辽东镇军事聚落体系雏形基本形成。

洪武、永乐两代，在辽东镇修建了大部分军事聚落，巩固了明王朝的统治，国家北部格局边线已成体系规模，辽东地区的长城军事聚落体系的形制也已基本确立，后世虽也有修建，但大多数为补充、完善，对该体系的基本框架几乎未有变动。

宣德以后，明廷的对外军事策略转变为以防御为主，历经土木堡之变后，其防御态度亦变得日渐消极。体现在明长城九边格局当中，一是整体防线的向内收缩和边墙的修筑，明廷此后基本不再具有扩张态势；二是长城外区域弃守导致缓冲区消失，蒙古诸部南迁，与明廷的对抗日趋激烈；三是边防兵备废弛，卫所缺员，城池出现年久失修的情况。

除了统治者军事思想的作用外，国家军事策略还会依照边防形势的改变而改变。大宁都司内迁后，辽东镇孤悬于东北，成为四面受困之地。西北部有蒙古诸部，距离兀良哈三卫驻地极近；北部、东北部分别有泰宁、福余驻牧处和建州女真等驻牧处；东部与朝鲜一衣带水；沿海则常有倭寇侵扰。若盘踞于此的女真、蒙古等部南下劫掠，辽东镇便首当其冲，受到直接的攻击和侵扰，若外族控制了辽东镇，则京师将陷入极大的危险之中。因此，北方少数民族势力的动向也是辽东镇军事聚落体系空间格局的影响因素之一。

---

① 《明太祖实录》，卷103，1376年（洪武九年）。
② 中国军事史编写组. 中国历代军事家 [M]. 北京：解放军出版社，2004.
③ 范熙晅. 明长城军事防御体系规划布局机制研究 [D]. 天津：天津大学，2015.

2）陆防军事聚落体系构成及空间分布

辽东镇地形地势复杂，有着"六山一水三分田"的格局，东、西两侧以山地为主，中部则是平原，因此军事聚落的布局也讲究因形就势，依据自然地形而建。在平原地带布置防御等级较高的城池，交通便利，土地肥沃，用以驻军、屯田和管理。在易守难攻的丘陵、山地及明长城沿线修筑堡城，用作对卫所的策应。辽东镇陆防军事聚落按防御位置可分为五路，各路之间空间格局特点不尽相同，但相互协作，共同组成了完整的军事防御体系。

陆防体系设置南路、西路、中路、北路、东路共五路兵屯，据地势、方向以及关隘情况由开原参将、锦义参将、宁前参将、海盖参将、险山参将和广宁副总兵分别统领。①海防又有独立的区域中心城市，分别承担各自的防御任务（图2-10）。

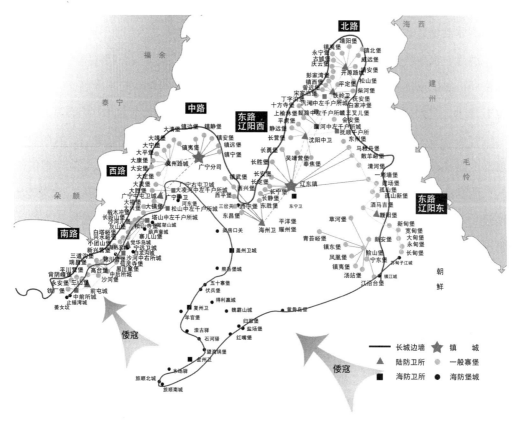

图2-10 辽东镇五路兵屯总体分布示意图
（资料来源：依据参考文献［7~9］、［12~14］、［74］等资料整合，笔者自绘）

---

① 任洛等纂修，《辽东志》，《卷三·边署》《卷五·官师》，辽沈书社，1934年《辽海丛书》本；李辅，《全辽志》，《卷2·边防》《卷3·职官》，1565年（嘉靖四十四年）。

辽东镇南路军事聚落主要分布于辽西走廊地带，南路的建设主要集中于宣德年间。前屯路城，原为广宁前屯卫，设分路宁前参将驻扎城中后，升格为路城，下辖中前所城、中后所城两座所城，辖境内有四座驿站。南路另一重点城池是宁远卫城，下辖沙河中右所城、塔山中左千户所城，辖境内有三处驿站。辽西走廊是辽西丘陵与辽东湾之间形成的狭长沿海平原，是通往关内地区的交通要道，因此军事聚落依照地势呈线性分布格局，陆防堡城沿明长城线分布在丘陵之间，海防堡城则位于辽东湾沿岸及岛屿之上。

西路义州路城地处丘陵地区，驻扎锦义参将，以锦州、义州两座城池作为防御重心，其他城池辐射分布，择优选取驻扎位置，力求控制交通要道。义州路城四面环山，南面为泥河，北面为大凌河，引大凌河水为护城河。西路中部属于半丘陵半平原地带，地形相对平坦，大宁都司内迁后，辽东镇西路直接与兀良哈三卫驻地交接，长城边墙之外有几处蒙古部落驻扎的重要山地，受敌点较多，陆防堡城驻点随长城走势选择在长城内侧布局。[①]

辽东镇中路最初于广宁分司驻扎镇守总兵，隆庆元年（1567年）时总兵移驻辽阳，协守副总兵留驻广宁。中路以广宁镇城为统领，下辖广宁中卫、广宁左卫、广宁右卫，但皆设于广宁城内，并无独立卫城建置。隆庆五年（1571年）新建正安堡，并对原有堡城进行修葺，自此中路逐渐形成以广宁城和正安堡为中心，各堡城、关城、驿站、墩台呈放射状分布的空间格局。

辽东镇北路地势东高西低，东部为高耸连绵的丘陵，地势险要难行，西部为开阔的辽河平原，交通便利。北路整体为外凸格局，与建州女真、蒙古三卫等部落直接毗邻，考虑军事物流及运行管理，依循经济合理原则，将路城开原城作为北路战略中心，驻守开原参将，北路还设铁岭卫城、沈阳中卫城、懿路中左千户所城、汎河中左千户所城、蒲河中左千户所城、抚顺千户所城等，堡城呈放射状分布于军事卫所两侧，拱卫城池。

辽东镇东部地区山地较多，地形复杂险要，东路辽阳西有辽阳镇城、海州卫城作为防御重心，隆庆以后，由于防线东移，东路守备加强，辽东镇守总兵官移驻于辽阳城，海盖参将驻于海州卫。东路辽阳东以叆阳堡为防御重心，驻扎险山参将。叆阳周边为建州女真的驻牧地，为防日渐兴起的女真部落，万历时又增设宽甸新疆六堡，即孤山堡、新甸堡、宽甸堡、大甸堡、永甸堡、长甸堡，这六堡对于防御女真部落有着极为重要的军事意义，但万历末年时即因"孤悬难守"为借口遭到放弃。

---

① 范熙晅. 明长城军事防御体系规划布局机制研究 [D]. 天津：天津大学，2015.

3）陆防军事聚落体系规划特征

总体来看，辽东镇陆防军事防御体系的规划布局体现出了鲜明的军事导向特征：在受敌攻击频繁的冲要之地或开阔难守之地，军事聚落的密度通常较大，联系较为密切；在山势险峻、道路难行之地，军事聚落通常依山势而分布，占据制高点或其他重要位置。军事聚落体系的布局遵循系统协调原则，选址时小到考虑要塞之间的"辐射"半径，大到避免系统之间覆盖面的重叠，既要保证个体相对独立防御又能服务于全局，重点突出。

辽东镇军事聚落数量虽多，但面积广阔、地形复杂，且军事管理色彩鲜明，缺少自然演进的城池。若不加以清晰的规划和管理，也将如同散沙一般无凝聚力，因此，明代始终致力于对辽东镇军事聚落体系的规划加以调整和完善。经过历代统治者和管理者的完善，辽东镇军事防御体系的构架最终呈现出层级性特征，横向防御线环列布局，纵向主次逐级发散对应，分段分区，主次脉络清晰。辽东镇陆防体系分五路防区共同拱卫中心城池，除了主要的军事聚落体系，还有驿递、墩台、边墙等多系统辅助配合。[①]

体系规划由多重防线组成，由长城外到内分次序抵挡入侵。长城外围用于站岗放哨的烽燧、城障等建筑设施作为第一层防线守卫在前线。长城本体作为第二层防线，边线包括边墙与墩台等元素，边线悠长曲折，隔绝内外，圈护第三层防线。辽东镇卫所军事聚落构成整个体系抽象的"第三层防线"，是辽东镇军事防御的精华内核所在，前两道防线更多地起到警示与防御功能，略显单薄乏力，若无第三层防线拉动配合、强劲输出，无法有效反击多方势力的长期持续进攻。

第三层防线内在构架极为丰富，纵向分级能充分体现辽东镇军事聚落体系的规划特征，需要充分挖掘。卫所以及堡城联结，在前期规划与后期防御经验整合下，作出适应性调和，最终各分支路线的统辖关系复杂多样，按照形式可大致归类分为：放射辐散型、条带哑铃型、放射+条带复合型三类。

（1）放射辐散型

放射辐散型布局是辽东镇军事聚落最典型的空间布局结构，防御范围多以高级别的军事要塞为中心，以此为原点，并以原点至辖域内低等级要塞的距离为辐射半径，链接出大小不一的不规则军事防御圈。依据城池等级、屯兵实力、入侵势力等规模程度不同，局部卫所辐散管辖范围可为扇面形。"镇—路—卫—所—堡"等级中，等级最高的镇城作为防御重心、军事聚落的主脉驻扎在腹地，逐级向下分支发散，层层辐射联动（图2-11）。

---

① 魏琰琰. 分统举要，纲维秩序：明辽东镇军事聚落分布及防御变迁研究[D]. 天津：天津大学，2016.

卫、所城市作为聚落体系次脉，远离长城一段距离，分散在各区中心。等级最低的堡城数量最多，拱卫于卫所城四周，围绕在整个聚落的边缘，贯穿辽东段明长城始末（图2-12）。

陆上五路分区的西路、中路、北路还有海路都充分体现了放射辐散型布局特点。入侵势力多而分散，军事防御任务重，多中心构架确保防御全面无漏，作战应对及时、灵活，运兵便捷高效，多触点攻守相依。看似辽东镇军事聚落繁杂散乱，实则，散，则作要塞各守一方；聚，则凝合成团互助协同，共促稳固。体系松弛可调，自愈及时，具有

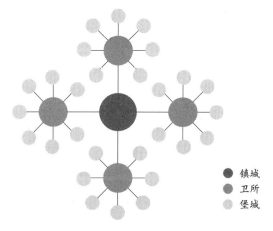

图2-11 放射状空间结构示意图
（资料来源：笔者自绘）

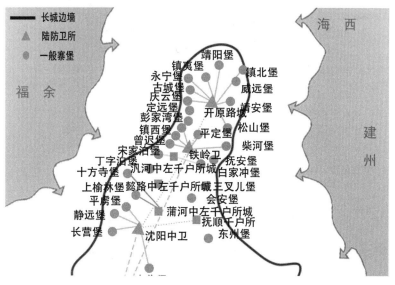

图2-12 辽东镇北路聚落分布示意图
（资料来源：笔者自绘）

强大生命力，驻扎的军营早已与辽东环境血脉相通，融为一体，辽东镇军事聚落的规划发展不失为天人合一的军事范例。

（2）条带"哑铃"型

条带型布局主要受到地形地势的限制，该类防区呈点带状，多沿河流、山麓、谷地等分布组合形成多层级防御空间。一般地处要塞，要塞排布稠密，呈条带状盘踞一方，强化彼此链接，巩固势力。局部等级较低的所城，辐射、统领能力有限，管辖2~3座堡城，范围跨距较短，呈现"哑铃"式布局特点。

东路辽阳东地处山地，接近敌区，是沿边防守的重要区域。结合地形，与长城本体配合，针对入侵势力方向排布堡城，叆阳堡居于长城内侧、路段的中间，作为小中心辐射就近城堡，其余堡城串联成线，更多依靠彼此互助传驿（图2-13）。

北路三面受敌，跟随长城排布的军事聚落由南到北大跨距刺入险境深处，东西间距收缩加固，抚顺、蒲河、汎河、懿路千户所城，在开原路城、铁岭沈阳卫城高密度统领辐射下，间隙就近管控零散堡城，分散主城压力。懿路、抚顺、蒲河千户所城与所辖堡城链接呈扇面型管控辖域，汎河千户所城处在北路防御带狭窄处中心，与东西两座堡城连线东西直线贯穿长城，呈"哑铃"型防御，钳卡关要。

（3）放射、条带复合型

放射、条带复合型布局一般处在地形复杂且防御任务艰巨的地带，要塞紧密分布，

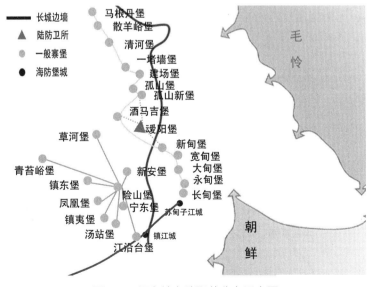

图2-13 辽东镇东路聚落分布示意图
（资料来源：笔者自绘）

聚落涵盖多等级中心，陆海系统交叉，化零为整，统协较为庞杂。辽东镇南路布防就是典型的复合型布局。南路前后端点处设有前屯路城与宁远卫城，前屯城下辖中前所城和中后所城以及11座堡[①]，而中前、中后所城又分别管辖4座和7座堡城，堡城数量较多，沿长城线蔓延，共同控扼要塞。

在体系分明的军事制度和层层拱卫的区域防御策略影响下，聚落呈现横向分层（防线）、纵向分级（聚落）的分布特点。在横向分层方面，聚落由聚落中心向长城外沿边扩散，层层包夹，环固聚落。纵向聚落布列撑起辽东镇防御骨架，主次中心突出，从城池规模、所辖领域范围、数量到军事地位等级分明，功能完备，各要塞各司其职，整体布局具有向心性。

长城防御体系经过发展，由单一的城墙防线演变成横纵多层、功能完备的有一定纵深的防御体系，每层防线都有独自运作机制。各类军事建筑元素组成防线的血肉，纵向分列的聚落是防线得以运行的骨架，军事防御思想是防线的内在灵魂，通过配合统领全局。等级最高的两座镇城可锚固、蔓延多条纵深防线，局部卫所以及所辖堡城环绕辽东半岛错落布置，疏密有序，可呈"哑铃"式段落合作或放射型多段式呼应。遇到敌情，要塞、防线配合，有效稳定局势（图2-14）。

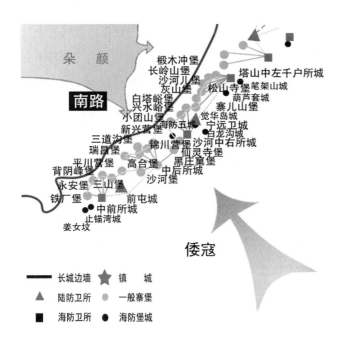

图2-14 辽东镇南路聚落分布示意图
（资料来源：笔者自绘）

---

① 魏琰琰. 分统举要，纲维秩序：明辽东镇军事聚落分布及防御变迁研究［D］. 天津：天津大学，2016.

三、陆海协同防御机制的形成和空间布局

明辽东镇位于长城九边重镇最东端,海防六镇最北端,是陆防与海防军事体系的交汇处,有"三面濒夷,一面阻海,特山海关一线之路可以内通,亦形胜之区也"①的评价,是除蓟镇东端山海关防区外,唯一兼有陆防与海防职能的重镇。在明成祖朱棣迁都北京后,辽东镇更是成为"京师左臂""宁国首疆",是关乎国家军事命脉的所在。

辽东镇陆海协同防御机制是由多方面因素共同作用而成的,辽东独特的地理位置,三面环夷、东接朝鲜的地缘格局,以及明代海禁政策和海防设施的发展,都为陆海协同防御机制提供了良好的发展环境。辽东镇军事聚落在布局和选址上考虑因地制宜,陆海的防御机制既互为独立,又相互依存,关键时刻"合二为一"有机协同,系统整体功能性大于两部分功能之和,对于辽东镇这一地缘格局复杂的区域而言,极易陆海腹背受敌,因此陆海协同防御体系具有不可替代的军事意义。

1. 陆海协同防御机制形成背景

1)独特的地理位置和地缘格局

明辽东镇辖域大体上略小于今辽宁省范围,濒临渤海、黄海,地理条件复杂,辽东半岛隔海与山东登、莱二州相望,航运条件便捷;辽西连绵的丘陵与辽东湾之间是狭长的海滨平原,是东北地区通往关内的交通要道;中部则水系纵横,由东、西、北三个方向的山脉发源的河流汇集到中部平原,形成了庞大的辽河水系。其东南濒海、西北临边的地理位置,决定了海防和陆防兼具的军事策略,为陆海协同军事防御制度的形成提供了基础。

另外,明代时辽东镇"三面濒夷,一面阻海"②"东逾鸭绿而控朝鲜,西接山海而抵大宁,南跨溟渤而连青冀,北越辽水而亘沙漠"③。作为明代九边之首、明长城的东端,辽东镇在陆防军事方面,西北防御蒙古三卫,北部及东北盘踞着建州、海西、东海女真,东部控扼朝鲜、维持边境稳定,西南则屏障京师,有着重大的军事价值。同时,作为明代海防六镇最北端,京师之左臂,在海上与山东半岛共同拱卫京师,随着海运的不

---

① 魏焕,《皇明九边考·第二卷·辽东考》。
② 同①。
③ 任洛,等. 辽海丛书: 辽东志: 卷一: 地理志 [M]. 沈阳: 辽沈书社, 1934.

断发展，还需不断加强对倭寇的抵御。因此，辽东镇兼有陆防与海防两重防御体系。

在辽东镇军事聚落体系的建构中，陆防与海防在空间上有一定的交集，例如辽西走廊沿海平原上的陆防聚落，多辖海防堡城以作为呼应，形成明代唯一的陆海协同防御机制。

2）明代辽东海禁政策和海军发展

明代立国以"重农抑商"为本，对于海运贸易更是抱有警惕之心，加以沿海倭寇横行，影响边境安全，洪武四年（1371年）明太祖便谕令"仍禁濒海民不得私出海"[①]，这是对于明代海禁政策的最早表述，实际海禁政策应当更早出台。洪武七年（1374年）明廷撤除浙江明州、福建泉州、广东广州三市舶司，标志着海禁政策的全面收紧。洪武三十年，针对边民屡屡私自出海的情况，又再次"申禁人民无得擅出海，与外国互市"[②]。自此以后，明代在民间一直实行海禁政策，禁止海上自由贸易。过于严厉的海禁政策抑制了贸易经济的活力，极端缺乏资源的日本仅仅依靠朝贡体系与明廷进行官方贸易，其需求难以满足，也为日后倭寇横行埋下了隐患。到明中后期，世界已进入大航海时代，葡萄牙、西班牙、荷兰等国为图扩张也屡屡骚扰明廷边境，但并未到达辽东镇，本书不再详细叙述。

明代造船业、水军都有所发展，明太祖朱元璋未统一全国之前，就已拥有一支精良水军，从他鄱阳湖大战击败陈友谅、平江战役消灭张士诚统一江南便可体现。但明代立国以后，与陆防方面积极反击的军事策略不同，在海防策略上更加偏向于保守，"海外蛮夷之国，有为患于中国者，不可不讨；不为中国患者，不可辄自兴兵"[③]，将朝鲜、日本等15个国家列为"不征之国"。对于屡次骚扰沿海的倭寇，主要采取加强沿海防备的措施，在此背景之下，沿海各镇的海防军事体系陆续建立起来。

2. 辽东镇海防体系空间布局

1）海防体系的形成和发展

在辽东镇海防军事聚落体系的发展过程中，根据朝廷军事策略的不同有着明显的阶段性特点，具体表现为：早期抵御倭寇防御压力大，新建大批量海防城池，并建设墩架、烽燧等作为辅助；中期倭寇犯边情况渐少，海防日渐废弛；晚期为保护海上军需运

[①]《明太祖实录》，卷70，1371年（洪武四年）。
[②]《明太祖实录》，卷252，1397年（洪武三十年）。
[③] 朱元璋. 皇明祖训：卷六：史部264册[M]. 四库存目丛书本. 济南：齐鲁书社，1996.

输、呼应陆防城池,又重新修建了一批海防堡城。

洪武年间是辽东镇陆防和海防堡城修筑的高峰期,这一时期明廷不仅要面对北元残余势力的反扑,还要面对屡次骚扰辽东沿岸的倭寇,因此,大批量的军事聚落得到修筑,海防路最重要的四座卫城:金州、复州、盖州及东宁卫都在洪武年间形成,组成了辽东镇海防聚落体系的基本框架。其下辖的旅顺北城、红嘴堡、黄骨岛堡、得利瀛城等也已建成。永乐年间继续修造堡城、驿城、关城等附属城池,比较有代表性的是旅顺南城和望海埚堡城(今辽宁金县)。至永乐十七年(1419年),总兵刘江就在望海埚堡城大胜倭寇,入侵者无一人生还。此后很长一段时间内,倭寇不敢再进行大规模的侵扰,辽东沿海情势稳定。

望海埚大捷不仅有赖于将领和军队的神勇,更是体现了这一套海防聚落体系的重要作用。望海埚堡城居于高处,附近设置墩台瞭望,能够及时得知敌情,并根据实际情况作出部署。另外,望海埚堡城与金州卫城、红嘴堡城之间联系紧密,二城可随时支援呼应,也为战局的推进提供了积极的推动作用。

望海埚大捷是辽东镇海防军事聚落体系建设的重要转折点。自此开始到嘉靖初年百余年间,明廷并未在辽东镇建置新的海防聚落,也未有大的倭患发生。"盖自刘江金线岛之捷(即望海埚大捷)而海氛久熄,自山东海运之废而墩寨益废,于是旅顺诸堡亦无复用"①,这一时期海防的卫所、堡城、墩台等基本失去防御作用,处于长期的搁置状态,屯兵规模也不大。

到嘉靖年间明廷曾对辽东镇海防体系进行翻新和加固,"凡城堡墩架锐意修筑"②,隆庆以后,明廷在北方的主要对手由蒙古变为女真,辽东镇边备因此而开始紧急整顿,万历年间修筑东宁卫下辖镇江堡、苏甸子江城,以及盖州卫下辖熊岳堡等,进一步对海防聚落体系进行补充和完善。明末又修筑笔架山城、觉华岛城、海防五城等沿海城池,力图实行与路防城池的军事策应以及对辽东镇海运粮道的保护。

辽东战争爆发后,辽东半岛海防军事聚落长期远离战线,明廷的注意力完全在辽西一带,对辽东海防防备完全不重视。时山东巡抚赵彦奏云:金复海盖等城池"原无重兵,即有兵亦不能守"③,主要是担忧登、莱二州遭到攻击,断送海运粮道。而沈阳失守

---

① 郑若曾. 筹海图编:卷一[M]. 北京:中华书局,2007.
② 金毓黻. 辽海丛书:全辽志:卷二:边防志[M]. 沈阳:辽沈书社,1985.
③ 王在晋. 三朝辽事实录[M]. 南京:江苏广陵古籍刻印社,1988.

后，海防四卫兵力悉数调援辽阳，几成空城，辽阳失陷后，很快传檄而降。海防卫所官员及百姓多渡海逃往山东登州，城池内十室九空，海防聚落体系完全被摧毁。

在辽东镇海防聚落体系中，最重要的因素是卫所聚落，除此之外，还有其下辖的堡城、驿站城、关城等，沿海及岛屿处分布有不可胜数的墩台，高处或开阔海岛遍布烽燧，便于瞭望和军事情报的传递。军事聚落之间靠驿路相互连通，驿路中间多设驿站城，多条驿路汇集于辽阳城，四通八达，串联卫所堡城，确保消息的畅达。各类要素组合作用，形成了由海洋到陆地协同防御的体系。

辽东镇海防聚落体系相较于陆防体系而言，结构相对简单，战事较少，其管理制度的变动不多，聚落的兴衰主要受到军事和政治的影响。前期辽东倭寇盛行时，需兴建防御体系以巩固边防；永乐望海埚大捷后，由于倭寇袭边渐少，国家战略中心也并不在辽东半岛，辽东镇海防体系基本处于停滞状态；后期又因为倭寇卷土重来和建州女真的兴起，开始巩固和加强海防，以拱卫京师，但此时的明廷国力式微，财政空虚，也无法从根本上对海防聚落体系进行更新，最终将辽东半岛拱手让人。

2）海防聚落的空间布局特征

《筹海图编·卷七》中关于辽东镇海防城的记述中，有以卫城为基本框架的"城—堡—墩—台"等级体系。辽东镇海防军事聚落体系虽在以辽东都司为首的"都司卫所"体系中，但采取卫城直接辖堡城的体系设置，文献中并没有出于海防目的而单独设置所城的记载。郑若曾在《筹海图编》中谏言："识者谓辽东沿边五路得分守应援之规，沿海卫所亦当如其制。"可见海防系统当时并没有像长城防御系统那样分路防守并单独设置路城。可见，辽东镇海防军事聚落的构成主要是卫城和其下辖的堡城与各沿海及岛屿的墩台，相较于陆防体系来说，城池数量少、规模不大、结构简单。

海防体系防御与陆防体系坚守国土领域的目的不完全相同，更注重海上运输安全。海岸线悠长，全面布防并不现实，管理运作也需快捷高效。堡城修筑密度不高，但都扼守关口。通常选址在视野开阔的沿岸或海岛等处，地处河流入海口的关键位置，因而起到高效防御的作用（图2-15）。

海防军事聚落体系沿辽东海岸自西向东呈"N"字形分布，在明代中后期逐步形成四个防御重心，分别是金州城、复州城、盖州城和东宁卫四座卫城，围绕中心主体辐射分布着堡城、关城、驿站、墩台等从属军事设施，形成一个完整的防御体系。辽东半岛的海防聚落多沿海岸线而分布，中部则为连绵的山地，多设置瞭望台等。除了辽东半岛成规模的海防体系以外，明中后期在辽西走廊地区也修筑了许多海防堡城，用以与沿海

图2-15 辽东镇陆海协同防御体系空间布局
（资料来源：笔者自绘）

的陆防城池相策应，也可保护明廷的海上粮草运输路线。

区别于陆防系统以长城为主线构成的长城防御系统，海防系统更注重利用地形优势。军事要塞配合沿海岛屿、烽燧墩台共同构成军事防御体系。根据古籍《筹海图编·卷七》[①]中关于辽东镇海防的记述，辽东镇陆海防军事聚落体系建设时均处于"都司卫所"体系中，但是海防系统并没有分路防守并单独设置路城，因此本书将四座卫城归类于海防路。

辽东镇防御系统建立以燕昭王开启"郡县建置"为开端，经历各朝代演变更替，再经过明廷数百年来的不断修筑和经营，在辽东地区形成了一个完整的陆海军事防御体系，其完整程度、空间结构和理论防御能力都是空前的。陆海军事防御体系各自拥有一套成熟的运行、管理模式，因各种自然、人力等原因，陆防海防时而交汇时而分离，呈现出有机统一的系统配合，形成了独特的陆海协同防御机制。

---

① 郑若曾. 筹海图编：卷七 [M]. 北京：中华书局，2007.

3. 陆海协同防御机制下的防区划分

辽东镇陆防体系整体将长城线作为基准线,"十里一堡,五里一台"[①],雄关、隘口耸立,敌台、瞭望台星罗棋布,形成了一道坚固的防线。布局总体呈"M"形,环绕包围式保卫重要城池,共分为五路兵屯,分别为东、西、南、北、中路。由于地形差异,陆防体系的五路兵屯,分别承担针对性的防御任务,布局选址各有特点。

依据自然因素中的地形气候、社会因素中的军事成本、布局建设思想以及针对的入侵势力等因素影响,辽东镇陆海军事防御体系在防御工事的等级、聚落的选址布局和所辖要塞的规模与形制等各方面既联系又相互区别,两个军事防御系统协作关系可分四段主要区域性变化:辽西走廊协同联系防区、中西部平原密切呼应防区、中东部驻牧区间远程协作防区、东北端孤处联手呼应防区(图2-16)。

图2-16 辽东镇陆海协同防御体系空间关系示意图
(资料来源:作者自绘)

---

① 魏琰琰. 分统举要, 纲维秩序: 明辽东镇军事聚落分布及防御变迁研究 [D]. 天津: 天津大学, 2014.

1）辽西走廊协同联系防区

首先，在整个辽东镇军事防御体系中，辽西走廊地段受燕山山脉东延部分的制约，背山面海，山海之间仅有狭长的濒海平原，形成了辽东镇向关内的唯一通道。这里整体属于辽东镇陆防体系的南路和西路，隶属广宁镇城管辖，区域的核心聚落为前屯路城，下辖宁远卫城、中前所城、中后所城、沙河中右所城、塔山中左千户所城，沿海及明长城线共建有41座堡城，海防堡城多设置于沿海和海岛之上，城池防御等级森严，按照"镇—路—卫—所—堡"的级别设置，通过烽燧、敌台、驿站、墩架等串联，形成一个完整的陆海协同防御体系。在这个体系中，镇城、路城统领全境，屯兵的军事聚落沿海一线排布，占据有利的地理环境以便策应各边堡，设置海防堡城以完成陆海呼应。

辽西走廊地区因负山面海的特殊地理位置而形成陆海协同防区，在陆上设置门户屏障京师，海上与山东半岛共同保卫渤海。防区沿海岸线在关键节点位置设置了前屯城，管辖宁远卫城、四座所城以及卫所聚落等级之下的七个沿海堡城。整体布局严密，结合海岸、岛屿呈层次递进式防护，有效保障辽西沿海防备。该防区军事要塞布局稠密，视线可达性较好，距离关内地区很近，军需等运输成本低，战时补给充足，军事互助便捷。陆海军事防御体系从整体布局上看，相互补充，紧密联络，但作为对陆防布局的补充，海防体系没有陆防体系设点密集，城池等级也较低。但陆防与海防二者在军事作战上配合密切，统一听从调配，共同协作扼守要道。

2）中西部平原密切呼应防区

辽东地区中路、西路依然受广宁镇城管辖，遵照依高临水等原则，区域的中心防御城市为广宁镇城，其西南侧建有义州路城，两座城池周围建有下辖堡城，空间布局呈中心向四周放射形，利于掌控一路局势。海防则根据实际需要，在关键位置布设广宁右屯卫城、广宁中屯卫城，及其下辖的堡城，负责辽东湾北部的防备。这一防区的特点是陆防与海防城池存在一定的距离，海防相较陆防体系驻点少，需要与陆防体系通过驿道和烽燧密切配合呼应。

辽东湾北部三面被陆地包围，地理位置利于守卫，海防受侵略压力较小，因此海防聚落和军事设施都相对稀松。相较而言，陆防聚落体系则更多地承担着来自西北部的外族入侵压力，因此该区域防御中心偏重陆防，海防仅作为辽西走廊防区的辅助和支援。该防区海防与陆防体系从地理位置上看日渐分离，但仍然在兵力可达范围内，海防听从陆防指挥，关键时刻腹背联合，相互援助，相互呼应。

3）中东部驻牧区间远程协作防区

辽东镇中部平原有辽河水系贯穿其中，沿线有辽东镇区域中心城市、辽东都司治所辽阳城，统筹管辖其他军事聚落。此防区陆防军事聚落属于东路辽阳西以及北路，依据地势呈现出"几"字形分布的趋势，"几"字两边军事驻点依据外敌入侵严重程度设置军事驻点密度。中东部两大驻牧区间所在区域东西两侧都有边墙护卫，西侧边墙外为兀良哈三卫中泰宁、福余两卫的驻牧处，而东侧边墙以外直至鸭绿江畔为建州女真的驻牧处。此阶段海防亦布局严密，有盖州卫、复州卫、金州卫三大卫城，下设堡城、驿站城、墩台，空间布局与陆防体系远程呼应，有"相对"之势。

辽东半岛以尖刀之势将渤海与黄海分开，与山东半岛隔渤海海峡相望，三面环海，基本是外敌入侵的必经之路，海防意义重大。这一防区陆海协同布局规律呈以下特点：以点控线——高效的平面防御，海岛到陆地——层次化的纵深防御。然而，此阶段陆防抵抗入侵任务亦繁重，在地理位置上对海防鞭长莫及，运输和传递消息成本过高，因此海防陆防各自布局体系成熟、独立，可单独统领防守，非关键时刻无须配合，两个军事防御体系处于远程协作阶段。也正因为此区域交通不便、距离较远的缺陷，在辽东战争中并未起到更多呼应的作用。

4）东北端孤处联手呼应防区

辽东地区最东端为辽东镇军事聚落体系的东路辽阳东段，由于东部地势起伏较大、山地较多，布局没有严格依据长城线布防，而是侧重利用地形，依山傍水，针对实际外敌威胁的方向加强防控设点，其军事堡寨间距较远，平均间距在10km以上，交通不便，地势险要。整体线状分布配合局部散点，层层把控，错落有序。由于一江之隔的朝鲜始终并非明廷外敌，该防区海防仅作为陆防的补充，设有东宁卫和两座海防堡城，堡城均设置于鸭绿江边。

陆海协同防御体系自辽西走廊地区至辽东东北部可分为四个阶段，分别为陆海军事防御体系协同阶段，陆海军事防御体系呼应阶段，陆海军事防御体系远程协作阶段，最后重新归于陆海军事防御体系协同关系，陆防与海防体系始终配合作用，形成具有特色的陆海协同防御机制。

本章节主要探讨了明代辽东镇军事聚落的选址特征、陆防和海防军事聚落体系的空间布局和陆海协同防御机制的防区划分。通过举例分析军事聚落城池的军事、资源、风水价值、地形地势，概括其主要选址特征，并以点带面，对整个聚落体系的规划布局特征进行认知。由于明代辽东镇军事聚落体系分为陆防和海防两类，对其陆海协同防御体系的空间互动关系进行研究，有助于进一步理解区域空间格局。

从纵向维度上讲，明辽东镇军事防御体系是多种因素协同作用的体系，具有鲜明的层级性特征。第一道防线为长城边墙，形成对边外蒙古、女真等部落的直接屏障；第二道防线为沿边境线的军事堡城串联而成的聚落防御体系，通过驻兵、屯田等方式保持长期的防御作用；第三道防线则为聚落之间的驿传烽燧系统和后方指挥的高等级城池，能够保持军情和命令及时传递，发挥出防御体系的协同作用。

从横向格局上讲，陆防体系按照地理位置和隶属关系划分为东、西、南、北、中五路兵屯，海防体系以金州、复州、盖州、东宁四卫为区域重心。依据陆海协同作用机制还可将辽东镇防御体系分为四个区域，分别是辽西走廊协同联系防区、中西部平原密切呼应防区、中东部驻牧区间远程协作防区和东北端孤处联手呼应防区，揭示了聚落间特殊的陆海协同防御机制。

第三章

清代军事聚落体系
发展演变

明代中叶以后，世居东北地区的建州女真势力日益庞大，并于明万历四十四年（1616年）建立了后金政权，其与明朝间的边境冲突也趋于激烈。作为中央政府与女真势力对抗的前线，辽东地区成为明廷的战略重心所在，因此地区内的军事聚落体系也得到了一定的修缮和发展。

自万历四十六年（1618年）起，后金政权正式拉开进攻辽东地区的序幕，开启了长达二十余年的明清辽东战争。辽东战争使得辽东地区军事聚落遭到毁灭性打击，军事聚落均遭受不同程度的掠夺和损毁，经济和社会秩序遭到破坏，人口大量流失。正如《扈从东巡日录》中记载的："……（广宁府）城南庐舍略存，城北皆瓦砾，惟李成梁石牌楼尚存……过抚顺旧堡，败垒蓁芥，中居人十余家，与鬼伥为邻。惟一古刹，塑像狰狞，未经焚毁……过开原县，城堞虽残缺，而垒石坚固……过铁岭县，颓然一垣，仅御牛马……"。[①]明代辽东镇军事防御体系因军事防御需求而建立，数百年间从规模、形制到防御机能都已臻于成熟，最终也因为明廷在辽东地区彻底的军事失利而走向没落。辽东军事防御体系的盛衰正是明清兴亡更迭背景下的一个缩影。

摧毁一套成熟军事防御体系的绝不仅仅只是军事上的失利，其背后尚有更深远的政治经济因素存在，明辽东军事防御体系的衰落也只是明王朝走向式微的其中一个篇章。正如国防经济的规律："生产、生活条件与战斗条件一致者强，相离者弱，相违者亡。"[②]可见，一个国家军事水平的强大往往建立在坚实的政治经济基础上。明末国力衰弱，社会陷入动荡，内外冲突频繁，明廷无力维持对地方的治理能力，卫所屯田制度形同虚设，税收无法保障，整体颓势难掩。相比之下，女真势力经过数十年的经营筹谋逐渐壮大，早有与明王朝分庭抗礼之势，在军事对抗中常常占优。在此消彼长、朝代更迭之际，辽东镇军事防御体系即便强固如初，也难以逃脱必然消亡的历史宿命。在这场旷日持久的战争中，辽东地区军事聚落体系遭到了惨重的破坏，其在很长一段时间内仍未恢复到战前规模和水平。随着清朝的建立，这些聚落的军事职能逐渐被边缘化，开始走向新的发展阶段。

---

① 高士奇. 扈从东巡日录［M］. 长春：吉林文史出版社，1986.
②《中国军事史》编写组. 中国军事史：第四卷：兵法［M］. 北京：解放军出版社，1988.

一、明清交际时期社会背景转变

1. 明清辽东战争对军事聚落体系造成的破坏

从战场范围及形势来看,可将明清辽东战争分为两个主要时间阶段[①]:第一阶段约为1618—1621年间,自努尔哈赤向明宣战到辽沈战役结束为止。这一阶段战场偏重东路和北路,波及抚顺、开原、铁岭、沈阳、辽阳等卫所聚落,在此期间后金军队所向披靡,接连攻下数个军事重镇,辽东腹地尽数陷落。第二阶段为1622—1644年,自广宁之战到松锦决战为止。这一阶段主要战略方向在辽西,涉及广宁、宁远、松山等卫所聚落,此阶段战争形势胶着,主要是源于明朝在辽西走廊地区关宁锦防线上的经营筹谋,并取得了宁远之战(1626年)、宁锦之战(1627年)的胜利。直到崇祯十五年(崇德七年,1642年)清军取得松锦决战的胜利,明军在山海关外精锐损失殆尽,仅剩宁远一座孤城,无法再组织起有效反击,明清辽东战争基本结束。

持续二十余年的明清辽东战争对辽东军事聚落体系造成了不可逆转的破坏,造成这种破坏的原因除了战火侵扰外,还有后金对辽东城镇"毁城迁民"的军事策略。出于尽快削弱明廷军事防御能力的需求和自身兵力薄弱无法派兵驻守各城池的现实,后金对辽东地区绝大部分的军事聚落都实行了毁灭性打击,不仅破坏城墙和城内基础设施,也将人口、粮草、牲畜等一并转移。明代在辽东镇修筑的25座卫所聚落中,仅辽阳、沈阳、锦州等大城市以及部分主动投降的聚落得以幸存,其余聚落均遭到了后金激烈的军事打击,大部分城池遭到暴力掠夺和拆毁,被夷为平地。

明万历四十六年(1618年)四月,努尔哈赤率军向抚顺发起进攻,并"遣兵四千拆抚顺城……将所得人畜三十万散给众军,其降民编为一千户……遂令兵六万,率降民及所得人畜,前行归国……"[②]不仅将抚顺城城墙彻底拆毁,还将城内人口、牲畜一并掳走"归国"(即回到赫图阿拉城)。七月,大军向清河进发,"拆城竖梯攻之";一堵墙、碱场二城官民弃城逃跑后,其城池和粮草也未能幸免,"拆一堵墙、碱场二城,将周围之粮运尽方班师"。[③]对于明辽东镇的另一座军事重镇开原,在后金攻城时即已遭到严

[①] 王雁. 衰落与萌芽:明清战争期间辽宁城镇发展[J]. 满族研究,2012(2):38-44.
[②]《清太祖实录》,卷2,1618年(天命三年)。
[③] 同②。

重破坏，其缴获物资数量之多，"收之不尽，驮之不完"，运送了三日之久。而经历过战火洗礼的开原城最终也未逃脱被拆毁的命运，"……未见明军出边，遂毁屡世居住之开原城。毁城而回时，尽焚城内庐舍、衙署、楼台……"①。这一"毁城迁民"策略在攻占广宁城时更是体现得淋漓尽致，"……着先查城内坚固之处，毁之，尽焚其房屋，前日焚而未尽之屋，次日再行焚之以尽。剥城门铁以火焚之，粮食运毕，概令退还……"②先将城内坚固之处尽数毁掉，再放火焚毁广宁城，未被焚毁的房屋则"再行焚之以尽"，确保城内无一物存留。除上述军事重镇外，规模较小的大凌河城、塔山、杏山、松山等堡城也在战争中悉数被毁，城池布局、基础设施等几乎无存。辽东地区主要的卫所聚落，除去辽阳等大城市外，仅有在战火中坚守至最后一刻的宁远卫城未遭到破坏和拆毁，其城市格局和防御体系大致保存至今，成为明辽东镇军事防御体系研究的重要参考之一。

战争不仅对辽东镇的军事城池造成了严重的破坏，更损害了辽东地区农业和商业的发展。努尔哈赤统治时期，后金政权采取的是"抗拒者被戮，俘取者为奴"的残忍政策，辽东地区汉人被杀掠殆尽，"……恐民贫思乱，先拘贫民杀尽，又二年恐民富聚众致乱，复尽杀之……惟欲杀秀士"③，将辽民尤其是德行才能出众之人尽数屠戮，余者则为奴。在攻克抚顺城后，后金军纵马踩踏田野，田间未成熟的庄稼用以饲马，并大肆放牧牲畜，导致辽东边境几无可耕之田④，对农业造成了毁灭性的破坏。除此之外，后金每攻下一城，都将其粮草、财物等劫掠一空，并大杀商贾，"辽之商贾死者四五万人"⑤。辽东地区的城镇发展进程陷入了停滞和倒退阶段。

在明清政权的更迭过程中，初期出于防御压力，明朝曾在辽东地区积极修筑军事堡城、修缮和改造旧有军事城镇，使得各军事聚落人口激增，聚落之间联络密切、往来频繁，客观上对于聚落体系扩散和发展有一定的积极作用，且形成了完善和系统的军事防御体系。但清军"毁城迁民"的军事策略使得境况急转直下，经过二十余年战火的洗礼和清军的屠戮，辽东地区军事聚落遭到了严重的破坏，城池几乎无存，辽东地区成为千里荒土。"……河东城堡虽多，皆成荒土。独奉天、辽阳、海城三处稍成府县之规，而

---

① 中国第一历史档案馆. 满文老档 [M]. 北京：中华书局，1990：95.
② 同①.
③ 计六奇. 明季北略：卷二·辽阳陷 [M]. 北京：中华书局，1984.
④ 孔经纬. 中国东北地区经济史：第一卷：清代东北地区经济史 [M]. 哈尔滨：黑龙江人民出版社，1990.
⑤ 沈国元. 两朝从信录 [M]. 台北：华文书局，1968.

辽、海两处仍无城池，如盖州、凤凰城、金州不过数百人；铁岭、抚顺惟流徙诸人，不能耕种，又无生聚，只身逃去大半，略有家口者，仅老死此地……人民稀少，独宁远、锦州、广宁人民凑集，仅有佐领一员……合河东、河西之腹里观之：荒城废堡，败瓦颓垣，沃野千里，有土无人，此内忧之甚者。"①清初奉天府府尹张尚贤对辽东地区战后场景的描绘可谓是触目惊心，战争给辽东地区带来的绝不仅仅是物质方面的损失，而是人口、物资、经济和社会秩序的全方位的打击破坏，辽东地区军事聚落体系逐步搭建的运行管理机制与聚落间防御层级联系等体系的深层精华基本消失。

2. 辽东城镇人口流失和清代移民政策

明清辽东战争持续时间长，战争烈度大，对辽东地区军事聚落造成了极为严重的破坏，这一破坏绝不仅仅体现在城镇体系及基础设施这些物质方面，还表现为城镇人口的急剧流失和社会秩序的崩塌。我国古代一直以来都是农业社会，农业作为最基本的经济形式存在，而影响古代农业发展水平的重要因素则是人口。因此，聚落城镇的盛衰与其人口流入迁出情况是息息相关的。旷日持久的战争使得辽东地区军事聚落体系人口大量流失，并在很长一段时间内未恢复到战前水平，在一定程度上加剧了辽东地区军事聚落的衰退。辽东地区的人口流失情况主要分为两个部分，其一是在战争中直接受到影响的人口流失，如在守城战役中遭到屠戮的官民、被俘或被迫迁移的民众等；其二则是因清军入关后的整体移民政策而间接受到影响的人口流失，例如清军入关时随之迁入关内的满蒙贵族、八旗将士，以及清前期对关内汉人迁入东北地区的限制等。两方面因素共同作用导致了辽东地区军事聚落人口流失情况较为严重，且恢复缓慢，在很长一段时间内制约了辽东地区城镇的发展。

战争给辽东地区带来的人口流失问题是显而易见的，其中主要包含了战争伤亡、被俘被编户以及被迫迁出的人口。首先，辽东战争中多场攻城战役之惨烈、伤亡人数之众，史书中多有记载。在开原之战中"……大明兵死者漫山遍野，血流成渠，军器与尸冲于浑河者，如解冰旋转而下。追杀大明兵二十里，仆尸联络，至灼勤山，天色已晚，令兵沿途截杀逃窜之兵……"②明军溃败后被清军追杀二十余里，死伤人数甚众，以至于产生了"血水分流，如阳春释雪，尚间山下，河水皆赤"这样触目惊心的场面。在松

---

① 《清圣祖实录》，卷2，1661年（顺治十八年）。
② 《清太祖实录》，卷2，1619年（天命四年）。

锦决战中，仅松山一战明军便阵亡约五万三千余人，且因为杏山、塔山在松锦沦陷后仍誓死不降，遭到清军夷城和屠戮，伤亡惨重。其次，辽东腹地接连失陷的消息也给当地人口带来了极大的恐慌，致使他们逃往他地。辽阳失陷时，全辽民众陷入恐慌当中，辽南地区金、复、海、盖四卫居民"望风奔窜，武弁青衿各携家航海流寓山东，不能渡者栖各岛间"①，不久后四卫也相继失陷，未逃亡的辽民相继遭到屠戮，"金、复多山，海、盖濒水，乃驱四州之民近海，尽杀之。此天命初年事也。次年，杀穷鬼。又一年，杀富民。如此三年，而辽民靡有遗者。"②这些流民大多逃往朝鲜和山东登州等地，天启元年（1621年），时任山东登州海防道监察使陶朗先上奏："接渡辽左避难官民，原任监司府佐将领等官……五百九十四员……兵三千八百余人……官员及居民男妇共三万四千二百余名，各处商贾约二百余名"③，证明登州等地仍在陆续接收辽东地区流出的难民。而广宁失陷之后，人口流失加剧，情况逐渐变得不可控制，据记载当时登州等地约有"逃难辽民数十万，隔于溃军之后，携妻抱子，露宿霜眠，朝乏炊烟，暮无野火，前虞溃兵之劫掠，后忧塞房之抢夺，啼哭之声，震动天地"④。据记载，辽东难民之多，甚至导致山东登州粮价飞涨，社会秩序陷入混乱。可见战争对辽东地区人口数量的严重影响，军事城镇人口锐减，也加剧了辽东地区军事聚落体系的衰落进程。

但辽东地区的人口流失并未随着战争的尘埃落定而终结，其背后尚有更加深远的影响因素。清军入关后，大批满蒙贵族、八旗将士乃至辽地居民自辽东地区迁往关内，导致人口锐减。据记载，从盛京迁往北京的人流，三十五六日内络绎不绝，其中不仅有"从龙入关"离开世代居住的辽沈地区的清朝臣民，还有诸多居于辽东的关内汉族借机返回故土。顺治三年（1646年）时"沈阳农民皆令移居北京，自关内至广宁十余日程，男女扶携，车毂相击"⑤的景象仍有发生。这一次大规模迁徙人数据推测已达到约90万之众，本就遭受战火洗礼的辽东地区如今更是民生凋敝，荒土千里。与此同时，清代视东北地区为"龙兴之地"，出于对根基稳固的担忧，其对汉人迁入关外的态度始终是摇摆不定的。虽在早期曾发布鼓励移民政策"招民开垦"，对辽东地区城镇的恢复发展起到了一定的积极作用，但持续时间较短，自康熙七年（1668年）起清廷便废止招垦令，

---

① 《明熹宗实录》，卷8，1621年（天启元年）。
② 计六奇. 明季北略：卷二：辽阳陷[M]. 北京：中华书局，1984.
③ 《明熹宗实录》，卷10，1621年（天启元年）。
④ 王在晋. 三朝辽事实录：卷七[M]. 南京：江苏广陵古籍刻印社，1988.
⑤ 张士尊. 清代东北移民与社会变迁[M]. 长春：吉林人民出版社，2003.

并以消极的限制政策取而代之。战争和入关导致的人口流失问题一直未得到有效解决，这使得辽东地区在清中前期的城镇发展进程都十分缓慢，这一情况直到清中叶以后方才好转。

3. 清初的恢复发展与聚落职能的转变

清朝初年，由于多年战争的影响，辽东地区民生凋敝，人口流失严重，数座明代卫所城镇已经不存，地区经济陷入停滞。清军方入关时根基不稳，尚未完成对全国土地的统一，辽东地区是清入关前经营多年的大后方，其衰退必然将影响到政权的稳固，因此辽东地区聚落的恢复发展成为清廷的重要目标之一。时任奉天府府尹张尚贤的奏疏中便提到："合河东、河西之腹里观之，荒城废堡，败瓦颓垣，沃野千里，有土无人，全无可恃，此内忧之甚者。臣朝夕思维，欲御外患，必当筹画堤防，欲消内忧，必当充实根本，以图久远之策"①。可见当时辽东地区荒凉凋敝的场面。在此背景之下，清廷逐步开始实施鼓励移民政策，以重建辽东地区经济，维持辽东政局稳固。

起初清廷采取的主要措施是鼓励战时逃亡的辽东居民回到故土，垦荒无主之田，朝廷则对他们减征或免征赋税。除此之外，还大力鼓励关外旗人耕种土地，以求农业的恢复发展。这一时期清廷虽未颁布正式的招民开垦条例，但陆续有鼓励移民的谕令。例如，顺治五年（1648年）要求地方官清查辽东无主荒地，并招民开垦，"各处无主荒地、该地方官察明呈报……其地仍招民开垦"②。顺治六年（1649年）朝廷有谕令曰："凡各处逃亡民人，不论原籍别籍，必广加招徕，编入保甲，俾之安居乐业。察本地方无主荒田，州县官给以印信执照，开垦耕种，永准为业"③可见清初出于对辽东地区恢复发展的愿景，对于关内移民垦荒土地的态度整体来说是开放、鼓励的。

顺治十年（1653年），清廷正式颁布了《辽东招民开垦条例》，规定"招民开垦至百名者，文授知县，武授守备；六十名以上，文授州同州判，武授千总；五十名以上，文授县丞主簿，武授百总；招民数多者，每百名加一级。所招民每名口给月粮一斗，每地一垧给种六升，每百名给牛二十只"④。其中对招民多者授予官职奖励，对所招民也有牲畜、粮食、种子等配给，鼓励移民到辽东地区垦荒居住，且在赋税上多有减免。此令一

---

① 阿桂. 盛京通志：卷一百二十九 [M]. 沈阳：辽海出版社，1997.
②《清世祖实录》，卷41，1648年（顺治五年）。
③《清世祖实录》，卷43，1649年（顺治六年）。
④ 阿桂. 盛京通志：卷三十五 [M]. 沈阳：辽海出版社，1997.

出，出关民众络绎不绝，不仅逃亡至关内的辽东故地居民返回故土，还有诸多关内汉人（以来自山东直隶者居多）到山海关外谋求生计。招民开垦令颁布的十五年间（1653—1668年），辽东地区的耕地和人口得到了有效恢复，对其城镇的恢复发展起到了积极作用。

招民开垦令的有效实施使得辽东地区的汉族人口再次骤增，形成了满汉及其他少数民族杂居的人口结构，为维护社会秩序，清廷采用了八旗驻防城和府州县城并行的管理制度，即"旗民分治"政策[①]。在土地制度方面亦是如此，清廷将土地划分为官地、旗地和民地三种形式，管理制度随土地形式的不同而进行调整。不同土地类别功能不一，驻防兵管辖的土地作为官地为满洲贵族、皇族所有，旗地为八旗官员分给士兵的"份地"，不许买卖，民地作为汉族居民的私人土地以供开垦。土地分类管理，使用目的明确，符合当时的社会背景条件，生产效率得到提高。适宜的政策循环运作推动了府、州、县逐步发展。再通过招民开垦令，使得人口相应得到累增，社会的良性效应扩大，形成了一定的规模。

另外，明清朝代更迭使得辽东地区的城镇格局发生转变，从明代单一职能的封闭军事城镇逐渐分化为不同职能的府、州、县城，辽东地区聚落发展进入了新阶段。有明一代，自蒙古到女真势力，辽东地区的边防压力始终存在，且呈现出愈演愈烈的形势，到明末辽东地区已成为朝廷的命脉之地。此背景之下产生的明长城以及辽东镇军事防御体系，无论军事防御能力还是管理制度都趋于完善和成熟，可居历朝历代之首。在聚落格局方面，明辽东镇以辽阳城作为行政中心，军事聚落按防御等级划分为"镇—路—卫—所—堡"，聚落之间有烽燧、敌台、驿道相互沟通，形成了系统、立体的军事聚落体系。但总体来说，明辽东镇聚落体系是以单一军事职能为主，为军事防御职能服务，其商业、经济和社会发展都较为薄弱，且在边防压力尚不明显的时期有着明显的衰落趋势。而清作为东北地区崛起的少数民族势力，又与蒙古族结成满蒙同盟，东北方向无外敌威胁，辽东地区便从长期对峙的前线变成了安定稳固的大后方。由于国家战略重心的转移，辽东地区的军事防御需求下降，驻防城的比重下降，聚落发展开启了新篇章。

后金占领辽东地区后，尊沈阳为盛京，辽东地区的行政中心和聚落格局发生改变。顺治元年（1644年），清军入关并定都北京，以盛京为陪都，在行政区划上承继明代的两京承宣布政使司制度，将明故地划分为18个行省，特殊边疆地区则采取军事型的特殊

---

① "旗民分治"：旗人归奉天将军辖治，而对不入旗籍的汉族居民户，则采用内地之制，置府、州、厅、县治理之。

政区制度。辽东（盛京）地区作为清"龙兴之地"，采用与汉地十八省不同的特殊管理制度和行政区划，由于各阶段国内情势和外部压力不相同，盛京地区的行政制度和聚落职能也随之变化和发展。

清朝建立后，清廷在辽东地区裁撤明代建立的军事卫所，以盛京总管统兵镇守，统筹八旗驻防；康熙元年（1662年）正式改为镇守辽东等处将军，后又改为奉天将军，并逐渐完善驻防城军事和行政制度。在清代驻防城体系发展完善后，奉天将军下辖奉天、锦州、熊岳三员副都统，统筹管理24个驻防城及各要邑、边门驻防的八旗士兵。康熙年间（1662—1722年）又将整个东北地区分别划归盛京（奉天将军）、宁古塔（后改为吉林将军）、瑷珲将军（后改为黑龙江将军）管辖[1]，辽东地区则隶属于奉天行省版图。另外，随着顺治十年（1653年）招民开垦令的颁布，辽东地区汉民人口数量增长，产生了旗汉杂居的现象。为便于管理，清廷于辽东地区设置府、州、县城，以奉天府尹掌管汉民事务，从此进入了将军管辖和府州县制并行的阶段。至此，辽东格局基本定型。至光绪三十三年（1907年），清廷颁行了东北地区的新行政制度，建立行省制，废除旗民分治制。期间，辽东各地仍然隶属于奉天行省统辖。从将军辖区，到将军管辖与府州县制度并行管理，再到晚期以行省制度取而代之，清代辽东地区行政管理制度的变化是区域制度不断发展，趋向严格化、规范化的表现。

二、清盛京地区驻防城体系和行政建置沿革

1. 军事驻防城体系沿革

清前期国家局势与明代相比大相径庭，这种差异性对辽东地区聚落体系的变化和发展有着深远影响。其一是发源地的不同。明代作为汉族建立的中原王朝，其对关外少数民族聚居地区始终有所忌惮，因此明辽东镇以军事聚落建置为主，经济发展水平较低；而东北地区则是清王朝的发祥地，军事防御压力小，清廷对恢复发展辽东城镇和经济有着充分的意愿。其二是受到外敌威胁的方向不同。从蒙古到女真势力，有明一代，辽东镇都作为抵抗少数民族侵扰的前线而存在，明辽东长城及军事防御体系始终处在不断完

---

[1] 辽宁省地方志编纂委员会办公室. 辽宁省志. 地理志：建置志 [M]. 沈阳：辽宁民族出版社，2001.

善和发展的阶段；而清代则力图发展满蒙同盟，东北地区无外敌威胁，地缘矛盾削弱。与此同时，清廷的主要军力均用于镇压汉人反清斗争，减少边防兵力投入是必然导致的结果。在边防问题上，清廷更多的是配合蒙古等少数民族军队，建立边防重镇、墩台和碉堡等，扼守要地。其三是治国思想和民族文化的差异。明代始终秉持"华夷之辨"的思想观念，即尊崇汉族和汉族文化，对少数民族持有警惕、鄙视的态度，因此辽东地区的聚落多是封闭的、单一发展的；而清代作为少数民族势力，则突破了"华夷之辨"的思想观念，建立了"满洲、蒙古、汉人视同一体"、全面融合吸纳的民族格局。[①]这一治国思想使得未来辽东地区城镇商业萌芽的出现成为可能。

清代明后，清廷大体沿用了明代故地的行政管理体系和地理区划，但在边防地区的管理上，由于国家整体战略重心的转移而产生了巨大的转变。辽东地区军事防御功能削弱，不再出现像明代那样成规模的军事防御体系，康熙三十年（1691年）更是宣布废止长城，修建两千余年的长城就此失去军事防御功能。

但是"夹谷之会犹请具司马以从，况守在封疆者乎"[②]，虽然地缘矛盾有所缓和，但是盛京地区少数民族众多，统治者出于谨慎心理，抱着"可强而不可弱"的理念，在军事重镇仍有八旗官兵驻防，沿用明代旧制设置军事驻防城，力求有备无患。因此，盛京地区的防御体系整体规划从清早期便开始布设。在顺治年间，清廷以盛京地区为中心，拟建立16座驻防城，即盛京、熊岳、宁远、锦州、义州、新城、凤凰城、岫岩、牛庄、东京、盖州、耀州、海州、鞍山、广宁和兴京，史称八旗驻防城，皆由盛京将军统辖，下设副都统、城守尉和防守尉等官职。这些驻防城多半沿用明代旧址，少部分则是战争期间清军逐步建立的。清代八旗驻防城的概念类似于明代军事卫所，即由八旗官兵驻防、以军事职能为主的城池，八旗驻防以城为中心，驻防地方的军事机构同时肩负管理周边辖区的任务，形成以军事为主的军政合一的管理体制。但终顺治一朝，由于战争频繁和大量八旗将士入关驻防，盛京地区驻防人数远远未达到预期，此驻防城计划始终未能得以实现。在很长一段时间内，仅盛京、盖州、凤凰城、牛庄、广宁和兴京有八旗驻防，顺治元年（1644年）时，盛京将军仅辖1048名八旗士兵[③]，盛京地区兵力之薄弱，使得军事驻防城体系发展缓慢。

---

① 薛原. 资源、经济角度下明代长城沿线军事聚落变迁研究：以晋陕地区为例 [D]. 天津：天津大学，2007.
② 王奕增，等. 锦县志 [M]. 范勋，等，纂. 沈阳：辽沈书社，1936.
③ 铁保. 钦定八旗通志：卷三十五 [M]. 台北：台湾学生书局，1968.

康熙年间，国内战事逐渐平定，而沙俄势力屡屡侵扰东北地区，为保障"龙兴之地"的安全和局势稳固，清廷着手快速发展和完善盛京地区军事驻防城体系。经过新驻防城的修造、相应军事设施和驻防城体系的调整完善，形成了以奉天（盛京）将军统领的"以城为纲，而路及边门属之"的驻防体系。其中，奉天将军作为盛京地区驻防城体系的最高管理者，下设奉天、锦州、熊岳三名副都统，副都统下设城守尉、防守尉、协领、骁骑校等官职，统领八旗士兵驻防各城池及边门。此时，清代盛京地区驻防城体系共25城，分别为奉天副都统下辖的盛京、辽阳、兴京、开原、铁岭、抚顺、牛庄，锦州副都统下辖的锦州、宁远、小凌河、中前所、中后所、广宁、白旗堡、巨流河、小黑山、闾阳驿、义州，以及熊岳副都统下辖的熊岳、盖平、复州、宁海、旅顺、岫岩、凤凰城。[①]到清中期时，驻防城体系已接近成熟和稳定，终清一代皆没有较大变化。

光绪二年（1876年），清政府为加强对辽东地区的统治，增置了兴京（即原赫图阿拉城）副都统，管理兴京城、开原城、凤凰城等三城（都从奉天、熊岳二副都统所辖驻防城中分离而出）。兴京城（赫图阿拉城）自明万历三十一年（1603年）建城，万历四十四年（1616年）后金政权定都此地，其祖陵永陵也位于此，因此赫图阿拉城地位对于清廷而言极为重要。此次调整仅为确保"龙兴之地"的安全和政局稳固，对原有驻防城建置未作改变。另有，道光二十三年（1843年），为加强辽南海防，抵御列强势力，将熊岳副都统迁移至金州，以金州副都统衙门代之，但总体而言盛京地区驻防城体系在清代格局变化不大。

除上述驻防城之外，在顺治、康熙年间，清廷还修筑了标示禁区的柳条边（又称盛京边墙），作为东北地区的第二道封锁防线，对盛京地区形成半包围之势，其主要作用是禁止汉蒙等族人民越过篱笆打猎、游牧、采集人参等。沿柳条边设有边门17座[②]，这些边门与军事驻防城遥相呼应，形成了"以城为纲，而路及边门属之"的边防体系，边门分别派遣八旗兵丁驻守，统归于奉天将军管辖。

2. 驻防城体系空间格局

由表3-1可见，相较于明代"镇—路—卫—所—堡"的军事聚落体系，清代盛京地

---

① 杨孝本. 清代辽宁地区城镇地理研究［D］. 长春：东北师范大学，2010.
② 辽宁省地方志编纂委员会办公室. 辽宁省志：地理志：建置志［M］. 沈阳：辽宁民族出版社，2001.

清中期盛京驻防城建置　　　　　　　　表3-1

军政统领	所辖副都统	所辖驻防城	驻防城建置
奉天将军	奉天副都统	盛京城	天命十年，后金迁都沈阳，尊为盛京。顺治元年设置驻防城，设盛京总管，后改为盛京（奉天）将军
		辽阳城	天命十年，辽阳设城守、章京共2员。顺治元年设盛京八旗驻防兵，置满洲佐领1人为城守尉
		兴京城	今新宾老城，康熙二十八年（1689年）在此设城守尉。光绪三年（1877年），将兴京城守尉改为协领，即改为兴京副都统
		开原城	康熙三年设城守尉，康熙二十四年（1685年）设防御3人
		铁岭城	康熙三年于此城置防守尉。光绪二十九年（1903年）改尉署为防守尉衙门。下设左户、右兵两司
		抚顺城	康熙二十九年（1690年）在此设章京驻防，直接隶属于奉天副都统
		牛庄城	后金天命八年，于此置"掌印章京驻防"，称其为牛庄八旗，清入关后，于此设城守官——满洲佐领1员，统八旗驻防兵于此镇守
	锦州副都统	锦州城	康熙十四年设置驻防城，置锦州副都统1员
		宁远城	顺治元年，设驻防八旗，置城守官1员，下辖满洲佐领2员、汉军佐领1员。康熙三年（1664年）始设城守尉，派驻满洲佐领1员
		小凌河城	崇德七年（1642年）于此置八旗兵驻防。康熙二十九年（1690年）设佐领驻防
		中前所城	顺治元年，设骑兵驻守，康熙二十九年设佐领骁骑
		中后所城	康熙二十九年设佐领骁骑校驻守中后所城
		广宁城	天命七年，设八旗驻兵。康熙十九年（1680年）设防守尉
		白旗堡城	康熙二十九年于此设八旗佐领骁骑校驻防。乾隆十七年（1752年）移前屯卫巡检驻此
		巨流河城	清崇德元年（1636年）建城，系后金军进占辽沈地区以后，为与明廷抗衡所设八旗驻防的前沿要地。康熙二十九年续设八旗驻防于此
		小黑山城	清康熙二十九年，于此设八旗驻防城
		闾阳驿城	康熙十九年，于此设八旗驻防城
		义州城	明清锦州之战后，设八旗驻防城。康熙十五年设巡检司，设城守尉1员，统辖城内八旗驻防兵

续表

军政统领	所辖副都统	所辖驻防城	驻防城建置
奉天将军	熊岳副都统	<u>盖平城</u>	天命六年,设骑兵驻守,设八旗城守尉1员
		<u>复州城</u>	康熙二十六年(1687年)设城守尉1员
		<u>宁海城</u> (原金州卫)	清朝于此设城守尉1员
		旅顺城	康熙五十四年(1715年)重修旅顺口的南北二城,并设佐领骁骑校水师营驻防
		岫岩城	清朝于此设有八旗重兵驻防,设城守尉1员
		凤凰城	清朝建立以后于此设城守章京,统率八旗官兵驻防于此。乾隆四十一年(1776年)于此设巡检司
		熊岳城	道光二十二年(1842年)副都统移治金州,该城留城守章京1员,统领旗兵驻守该城

资料来源:依据参考文献[80],笔者整理,"—"所标为原明代卫所城。

区的驻防城体系等级划分相对精炼,聚落层级联系简化,行政制度亦得到精简。盛京地区驻防城官职主要分为三个层级,以奉天将军作为最高管理者统领整个地区,下设奉天、锦州、熊岳三员副都统(光绪二年又增设兴京副都统,管理兴京、开原、凤凰城),副都统下设城守尉、防守尉、协领、骁骑校等官职,负责各地八旗士兵的统领与驻防。

在空间分布上,清盛京地区共有25座驻防城,其中绝大部分都沿用明代军事卫所和驿站的旧址,有着明显的承继关系,并在此基础之上不断地发展;少部分则为清代新建城池。出于军事和政治因素的考量,驻防城体系分布较为均匀,主要在盛京通往关内的交通要道和辽东半岛沿线,大体分为东西两线[①]。西线城池几乎与辽西走廊相重合,是联系山海关内外的交通要道,自最北端巨流河城起至南端的中前所城,呈线性分布;东线则由最北端的开原城延伸至海防驻防城旅顺。整个盛京地区的军政中心位于奉天,奉天将军即驻扎于此,另外三名副都统分驻奉天、锦州、熊岳,三座城池分别作为区域中心辐射周边地区,形成一个完善的军事驻防城体系。

与明代辽东镇军事聚落相比,虽然清代于盛京地区大量沿用明时城址和制度,但出于情势的不同,明清两代在辽东地区的军事空间格局上已经大不相同。最显而易见

---

① 吴迪. 明清辽东地区城市形态演变研究[D]. 沈阳:沈阳建筑大学,2017.

的变化则是战略重心的转移。明代辽东镇军事防御体系由广宁、辽阳两座镇城作为战略重心，辐射周围不同层级的军事聚落。但广宁、辽阳二城在明清辽东战争中均损毁严重，而奉天（盛京）城作为清代陪都，自然而然成为盛京地区的军政重心。因其丰富的政治文化资源，先后有四位皇帝、共10次东巡盛京①，拜谒祖陵，这无疑巩固了盛京在东北地区的独特地位。这一重心转变对辽东地区后世的规划和发展都有着深远的影响。

在沿用明代旧址的城池中，其格局也发生了很大的变化。部分城池因种种原因而地位弱化，例如盛极一时的广宁镇城，因战火损毁严重和局部区域调整，移府至锦州，自此以后彻底失去战略重心地位，成为普通驻防城。另外，还有部分等级较低的堡城和驿站在清代地位有所提升，例如熊岳城位于辽东半岛西侧中部，在明时仅仅是一座由盖州卫城管辖的堡城，在清代驻防城体系中则一跃成为区域重心，成为副都统驻地。旅顺城在明代为旅顺驿，是明代金州卫所属的中左千户所所在地，位置处于辽东半岛最南端，地势险要，是明代从山东登州渡海到达辽东的第一座驿站。清代对其地理位置极为重视，顺治初年即"设水师营，以山东赶缯船十艘隶之，始编营汛"②，后又设置水师协领二人，佐领二人，防御四人，骁骑校八人，水兵五百人，驻防海口。康熙五十四年（1715年）重修旅顺口的南北二城，并将其归于熊岳副都统辖地。旅顺城是清代军事驻防城体系中唯一的海防城池，有着重要的军事地位。而小凌河城为明代驿站，是明清宁锦之战的前线，因其重要的地理位置而升级成为驻防城；间阳驿亦是类似情况，其位置在盛京通往关内的交通要道之上，为保证陪都与关内往来通畅而成为八旗驻防城。

在其余新建城址的城池中，作为清代发祥地和祖陵所在地的兴京城（原赫图阿拉城），后金曾在此地经营多年，因其历史文化背景而得以发展成为规模较大的驻防城。另外，白旗堡城、巨流河城等都为清代新建驻防城，前者位于盛京与关内的交通要道之上，后者则为明清战争时对峙的前沿阵地。总体而言，清代盛京地区驻防城体系虽多数沿用明代旧址，但在空间格局和聚落等级上都有所改变，由于持续存在的防御压力和入关要道的安全需求，盛京地区的军事职能始终未被废止。

---

① 曲彦斌. 辽宁文化通史 [M]. 大连：大连理工大学出版社，2009.
② 二十五史：清史稿：卷135：兵六 [M]. 上海：上海古籍出版社，上海书店，1986.

3. 盛京地区行政建置沿革

盛京地区的府州县制度与其汉族移民情况有着密切的联系，在府州县制度设立前，盛京地区已设有将军管辖区，负责管理旗人、旗地事务。《辽东招民开垦条例》颁布后，清廷承诺对愿出关垦荒的汉族移民给予口粮、种子、牲畜等奖励，"每日给月粮一斗，每地一垧给六升，每百名给牛二十只"①。此令一出，部分汉族移民涌入盛京地区，形成了旗汉杂居的现象，土地也逐渐分化为旗地和民地，但原有将军辖区制度并未涉及民人②的管理。在此背景下，清廷急切寻求建立管理汉族移民的行政机构是必然的结果。在《辽东招民开垦条例》颁布的当年（顺治十年，1653年），清廷仿照汉地制度，在汉族移民最集中的辽阳设辽阳府，下辖辽阳和海城二县。辽阳府是东北地区首个设立的汉族移民行政机构，开启了盛京地区将军与州县制并行管理的新阶段。

顺治十四年（1657年），汉族移民人口增加，且分布较为分散，清廷遂废辽阳府，改为奉天府，并将民人一概事务统领于奉天府尹，并开始设立州县。经过数年的发展和完善，在康熙年间盛京地区即有2府、4州、4厅、7县。雍正十一年（1733年）又设宁海县，统归奉天府管理。此时，盛京地区所存的州府县城，分别为奉天府及下辖的2州（复州、辽阳州）、4厅（新民厅、岫岩厅、昌图厅、兴京厅）、6县（海城县、承德县、盖平县、开原县、铁岭县、宁海县），和锦州府及下辖的2州（义州、宁远州）、2县（锦县、广宁县）。各府州县城及其行政机构，统称为民署，与奉天将军治下的旗署相对。此格局在清末废止旗民分治制度前几乎无变化。"凡满洲、蒙古、汉军八旗事务，则统之于奉天将军，凡民人事务，则统之于奉天府尹"③，盛京地区从此进入将军辖区和府州县城并行的二元管理体制阶段（表3-2）。

清中期辽东府州县行政建置　　　　表3-2

府名	所辖地等级	所辖地	建置时间
奉天府	州	复州	雍正四年
		辽阳州	顺治十年

---

① 阿桂. 盛京通志：卷三十五 [M]. 沈阳：辽海出版社，1997.
② 指清代未入旗籍的汉人。
③ 乾隆官修. 清朝文献通考：卷271：舆地3 [M]. 杭州：浙江古籍出版社，2000：4950.

续表

府名	所辖地等级	所辖地	建置时间
奉天府	厅	新民厅	嘉庆十八年
		岫岩厅	乾隆三十七年
		昌图厅	嘉庆十一年
		兴京厅	乾隆三十八年
	县	海城县	顺治十年
		承德县	康熙三年
		盖平县	康熙三年
		开原县	康熙三年
		铁岭县	康熙三年
		宁海县	雍正十一年
锦州府	州	义州	康熙六十一年
		宁远州	康熙三年
	县	锦县	康熙元年
		广宁县	康熙三年

资料来源：依据参考文献［80、102］，笔者整理。

随着各项制度的成熟和政局稳定，清代早期的军事驻防城逐渐在后期转化为军政合一的行政区。① 自顺治十年（1653年）始置州县起，盛京地区进入了长达百余年的驻防城与州县城并行管理的阶段。此种情况一直持续到清晚期，汉人大量进入盛京地区，而旗民分治的旧制积弊已久，民官数量鲜少，治理力量薄弱，无法维持有效管理。与此同时，沙皇俄国屡次侵扰东北边境，通过《瑷珲条约》《北京条约》等不平等条约掠夺了东北地区一百余万平方公里的领土，严重的外敌压力使得边防兵力吃紧，东北地区行政制度改革迫在眉睫。

光绪元年（1875年）清廷发布谕令，"盛京将军一缺，作为管理兵刑两部，兼管奉天府府尹。准其仿照各省总督体例加衔，所有刑部及奉天府旗民一切案件悉归总理。奉天府府尹一缺，准其加二品衔，以右副都御史行巡抚事，旗民词讼命盗案件，悉归该府尹管理。"② 自此以后府尹、将军二职都可管理旗、民事务，统一事权，提升行政效率。

---

① 任玉雪. 清代东北地方行政制度研究［D］. 上海：复旦大学，2003.
② 《清德宗实录》，卷24，1875年（光绪元年）。

光绪三十三年（1907年），清政府对东三省的行政建置进行了彻底的改革，其中包括裁撤将军、废除旗民分治制，设立奉天行省，并新设30余个府、州、县、厅，盛京地区行政区划体系得到完善。但此时的州县聚落仍以军事政治功能为主，依照权力等级划分层级。宣统三年（1911年），奉天省下设4道、8府、4个直隶厅及6个州、33个县、4个厅。[①] 其中，道负责监管辽河运输、邮驿、征税、整饬各地兵备等事项，直隶厅则为隶属于道的清代行政制度，其长官多为通判、同知；府、州、县、厅则为清代行政建置等级。这一调整意味着此时盛京地区聚落职能开始分化，不再以军政合一的管理制度为主，行政制度更加成熟和完善（表3-3）。

清末辽东行政建置　　　　　　　　　　表3-3

府名	所辖州、县、厅	区域建置变动（新增县、厅）
奉天府	辽阳州	清初原有
	复州	清初原有
	承德县	清初原有
	开原县	清初原有
	铁岭县	清初原有
	海城县	清初原有
	盖平县	清初原有
	抚顺县	光绪二十八年（1902年）六月，分承德县地设兴仁县，隶于奉天府。光绪三十三年（1907年）更名抚顺县
	辽中县	光绪三十二年（1906年）七月分新民、辽阳、海城、承德地设县
	本溪县	光绪三十二年分辽阳州、兴京、凤凰地设县，治本溪湖
	金州厅	道光二十三年（1843年）升宁海县为金州厅海防同知。厅治今金县
锦州府	广宁州	清初原有
	义州	清初原有
	锦县	清初原有
	广宁县	清初原有

---

① 辽宁省地方志编纂委员会办公室. 辽宁省志: 地理志: 建置志 [M]. 沈阳: 辽宁民族出版社, 2001.

续表

府名	所辖州、县、厅	区域建置变动（新增县、厅）
锦州府	<u>绥中县</u>	光绪二十六年（1900年）六月，分宁远州西境设绥中县，治中后所（绥中县城）
	锦西厅	光绪三十二年七月，分锦县西境地设江家屯抚民通判。九月改为锦西厅。厅治江家屯（今钢屯）。三十三年七月隶锦州府
	盘山厅	光绪三十二年十月，分广宁县地及盘蛇驿牧厂地设，治双台子（盘山县城），三十三年七月隶锦州府
新民府	镇安县	光绪二十八年，分广宁县地设县
	彰武县	光绪二十八年六月，以养息牧垦地设县
兴京府	通化县	光绪三年二月，分岫岩东边地设县，治头道江（吉林省通化县城），隶兴京同知。宣统元年隶于兴京府
	怀仁县	光绪三年二月，分岫岩东边地设县，治六道河（恒仁县城），隶于兴京同知。宣统元年隶于兴京府
	辑安县	光绪二十八年六月，分通化、怀仁两县地设县，治通沟口（吉林省集安城），隶兴京同知。宣统元年隶于兴京府
	临江县	光绪二十八年六月，分通化县地设县，治帽儿山（吉林省临江县城），隶兴京同知。宣统元年隶于兴京府
长白府	安图县	宣统元年十二月设（长白府于宣统元年三月由奉天行省划归吉林行省。为了完整，依然记录于此）
	抚松县	
海龙府	东平县	如今已非辽宁境内
	西丰县	光绪二十八年六月，以大围场西流水垦地之淘鹿设县
	西安县	如今已非辽宁境内
	柳河县	如今已非辽宁境内
昌图府	奉化县	如今已非辽宁境内
	怀德县	如今已非辽宁境内
	康平县	光绪六年（1880年），分昌图府地设县，治康家屯（辽宁省康平县城）
	辽源州	如今已非辽宁境内
洮南府	靖安县	如今已非辽宁境内
	开通县	如今已非辽宁境内
	安广县	如今已非辽宁境内
	醴泉县	如今已非辽宁境内
	镇东县	如今已非辽宁境内

资料来源：依据参考文献［80］，笔者整理，"<u> </u>"所标为原明代卫所城。

从军事驻防城体系到府州县制的出现，军事和政治始终是盛京地区聚落发展的主导因素，聚落的兴衰也与国家的军事战略方向密切相关。而清代中后期随着辽河航运的兴起和中东铁路的修建，辽东地区城镇手工业、商业因此而得到发展，商埠城市和铁路附属城市相继出现，带动周边经济发展，城镇商业萌芽初显，聚落经济职能占比上升。伴随着城市的建设发展，聚落内部格局、规模和道路都发生了较大的变化，城内基础设施也趋于完善，商业功能逐步显化。城市类型逐渐分化和增加，一批新兴城市开始萌芽，早期的工矿业城市、交通枢纽城市、港口贸易城市等逐步出现，辽东地区的经济得到了进一步的发展。

三、清盛京地区城镇商业萌芽初显

1. 早期商业和民族工业的萌芽

东北地区拥有丰富的森林、水系、矿产等自然资源，以及广袤肥沃的黑土地，这些优越的自然条件适宜农业的发展，为聚落的形成和发展提供了良好的物质基础。我国古代社会经济结构始终以农业作为主导，以手工业、商业等次之，农业作为最基础、最重要的经济形式而存在，因此，历朝历代的统治者都对农业发展极为重视。为保证边防地区粮草供应，明代辽东镇即有军事屯田制度，在各军事卫所驻扎的军队往往需要耕、战兼顾，按时、按地调整二者之间的比例。清初战事平定后，政府更是发布招民开垦令，鼓励汉族移民出关垦荒，辽东地区军事聚落的农业因此而得到发展。

明代及清初，主导辽东地区发展的始终是军事和政治因素，其聚落产业的发展也是出于军事防御目标而形成，因此统治者对屯垦之事颇为重视，而对城镇的经济职能则多有忽视，这也导致了盛京地区城镇商业和手工业发展较为迟缓和薄弱。明代时辽东地区的商业活动主要来源于与少数民族间的互市，官方购买军马，民间购买牲畜、药材、人参等，内地的各类日用品、布匹、粮食等销往关外。到了乾隆年间，盛京地区承平日久，部分军事驻防城逐渐演化为经济和政治复合型城市，城镇商业兴起。最初的商业萌芽以来自关内的杂货商形式为主，他们不仅成为关内外货物交换的中介人，同时还从事着手工业经营[1]。据《热河日记》记载，此时盛京地区主要城镇的商业活动已经

---

[1] 孔经纬. 中国东北地区经济史：第一卷：清代东北地区经济史[M]. 哈尔滨：黑龙江人民出版社，1990.

非常频繁，"……所经市铺，若凤城、辽东、盛京、新民屯、小黑山、广宁等处，不无大小奢俭之别。而盛京为最，皆纹宪铺户夹路，酒肆金碧尤盛……"①证明是时盛京地区各聚落已形成了普遍的城镇商业。而"其招牌认榜，竞侈争华，卽其观美，浪费不啻千金"②，城镇中店铺更是装饰华美、招牌多样，也再次印证了其商业繁荣的事实。盛京（奉天）城作为区域经济行政重心，其街头巷尾更是一派繁荣景象，"毂击肩摩，热闹如海。市廛夹道，彩阁雕甍，金扁碧榜，货宝财贿光切其中"③。盛京地区的城镇商业不仅仅包含商铺、酒肆、旅店等固定店铺，还包含了许多定期开放的庙会、集市，以及专门的市场等，集市时商贾云集、摩肩接踵，即便闾阳驿这样规模不大的小城在集日也出现"百货凑集，车马填咽"④的景象。据记载，仅盛京一城之内就有二十余个专门市场，例如粮市、银市、柴草市、马市、菜市、鲜鱼市、肉市、灯市、皮市、帽市等⑤，其商品品类之齐全，也表明了盛京地区与关内贸易往来十分频繁的事实。由于辽河航运业的兴起和关内商人的活动，关内的布匹、稻米、茶叶及其他日用品等源源不断地输入东北地区，而东北盛产的大豆、小麦、药材等农产品也销往关内，关内外商业贸易的频繁往来再次促进了盛京地区城镇商业的发展。但此时盛京地区的商业还仅停留在传统的发展阶段，商品以农副产品为主，贸易的主要目的仍然只是满足人民的基本生活需求。

至清中后叶，中国的社会性质发生剧变，边防压力陡增，为缓和东北地区地广人稀、人口薄弱的危机，开放边禁、"移民实边"势在必行。另外，清政府内忧外患深重，对内镇压起义、对外抵抗侵略，导致了大量军费的支出和国家财政的透支，这也使得他们被迫重新放开边禁，"开荒济用，就地筹饷"⑥。大量汉族移民的迁徙使得盛京地区聚落得到发展，对关内商品骤增的需求促进了城镇之间、关内外之间的商业活动，在这一阶段，盛京地区民族工业雏形也逐步形成。这一时期较为典型的民族工业是以大豆为原料的制油业、酿酒业等。由于清廷长期的封禁政策，此时盛京地区的工业基础极为薄弱，这些新兴的民族工业作坊整体仍以传统手工业生产方式为主，从原料的采集到生

---

① 朴趾源. 热河日记：第二卷 [M]. 上海：上海书店出版社，1997.
② 同①.
③ 同①.
④ 同①.
⑤ 何一民. 清代东北地区城市发展与变迁 [J]. 四川大学学报（哲学社会科学版），2010（1）：5-21.
⑥ 孙占文. 黑龙江省史探索 [M]. 哈尔滨：黑龙江人民出版社，1983.

产加工再到销售的过程，均使用人力和畜力生产，生产效率较低。这一生产方式在古代自给自足的小农经济模式当中尚能存活，但随着第二次鸦片战争的爆发，西方资本主义商品大量倾销至东北地区，本土手工业遭到了巨大的冲击。

第二次鸦片战争后，西方列强强迫清政府签订《天津条约》，强迫牛庄开埠，后又以牛庄港口已不适用于航运为理由，转而要求营口于咸丰十一年（1861年）开埠，外国商品大量输入市场。营口在开埠以前，就凭借其位于辽河和渤海交界的优越区位条件而成为重要的港口和贸易区，开埠后更是一跃成为东北地区的商业贸易中心，辽河航运业也随之兴起。这一时期盛京地区商业和民族工业也得到了一定的发展，洋布、化学染料等西方商品输入市场，促进了城镇商业经销体系的演进。而本土产业也从传统手工业向民族工业转型，到光绪二十二年（1896年）时仅营口一城已有三十余家油坊，并且开始陆续效仿西方资本主义经济使用机器榨油，生产效率大幅提高。

被西方列强使用坚船利炮轰开关门对东北地区而言无疑是痛苦、屈辱的，是民族历史的阵痛，其经济和进出口结构也在掠夺中遭到破坏。但不可否认的是，清代闭关锁国政策积弊已久，营口的被迫开放在客观上有利于东北地区的社会变革和工业发展，使其步入新的发展阶段。开埠使得营口成为很长一段时间内东北地区的经济和商业贸易中心，并且也推动了辽河航运业和近代民族工业的发展，进一步影响了辽东地区城镇聚落的演进，有着重大的历史意义。

2. 辽河航运的兴衰及对城镇发展的影响

1）辽河航运业的兴衰

在近代铁路修建之前，辽东地区的交通运输方式有陆运、河运和海运，但由于地形因素限制，陆上交通不便而水系发达，因此水运成为辽东地区交通运输的主要方式。辽河古称辽水、大辽水，流域面积广阔，由位于今内蒙古自治区赤峰市的西辽河、位于今吉林省东辽县的东辽河两地发源后汇合，自营口注入渤海，全长约1700km[①]，另有太子河、浑河、柴河、柳河等主要支流，流经多个重要城镇聚落，组成了系统的航运网络。辽河航运业早在清前期已经初具规模，是辽东地区最重要的航运河流，也是开发最早、商业航运量最大的河流。

起初，辽东地区聚落以军事职能为重，辽河航运也主要服务于军事。至雍正年间，

---

① 曲晓范. 近代东北城市的历史变迁［M］. 长春：东北师范大学出版社，2001.

由于辽东地区农业发达、粮食产量充足，已逐步开始运往关内直隶、山东等地，用以填补这些地区灾年时的粮食缺口。雍正八年（1730年）时清廷有谕令曰："奉天连年丰稔，各州县仓储及庄地收贮皆极充裕，且与山东省一海之隔，顺风扬帆，一日可达，应趁此时北风之便，将奉天近海州县存储粮米运送二十万石至山东海口……照市价平粜于小民，甚有裨益"①，也表明了此时辽东地区已与关内地区建立了粮食贸易的航线。除了朝廷官方的调运之外，还准许民间商人向关内地区运送粮食，"……现在直隶粮少价昂，不能不仰给于邻省……谕令粮栈铺户，遇有邻省商船到口，概准买运"②。从事贸易的商人们来往不断，在渤海—辽河航线之间运送粮食，在此背景下，辽河航线得以继续扩展，航运开始转为商业性运输，辽河流域的港口、码头等建设也逐步展开。

起初，牛庄作为历史悠久的重要口岸而存在，成为重要的近海港口和区域贸易中心。由于辽河下游改道等原因，其入海口几经变迁，近海港口城镇的格局也随之而发生变化。康熙初年时清廷即在距入海口约20km处的白蒿沟设立码头，往来贸易的海船在此靠岸，商业活动繁荣。后入海口又改道至营口，"……迩来此地亦淤浅，至道光三年，移于今之营口。沧海桑田，几经变迁，当年在营口天后宫庙内有碑记此事"③，营口因此而发展成为辽东地区重要的港口和贸易城镇。为满足与日俱增的运输需求，道光十年至二十年（1830—1840年）间，清廷又相继修建马厂、门家湾等辽河码头，使得辽河航运线向上游延伸至辽河平原。至咸丰初年，铁岭县也开通马蓬沟港口，自铁岭至下游营口码头串联成线。④辽河港口和码头的陆续修建进一步推动了航运业的发展，在康熙末年时，南方的日用百货商品已能在短时间内到达辽东地区，"辽左海禁既驰，百货云集，海舶自闽中开洋十余日即抵牛庄，一切海货有更贱于江者"⑤，证明是时关内外货运往来已十分便利。而此时辽河航运虽涉及部分国际贸易，但仅限于与朝鲜等少数国家进行少量往来，未形成规模。由于清廷对辽东地区长期以来消极的移民政策，陆上交通运输的薄弱以及辽河自身的条件限制，辽河航运在此时期内发展仍然十分迟缓，影响范围较小，流域内人口与聚落增长较为缓慢。

---

① 王树楠，吴廷燮，金毓黻. 奉天通志：卷31［M］. 沈阳：东北文史丛书编辑委员会，1983：610-611.
② 《清宣宗实录》，卷110，1833年（道光十三年）.
③ 转引自陶炎. 营口开港与辽河航运［J］. 社会科学战线，1989（01）：184-189.
④ 曲晓范. 近代东北城市的历史变迁［M］. 长春：东北师范大学出版社，2001.
⑤ 王一元. 辽左见闻录［M］. 姜念思，肇乐群，校注. 沈阳：沈阳出版社，2013.

  1861年，迫于西方列强压力，营口港开埠。这也预示着清政府对辽东地区的封禁政策彻底瓦解，以及对东北地区主权的逐步丧失。营口开埠使得辽河航运进入了高速发展阶段，辽河流域商品经济的蓬勃发展也带动了周边城镇的发展。光绪三年（1877年），开原附近的英守屯开设船埠，后又有两座码头建立，铁岭、海城也相继开埠。商埠地城市的出现促进了辽河流域城镇及沿海城镇经济和社会的快速发展。至1904年，辽河流域已有"船行如梭，殆有掩江之状"[①]的景象，除了本就往来甚多的江、浙、福、广等地商船外，还有自营口港进入辽河的外国商船，辽河流域的航运贸易由区域间贸易发展成为国际性贸易，辽河航运业逐渐走向鼎盛。

  然而，辽河航运业在20世纪初便由盛转衰，观其因由，辽河的急剧衰落是内向和外向因素多重作用下的结果。内向因素主要是由于辽河上游的过度垦荒，加剧了辽河流域的水土流失、泥沙淤积、河道堵塞，商船无法通行；而彼时清政府自顾不暇，无力整治，西方列强则只寻求攫取利益，不愿治理，遂转向无冰冻期的大连港。在外向因素方面，自19世纪末到20世纪初期，辽河流域经历了甲午战争、日俄战争等数场战争，不仅航运业和城镇发展遭到灭顶之灾，社会秩序更是急剧崩溃。另外，1903年中东铁路正式建成通车，一经通车便成为东北地区举足轻重的货运路线，其运输速度快、成本低、辐射范围广，完全取代了辽河航运业的地位。虽然铁路的修建无疑是辽东地区交通运输系统的更新和发展，但无论如何，辽河航运业的衰落带来的负面影响是十分深远的，对以辽河航运谋生的广大劳动人民而言，行业的衰落意味着他们无法维持生计；而对刚刚步入发展正轨的辽河流域聚落来讲更是灭顶之灾。

2）辽河流域聚落群的发展和衰落

  在铁路开通之前，作为辽东地区最重要的交通运输航线，辽河航运的发展对其流域内的城镇聚落有着至关重要的带动作用。区域性商品经济的形成有赖于完善的商品运输线路、港口和贸易集散中心的建立，这些部分共同作用使得商品能够无阻碍地流向其他地区、国家，也使得源源不断的外来商品涌入市场。随着商业贸易活动的增加，这些港口、码头和贸易集散地也就逐渐发展成为商业型城镇。在营口开埠、辽河航运兴起之前，辽河流域仅有开原、铁岭、新民、辽阳、牛庄、海城等城镇，城市数量不多，规模也较小。随着辽河航运业的繁荣发展，其流域内出现了数量繁多的停船码头，其中较为知名的有郑家屯、马蓬沟、田庄台、营口等。而第一批兴起的城镇正是依托于这些码

---

① 小越平隆. 白山黑水录：道里志 [M]. 铅印本. 上海：上海广智书局，1902（光绪二十八年）.

头、港口逐渐发展而成的，其中最典型、发展最快的城市便是营口。

营口旧称没沟营，最初是因军事驻防而形成，起初隶属于海城、盖州县管辖，同治五年设营口海防厅[①]。道光三年（1823年）辽河下游泥沙淤积，改道至营口入海，约1830年前后才设置小码头，到1850年仅有人口约1000~2000人[②]，其无论从规模还是地位上都远远不及历史悠久的牛庄港口。但营口位于辽河入海口，地理位置极为优越，商船由营口溯流而上可抵达辽河航线的起点郑家屯，也可自营口出海将大豆、小麦、药材等产品运送往世界各地。咸丰十一年（1861年）营口正式开埠，由此而成为近代东北地区第一个对外通商口岸。营口开埠后，东北地区盛产的大豆及大豆制品大量外销，进一步促进了营口油坊业和钱庄业的发展，稳定增长的出口贸易额使得营口的城市建设也在高速发展。1901年时，营口市区人口已达1.3万人[③]，城市产业发展的同时，在城市基础设施的建设上已十分先进，自港口城镇逐渐演化为综合型经济城市。

以田庄台、营口等为代表的辽河沿岸港口城镇，以及与港口城镇交通往来便利、作为区域性贸易集散中心存在的其他城镇，通过频繁的商业活动而形成了辽河流域的城镇组团。这些城镇彼此之间职能互补、相互连通，形成了区域经济的良性循环。总体而言，这一时期辽东地区的城镇格局转变主要依托于辽河航运及商品经济的发展，新兴城镇大多分布于辽河两岸及辽东半岛的沿海地带，与清前期军事驻防城体系的格局已大不相同。与此同时，驱使聚落发展的主导因素变成了经济，聚落类型也逐渐演化为开放式的复合型城镇，经济职能比重进一步扩大，逐渐形成了以营口为贸易中心、沿辽河两岸发展的带状市镇群。

除了新兴的城镇以外，辽东地区旧有的城镇也在此次航运的浪潮中实现了初步的商品经济发展。盛京地区的行政中心奉天，在明代称沈阳中卫，清军入关后尊为陪都，由奉天将军驻防，数百年期间，一直是辽东地区人口最多、规模最大的城市之一。在辽东地区商品经济发展的历史潮流中，奉天已成为东北地区最大的商品销售中心，陆路交通发达，商业活动兴盛，据统计光绪三十年（1904年）已有20万人口，是东北地区第一大城市。而部分在明清战争中损毁严重的军事聚落，也随着数百年的经营发展而重新崭露头角。例如，辽阳作为明代辽东镇的军事重镇之一，因明清战争影响而损毁严重，而奉

---

① 营口市地方志办公室. 民国营口县志 [M]. 沈阳：辽宁民族出版社，1999.
② 曲晓范. 近代东北城市的历史变迁 [M]. 长春：东北师范大学出版社，2001.
③ 同②.

天城的兴起又取代了其战略重心的位置，辽阳城地位下降。一直到清中后叶封禁政策有所松动，大量关内移民涌入辽阳地区，城市活力重新得以恢复并开始快速发展。自咸丰元年至同治十三年（1851—1874年）的这段时间，清政府鼓励发展矿业，辽阳地区开辟了大量煤田，其铸铁、纺织、金融业等产业也逐渐兴起。[1]1905年，中日签署的"东三省事宜附约十三款"中载明辽阳等16个城市为"自行开埠通商"，借此机遇，辽阳的商业贸易日渐繁荣。据《辽阳乡土志》记载，20世纪初，辽阳州全州耕地达200多万亩，其酿酒业、油坊业也得到了初步发展，并由辽河入海转向外销。

但由于辽河航运业的急剧衰落，其流域城镇的发展也随之戛然而止。辽河航运业鼎盛时期短促，其贸易收益又多半被侵略者据为己有，因此辽河流域的城镇组团始终未得到充分发展，也未完成城镇资本的积累，以辽河为纽带的脆弱连接和对航运业的过度依赖直接导致了这些城镇的迁移和消失。辽河航运的首位城市营口被大连所取代，陷入连年衰落当中，据统计，营口"1911年共有油坊35家，1914年为10家，日产能力为2400块，1921年为19家，日产豆饼41000块"[2]，油坊业作为曾经营口规模最大的产业，其规模的缩小更是营口乃至整个辽河流域城镇衰落的缩影。首位城市的衰落进一步加剧了辽河流域小城镇的式微，聚落之间失去了辽河作为联系的纽带，陷入孤立发展的境地。这些城镇中大量以商品贸易为生的人口失去生计，导致了城镇人口的大量外流，更有依赖于辽河航运而谋生的广大劳动人民"无可谋生，其在船水手，十余万人，不能生存"[3]，辽河的衰落对辽东地区的城镇和人民而言都是一次沉重的打击。

3. 辽东地区商埠地城市的发展

自咸丰十一年（1861年）营口开埠后，一跃成为辽东地区乃至整个东北地区的经济贸易中心，促进了地区的商品经济发展。但被迫开放的通商口岸名义为租借，实则是对于领土自主权的丧失，开埠后工商业发展带来的利益多半被侵略者所掠夺，而并未惠及广大百姓。清廷上下也逐步意识到主动对外开放的重要性，"欲图商务流通，隐杜觊觎，惟有广开口岸之一法"[4]，因此光绪二十四年（1898年）即颁布谕令允许自开商埠，"……如有形势扼要、商贾辐辏之区，可以推广口岸、展拓商埠者，即行咨商总理各国

---

[1] 辽阳市地方志办公室. 辽阳市志 [M]. 沈阳：辽宁人民出版社，1993.
[2] 满史会. 满洲开发四十年史 [M]. 长春：东北师范大学出版社，1988.
[3] 贾桢. 筹办夷务始末：咸丰朝：卷32，卷33 [M]. 北京：中华书局，1979.
[4]《清德宗实录》，卷422，1898年（光绪二十四年）。

事务衙门酌核办理……不准划作租界，以均利益而保事权"①，并将湖南岳州府、福建三都澳、直隶秦王岛（即今秦皇岛）开作第一批口岸。

而东北地区面临日、俄、英、美等多国势力的觊觎，其开埠通商之事不仅有内在的需求，更有多方势力的干预。光绪二十七年（1901年）时张之洞便提出东北地区主动开埠以求制衡列强势力的策略，"……所谓中国一线生机，惟恃'各国牵制'四字者即指此"②，可见是时东北当局已意识到了主动开埠的重要性。随着中日甲午战争的结束，清政府被迫签订一系列不平等条约，其中便有诸多与开埠相关的条款，因此东北地区又涌现出一批商埠城市。这一时期的商埠城市中，辽东地区商埠数量最多、规模最大，具有代表性的商埠地城市主要有奉天（沈阳）、安东、大连、辽阳、铁岭、凤凰城等，随后还出现了完全由清政府自行开放的商埠，如葫芦岛、洮南、郑家屯、天锦县等地。大量商埠地城市的出现标志着辽东地区商业发展进入了新的阶段，其对外开放的趋势已不可逆转。

总体而言，可将清代辽东地区商埠地城市的发展分为以下几个阶段③：自营口开埠到中日甲午战争爆发前的萌芽阶段；自甲午战争战败到日俄战争的形成阶段；日俄战争以后的进一步发展阶段；清末民初的完全自开商埠发展阶段。商埠地位置由沿河、沿海港口发展到港口和"铁路附属地"，开埠方式由营口的强迫约开、旅顺大连的先租借后开放，到一系列约定自开商埠，再到完全自开商埠，经历了一段长期的变化与发展，最终形成了辽东地区的商埠地城市发展格局。

1）营口开埠——近代东北商埠开辟之始

第一阶段以1861年营口开埠作为标志性事件，开东北地区商埠地之先河。由于牛庄是久负盛名的贸易港口，其知名度和规模都远大于营口，因此最初被选定为开埠地，咸丰八年（1858年）《中英天津条约》中即规定牛庄等港口开埠事宜。但咸丰十一年（1861年）英国领事查勘牛庄港口时，称"辽河下游海口淤浅，轮舟出入不便"④，将开埠地移至营口，并设立领事馆，在国际航运中仍称作"牛庄"。

营口原有聚落规模小，仅作为港口附属的贸易集散区而存在，因此开埠后又择地新

---

① 《清德宗实录》，卷422，1898年（光绪二十四年）。
② 张之洞电枢垣（光绪二十七年二月初二日）[M]//杨儒庚辛存稿．北京：中国社会科学出版社，1980：251．
③ 费驰．晚清东北商埠格局变迁研究 [J]．史学集刊，2007（2）．
④ 营口市地方志办公室．民国营口县志 [M]．沈阳：辽宁民族出版社，1999．

建商埠区，"鸠工建筑土垣一围，东起青堆子，西至外皮沟，广长十里，北起河岸，南至围墙，袤长五里"①，在商埠区周围以土垒成围墙，当地人称为"土围子"，并设置九座城门。新建的商埠区主要分为两个区域，东部是租界，外国列强在此地设立领事馆、银行等，西部则为往来商人的汇集之地。营口开埠后，西方列强纷至沓来，在租界内建造各类建筑与设施，其城内"商务日繁，顿改旧观"②。自此辽东地区形成了以营口为交通枢纽的辽河—渤海航线，关内和海外商品都可以通过营口溯辽河而上，到达东北地区广袤的腹地；而东北地区的农产品等也往往集中运送至营口，再转运到世界各地。据记载，营口开埠时"外洋轮船停泊牛庄者三十四艘，四年后遂有二百七十一艘"③，到20世纪初时年进出港船只数目已达到一千余艘。光绪十八年到二十年（1892—1894年）甲午战前的三年间，经营口的大豆输出额已达到2013万海关两，占整个东北地区大豆贸易额的74.9%④，营口港在大豆贸易中始终处于垄断地位。这一格局直到中东铁路建成通车、大连开埠取代营口的位置后方才改变。

这一时期辽东地区虽形成了一定规模的城市工商业，但究其根本，营口开埠是列强通过不平等条约胁迫"约开"的，其警察权、关税权、金融权尽数掌握在侵略者手中，不仅商业贸易的利益被攫取，刚刚起步的民族工商业也遭受到了冲击。经此一事，东北地区的对外开放趋势已不能遏止，列强企图通过开辟更多商埠以逼迫东北地区向海外市场进一步开放，以掠夺更多的资源和利益。

2）大连、安东、奉天、大东沟开埠——多方势力的角逐与权衡

甲午战争后，日本帝国主义势力崛起，与沙俄独占东北的企图发生剧烈冲突，加以英、美、法、德等国的觊觎和干涉，东北地区自此陷入多国势力的暗流涌动中。光绪二十一年（1895年）《中日马关条约》签订，日本要求清政府割让辽东半岛，"将管理下开地方之权并将该地方所有堡垒、军器、工厂及一切属公物件，永远让与日本"⑤，彻底显露出侵占东北地区的野心。但列强势力对辽东地区多有觊觎，不会坐视日本独吞辽东半岛，俄、德、法很快向日本政府发出通告："今日本国割占辽东，既有危害中国之首

---

① 营口市地方志办公室. 民国营口县志 [M]. 沈阳: 辽宁民族出版社, 1999.
② 同①.
③ 连濬. 东三省经济实况概要 [M]. [出版地不详]: 观海时事月刊社, 1931.
④ 胡雪梅. 东北大豆出口贸易与近代中国东北开发（1860—1931）[J]. 北方文物, 2002（3）: 93-99.
⑤ 中日马关条约 [M] //王铁崖. 中外旧约章汇编: 1689—1901: 第一册. 北京: 生活·读书·新知三联书店, 1957.

都（北京）之虞，也让朝鲜国之独立有名无实，有碍维持远东之和平，故今劝谕贵国确认放弃占领辽东半岛"，即"三国干涉还辽"。三国势力阻碍日本侵占辽东半岛，并不是出于公义，而是出于各方在辽东地区分一杯羹的企图，此举也导致了俄日两国矛盾的激化。另外，沙俄势力已在东北经营多时，为维护自身利益而竭力阻止东北地区开辟商埠、对外开放；而日、英、美等国则希望东北地区对外开放的程度进一步加深，以便攫取利益。因此，这一时期商埠的开辟是多方利益角逐和权衡的结果，其过程多有波折和反复，主要增设了大连、安东、奉天、大东沟四处商埠。

大连位于辽东半岛最南端，是东北地区唯一的不冻港，水深海阔，行船条件较好。甲午战后，沙俄势力因"干涉还辽"有功自居，强占旅顺、大连，光绪二十四年（1898年）又强迫清政府签订《旅大租地条约》，其中规定大连"除口内一港亦照旅顺口之例，专为华、俄兵舰之用，其余地方作为通商口岸，各国商船任便可到"，宣告了对旅顺、大连的独占权，其野心昭然若揭。但有迫于英、美、日等国的不满，次年即宣布大连为"自由贸易港"，是为大连开埠之始，并着手修建大连港。光绪二十八年（1902年）港口建成当年，进港轮船便达到717艘、帆船1418只。[①] 光绪二十九年（1903年）大清东省铁路（即后来的中东铁路）正式建成通车，以大连作为南端终点，铁路作为效率高、成本低廉、时间精准的交通运输方式，迅速取代了旧有的辽河航运业成为辽东地区商品贸易的主要线路。港口和铁路共同作用进一步促进了大连经济贸易的发展，使其最终取代营口成为辽东乃至整个东北地区的贸易中心。

另外，美、日两国为对抗独占东北地区的沙俄势力，始终希望东北地区增设更多商埠，以谋取利益。光绪二十九年（1903年）《中美通商续定条约》签订，要求清政府将奉天（今沈阳）、安东（今丹东）两地自行开埠通商，同年签订的《中日通商行船续约》亦要求奉天、大东沟（今东沟县）开埠。上述商埠虽已有明文章程，但由于日俄战争爆发的影响，正式开埠事宜暂且搁置，直到光绪三十二年（1906年）方才落实。安东、奉天开埠以后，辽东地区的空间格局发生转变，商品贸易活动自辽南三港起，经过东北地区的交通枢纽奉天，从而深入到东北腹地。这一时期辽东地区初步形成了以辽南三港（营口、大连、安东）和奉天为中心的晚清东北商埠地体系格局。

由于沙俄势力长期以来企图独占东北地区而对各国采取了极为强硬的地缘政策，最终打破了地区利益的微妙平衡，进一步引发了日俄战争。日俄战争对辽东地区新兴的城

[①] 曲晓范. 近代东北城市的历史变迁[M]. 长春：东北师范大学出版社，2001.

镇发展造成了毁灭性的伤害，尤以辽河流域的情形最为惨烈，"凡属俄日大军经过处，大都因粮于民，菽黍高粱均被芟割以作马料，纵横千里，几同赤地"[①]，辽河航运受到巨大冲击，就此由盛转衰，工厂等设施被炸毁，大量人口遭到屠戮。面对如此之情形，江河日下的清廷完全无力约束，只宣布"守局外"，任凭日俄两国在本国领土上交战。直至日本取得了日俄战争的胜利，沙俄势力退守长春，东北地区的格局再次发生变化，辽东地区的实际控制权落入日本侵略者之手。

3）16地新商埠的开辟——自沿海向腹地的扩张

20世纪初期，东北地区商埠地城市主要集中在辽南沿海地带，尚未涉及东北广袤的北部地区，但以辽南三港和奉天（沈阳）为中心的商埠地体系初成气候，商品贸易得到发展，给侵略势力带来了极为可观的利益。因此，列强深入腹地、蚕食东北地区的野心进一步膨胀，促使了更多新商埠的开辟。日俄战争后的光绪三十一年（1905年）十二月，日本与清政府签订《中日会议东三省事宜》，不仅强行要求沿袭沙俄在东北地区的特权，还将东北全境16处区域开辟商埠，其中位于奉天省内的商埠有凤凰城、辽阳、新民屯、铁岭、通江子和法库门，另外还有吉林省的长春（宽城子）、吉林省城、哈尔滨、宁古塔、珲春、三姓，黑龙江省的齐齐哈尔、瑷珲、海拉尔、满洲里。[②]这16处商埠陆续开放后，商品市场得以向东北腹地扩张，长春、哈尔滨迅速成为东北地区中部和北部的贸易中转枢纽，进一步推动了商品经济和贸易活动的发展。

但这一时期得到有效发展的商埠地主要集中于吉林省和黑龙江省，除了奉天、长春、哈尔滨成为地区贸易集散中心和交通枢纽外，还有瑷珲、珲春等边境重镇也随之发展起来。而在奉天省内增开的商埠，其收效则参差不齐，甚至部分商埠从始至终未得到具体实施。例如宣布开埠后的新民屯"因当时并未划定界址，外人通商来新，大率随地而杂处……至今并未实行，亦无商埠章程"，虽有明文，但最终未得到落地，发展状况远远不如辽南沿海商埠。

4）自开商埠的出现——东北商埠地格局最终形成

营口开埠以后，清廷和东北地方当局逐渐意识到了广开商埠、制衡各国利益的重要性。彼时清廷仍视沙俄为东北地区的主要外敌，但在国力式微时，以自身之力与沙俄势力抗衡已不现实，需寻求外部势力的制衡；与此同时，像营口这样的"约开"商埠，名

---

① 《日俄战纪》，商务印书馆。
② 王铁崖. 中外旧约章汇编：第二册 [M]. 北京：生活·读书·新知三联书店，1982.

为租借，实则清廷已彻底丧失了地方主权，工商业发展的收益均为侵略势力所占据。因此，自行开辟商埠成为必然的结果。光绪二十四年（1898年）的戊戌变法为自开商埠的思想提供了现实平台，"欧洲通例，凡通商口岸各国均不侵占。现当海禁洞开，强邻环伺，欲图商务流通，隐杜觊觎，惟有广开口岸之一法。"①一时间，中国各地涌现出一批自开商埠。

东北地区由于局势复杂、列强利益纠葛甚多的原因，自开商埠之路十分波折。例如安东、奉天、大东沟以及《中日会议东三省事宜》规定开辟的16处商埠，名义上是"自行开辟"，实际上仍然是"依条约而开"，而非自愿自行开放。虽然约定自开商埠的主权已完全属于清廷，但无论在商定还是实施阶段均遭受过来自列强势力的阻挠。例如《中美通商续定条约》签订时，清政府要求奉天、安东两地商埠不入条约，只需"彼此互换照会，言明所请开之地均为中国自开"②，但经过长时间的拉扯与谈判，仍旧迫于美方压力将开埠写入条约。这样模棱两可的"约定自开"直接导致了在商埠实施阶段清政府处处遭到掣肘，安东开埠后，日本屡次破坏条约中"商埠定界以外……洋商不准租地、赁屋、开设行栈"③的相关规定，以低价强买民地，并进一步提出开放全市的无理要求。虽安东当局尽力斡旋，成功地维护了主权完整和自开商埠的实施，但也耗费了大量精力以对抗侵略者的阻挠和破坏。

清末民初时，东北地区出现了由清政府完全自主开放的商埠，其中位于辽东地区的有葫芦岛、洮南、郑家屯和天锦县。其中，以葫芦岛的地理位置最为优越，葫芦岛位于锦州湾之西，"据直奉咽喉，当辽沈右臂"④，水深海阔，是为天然良港，冬季封冻情况也较少，一年四季都可通行船只。宣统元年（1909年）东三省总督、邮传部尚书徐世昌上疏称："东省既无完全自辟之商场，又无经冬不冻之口岸。营口一隅，已为大连所制。臣因勘得锦属之葫芦岛、菊花岛等处……可作商场军港之用，若实地经营，不但可夺外人已得之利权，并可为我国完全自辟之口岸"，提议将葫芦岛开辟为商埠、军港，并希望以葫芦岛作为后方，对抗日俄盘踞在东北地区的势力，振兴区域经济。于是，清

---

① 《清德宗实录》，卷422，1898年（光绪二十四年）。
② 茹静整理《中美商约谈判记录》，第22次，附录，光绪二十九年四月初二日，载：中国社会科学院近代史研究所近代史资料编辑部. 近代史资料（总112号）[M]. 北京：中国社会科学出版社，2006：78.
③ 《拟定奉天府、安东县、大东沟开埠统章》，光绪三十二年五月十九日，奉天省公署档案，档号：JC10-1-2099，辽宁省档案馆藏。
④ 恩麟、王恩士修，杨荫芳纂，《兴城县志》，1927年（民国十六年）铅印本。

廷同年即设置葫芦岛筹办处，负责一应筑港、建造工作。由于是时东北地区财力匮乏，修筑工程几经波折，但在不到两年的时间内，已铺设了自京奉铁路连山站至葫芦岛的运料铁路，购置了两千余亩民田、铁路用地，以及相关的设备等[①]。直到宣统三年（1911年）辛亥革命爆发，十二月二十五日宣统帝宣布退位，清朝旋即灭亡，葫芦岛港修筑工程自此停止，直至民国三年（1914年）方才正式开埠。

有清一代辽东地区商埠体系整体呈由南向北、由沿海向内陆的发展趋势，以辽南三港（营口、大连、安东）和陆路交通枢纽奉天为中心，以点带面，沿辽河以及中东铁路、南满铁路支线等铁路深入到东北地区腹地，商埠地城市的格局最终形成，客观上推动了东北地区的社会变革（表3-4）。商埠地城市不断发展的同时，清廷也逐渐丧失了对龙兴之地的掌控能力，东北地区沦为列强竞技的角斗场。虽然清廷也进行了自主开辟商埠的尝试，但此时形势积重难返，未能挽回危局，中国历史上最后一个封建王朝就此落幕。

近代奉天省商埠表[②] 表3-4

城镇名	开放年月及开埠依据	开埠方式
营口	咸丰八年《中英天津条约》，咸丰十一年四月正式开放	约开
大连湾	光绪二十四年《旅大租地条约》，光绪二十五年沙俄开放大连为商埠	先租后开
安东	光绪二十九年《中美通商续定条约》，光绪三十二年正式开放	约定自开
大东沟	光绪二十九年《中日通商行船续约》，光绪三十二年正式开放	约定自开
沈阳	光绪二十九年《中美通商续定条约》《中日通商行船续约》，光绪三十二年正式开放	约定自开
辽阳	光绪三十一年《中日会议东三省事宜》，光绪三十三年五月十八日实行开放	约定自开
新民屯	光绪三十一年《中日会议东三省事宜》，光绪三十二年八月二十一日实行开放	约定自开
法库门	光绪三十一年《中日会议东三省事宜》，光绪三十二年七月二十二日实行开放	约定自开
通江子	光绪三十一年《中日会议东三省事宜》，光绪三十二年七月二十二日实行开放	约定自开

---

① 费驰. 清代东北商埠与社会变迁研究 [D]. 长春：东北师范大学，2007.
② 顾朝林. 中国城镇体系：历史·现状·展望 [M]. 北京：商务印书馆，1992.

续表

城镇名	开放年月及开埠依据	开埠方式
铁岭	光绪三十一年《中日会议东三省事宜》，光绪三十二年七月二十二日实行开放	约定自开
凤凰城	光绪三十一年《中日会议东三省事宜》，光绪三十二年七月二十二日实行开放	约定自开
洮南	民国三年一月奉令开放	自行开放
葫芦岛	民国三年一月奉令开放	自行开放
郑家屯	民国三年一月奉令开放	自行开放
天锦县	民国五年自行开放	自行开放

资料来源：依据参考文献[81]，笔者整理。

四、清晚期"铁路附属地"的城市化发展

辽河航运业的兴起使得辽东地区南部出现了一批近代化城镇群，城镇工商业也得到了初步的发展。但由于东北地区历来地处边陲，交通网络不发达，在城市发展方面始终呈现封闭保守的趋势，而辽河航运业所辐射的范围较小，不能触及广阔的腹地。因此，一直到19世纪末期，东北地区的城市发展进程都要远远落后于关内地区。

然而，进入20世纪后，近代铁路的修建彻底改变了辽东地区的发展格局，成为东北地区快速崛起、占据中国近代工商业重要位置的转折点。铁路交通运输量大、效率高、分支灵活、成本低廉，一经出现便迅速取代了水路运输的主导地位，使得东北地区一跃成为当时国内城市化水平最高的地区。清代末年在辽东地区涌现出的铁路中，最具有代表性的是东省铁路（日俄战争后即改称中东铁路）和京奉铁路两条线路，其中前者是西方资本主义侵略的产物，后者则是由中国政府自行修筑的国有铁路干线，两条铁路线一东一西，正是近代中国与西方列强势力相抗衡的缩影。两条近代化铁路运输线使得辽东地区进入高速发展阶段，新一批近代城市群兴起，工商业得到了充分发展。

1．中东铁路的修建及"附属地"城市的发展

1）中东铁路的修建

早在清代中期，沙俄势力便对中国东北领土多有觊觎，第二次鸦片战争后更是通过《瑷珲条约》《北京条约》等不平等条约陆续侵占黑龙江以北、乌苏里江以东100余万平

方公里的领土，并侵占了符拉迪沃斯托克（海参崴）这一不冻港口。为经营所占领土、进一步控制远东地区，沙俄政府着手修筑西伯利亚铁路，计划穿越远东地区直至入海口。西伯利亚铁路原计划绕黑龙江北岸与乌苏里铁路相接，但在进行勘察工作时发现，如铁路直接横穿中国东北吉林、黑龙江二省，不仅缩短铁路长度，还能借此机会深入控制东北地区[1]，以掠夺更多物产资源和经济利益。

光绪二十一年（1895年）"三国干涉还辽"事件后，清廷以高额的赎金赎回辽东地区，沙俄以归还辽东有功自居，而清政府则仍抱有"联俄"对抗日本侵略者的幻想，因此次年（1896年）沙俄诱导清政府签订了《中俄密约》，条约中称"中国国家允于中国黑龙江、吉林地方接造铁路，以达海参崴……此事可由中国国家交华俄银行承办经理……"[2]，沙俄就此取得了在东北地区修筑铁路的特权，不仅可运送兵、粮及武器等，东北地区成本低廉的农副产品等也源源不断地经由铁路输往俄国。中东铁路名义上为中俄两国共建，在后续与华俄道胜银行的谈判中，曾规定中国政府以库银500万两入股中东铁路。但最终该条款未得到实施，全部股份均由华俄道胜银行掌握，清政府对该铁路无任何实际权力。因此，中东铁路是完全以资本主义侵略形式而建造的近代化铁路，沙俄势力不仅借此机会掠夺辽东乃至整个东北地区的物产资源和商业利益，还加深了对东北地区的侵略与控制，其吞并东北领土的野心昭然若揭。

1897年3月13日，中东铁路公司正式宣告成立，同年俄国相关人员便进入东北地区开始勘测、招募民工等工作。而觊觎远东不冻港已久的沙俄并不会满足于中东铁路干线的规划，于1898年派遣舰队强行进驻旅顺口，并与清政府签订《旅大租地条约》，条约中清廷允准"推及由该干路某站起至大连湾，或酌量所需，亦以此理，推及由该干路至辽东半岛营口、鸭绿江中间沿海较便地方，筑一支路"[3]，即南部支线。中东铁路的整体格局得到初步确定，并于光绪二十四年（1898年）正式动工，除了满洲里—绥芬河的干线以外，还有哈尔滨至旅顺口的铁路支线，通过T字形铁路南北纵贯、东西横穿东北三省[4]，串联起沿海聚落与内陆腹地县村镇聚落。由于东北地区陆上交通不发达，以及对施工效率的考虑，铁路修筑以哈尔滨为中心，分东、西、南三段，采取双向同时施工的方案。

---

① 姜振寰，郑世先，陈朴. 中东铁路的缘起与沿革[J]. 哈尔滨工业大学学报（社会科学版），2011.
② 王铁崖. 中外旧约章汇编：第一册：1689—1901[M]. 北京：生活·读书·新知三联书店，1957.
③ 同②.
④ 曲晓范. 近代东北城市的历史变迁[M]. 长春：东北师范大学出版社，2001.

光绪二十六年（1900年）义和团运动爆发，由于沙俄势力在铁路修筑过程中大肆压榨和迫害民工，东北地区民众和铁路工人反俄情绪高涨，拆毁绝大部分铁路路基及车站建筑，中东铁路工程被迫停工。但由于清政府对义和团的镇压，沙俄势力很快卷土重来，且以"保护铁路"为理由强占东北全境，重新恢复铁路工程，并允准俄国人民进入"铁路附属地"城市居住。经过约五年的勘测、规划与施工，中东铁路于1903年7月13日全线通车。

中东铁路最初称"大清东省铁路"，沙俄曾企图将其定名为"满洲铁路"或"西伯利亚支线铁路"，但遭到当时签订条约的李鸿章强烈反对，称"必须名曰'大清东省铁路'，若名为'满洲铁路'，即须取消允给之应需地亩权"。而清朝国祚终止后，此名自然不复沿用，开始称作"中国东方铁路"，即广为人知的"中东铁路"。中东铁路全长约2556.05km[①]，干线自满洲里入境，由西向东穿越黑、吉二省，以哈尔滨作为中心枢纽，由绥芬河出境。而支线则纵贯吉、辽二省[②]，由哈尔滨向南，经由长春、沈阳直到旅顺口。支线铁路规划之初，其路线约连接14座城市聚落，涵盖了清代时辽东地区的大部分重要聚落，自南向北分别包括：金州、盖州、海城、辽阳、奉天省城（沈阳）、铁岭、开原等。[③]这些原本就处于辽东地区重要位置的城镇由于铁路的联结而得到了进一步的发展，与此同时，也有许多因铁路而兴起的新城市如雨后春笋般出现，其中也包括沙俄势力兴建的多个"铁路附属地"，并逐渐演化成为近代城镇。辽东地区城镇聚落格局发生了划时代的变化。

1905年日俄战争结束后，沙俄战败退守长春，辽东地区落入日本侵略者之手。日本继承了中东铁路自长春至大连段的部分，并改称为"南满铁路"。1907年又成立"南满洲铁道株式会社"[④]，负责民营企业管理，开始着力经营"满铁附属地"。总体而言，中东铁路及其"附属地"是俄、日侵略势力为侵占东北地区而建立的城镇体系，但在一定程度上促进了辽东城镇聚落的发展，除了明清时已有一定发展基础的重要城镇外，还涌现出了一批因铁路而兴起的新城镇。

2）"铁路附属地"的城市化发展

中东铁路南线不仅经过奉天、铁岭、辽阳、开原等原有城镇，促进了城市的进一步

---

① 姜振寰，郑世先，陈朴. 中东铁路的缘起与沿革［J］. 哈尔滨工业大学学报（社会科学版），2011.
② 此处省域为清末时区划，与现在有差别。
③ 冯婧. 1800—1945年长春市政治景观的符号学研究［D］. 长春：东北师范大学，2019.
④ 涂文学. 外力推引与近代中国"被城市化"［J］. 江汉论坛，2018（10）：94-106.

发展，还有许多沿线新城镇由此而兴起，并进入近代化发展历程。在俄占时期，沙俄除了修筑中东铁路外，还趁机修建具有市街性质的"铁路附属地"，这些"附属地"便成为后来的城镇。由于在《合办东省铁路公司合同》签订之时，条款中并没有对铁路用地的面积作出规定，因此为更好地渗透和控制东北地区，沙俄刻意曲解条款，大量低价购买土地用以建设市街及相关基础设施，"附属地"区域内由俄国人居住、管理，排斥清政府的一切主权，成为"租界"。

按照中东铁路局的规划思想，可将这些"铁路附属地"分为三个等级，一级市街面积为 $5km^2$ 左右，奉天省城（即沈阳）、大连是其中最具代表性的例子。二级市街面积为 $3\sim4km^2$，例如辽阳城。三级市街面积为 $1\sim2km^2$，铁岭为典型。[①] 又以"附属地"的等级及发展前景将车站分为终点车站、普通车站、简易车站三个类型。车站建筑不仅包括站台、售票厅、办公楼、站前广场等设施，还为乘客提供餐饮、住宿、购物等服务。[②] 其中，对于重点车站及配套设施的建设和航运码头的建设都尤为重视。沙俄对"中东铁路附属地"的规划开东北地区近代城市规划之先河。随着沙俄势力在东北地区的不断经营和掠夺，其"铁路附属地"的面积也呈现逐年扩大的趋势。为加强侵略统治和确保对东北地区的独占，在经营中东铁路附属地时，沙俄主要采取了以下措施：允许俄国移民进入"附属地"定居；大量建设工厂、港口、车站等设施；对"铁路附属地"城市进行近代化建设等。

从微观尺度来看，辽东地区不仅城镇聚落群得到了发展，其城市内部规划也逐步完善。与明、清二代聚落的自然演化不同，"铁路附属地"的规划明显带有西方近代特色，按照城市职能的不同对铁路沿线"附属地"进行了规划。城区以车站、广场等为中心，按照功能区的不同进行了划分，还详细规划了道路、公园和各类市政设施等。为保证俄国人独占东北地区，在铁路开建后到日俄战争的数年间，大量俄国移民涌入"铁路附属地"，到1903年，大连已有俄国移民14000余人，其总人口尚且只有4万余人[③]，俄国移民占据了相当大的比例。大量人口的聚集使得铁路沿线新起的部分"附属地"城市高速发展，形成了沿中东铁路的线形城市群。

以这一时期辽东地区的经济中心城市大连为例，其建城较晚，1899年成为贸易自由

[①] 权梦琪. 近代中东铁路南段沿线城镇体系与形态特征研究 [D]. 大连：大连理工大学，2020.
[②] 曲晓范. 近代东北城市的历史变迁 [M]. 长春：东北师范大学出版社，2001.
[③] 同②.

港后方才设市。明代时该地区隶属金州卫，是主要防御倭寇的军事卫城，清时又在旅顺口设水师营，以图抵御外敌，北洋海军基地即位于此地。1898年沙俄通过《旅大租地条约》强占旅顺、大连地区，经过专家勘测，认为原本选定的大连湾处不适宜建设国际贸易港口，因此转而在青泥洼东海岸建设新港口，命名为"达里尼"，即后来的大连市。由于中东铁路的建成通车和大连航运码头的建设，大连迅速取代营口的地位成为辽东地区最重要的港口。

在沙俄的规划方案中，大连使用了典型的巴洛克式城市构图，以数个城市广场为中心，道路呈放射状组成路网，广场之间彼此用道路连接，将城市划分为一个个不规则的地块。其中，以尼古拉耶夫广场（今中山广场）作为城市中心，莫斯科大街作为城市的主要道路，但由于日俄战争的爆发，这一规划方案并未彻底实施。城市整体划分为俄国人居住的欧洲区、中国人区和行政机关区，欧洲区绿化率高、建筑密度小，均采用欧式建筑样式，而中国人区则缺少基础设施、街道拥挤、建筑稠密，二者之间以公园作为隔离带分隔开来。这样的规划无疑是加强侵略控制的选择。除此之外，沙俄还在大连建设了自来水厂、公园绿地、学校等近代设施，并安装街灯，还有满足俄国移民需求的教堂建筑等，大连初步形成了近代化的城市格局。在日俄战争后，日本侵略势力代替沙俄进驻大连，并选择沿袭沙俄的城市规划继续进行建设。大连的这一城市规划格局直到今日还保留着深刻的痕迹。

2. 京奉铁路的修建

京奉铁路（又称作关内外铁路）的开工时间要早于中东铁路，但由于内外反对势力的不断阻挠和战争的影响，工程推进极为艰难，也缺少整体的规划，数十年来分段修筑并逐步延伸至奉天。自光绪七年（1881年）清廷修建唐胥铁路（唐山—胥各庄）起始，直到民国元年（1912年）元旦铁路线延长至奉天城，总共花费了长达31年的时间，凝聚了无数有志之士的努力，也反映了这段时间东北地区激烈的利益纷争。京奉铁路以正阳门东站（位于今北京市）为起点，奉天省城（今沈阳市）为终点，总长度达到840km，经过天津、唐山到达山海关，并沿辽西走廊而上最终到达奉天城。京奉铁路是近代中国第一条真正意义上的铁路干线，也是一条主权基本掌握在中国政府手中的国有铁路，对辽西地区的城镇聚落发展有着重要的促进作用。

京奉铁路的前身是光绪七年（1881年）修建的唐胥铁路，全长仅9km，是为开平煤矿运煤而建设的专用铁路。起初，清廷保守势力对在京畿之地修建铁路持有强烈的反对意见，视其为"奇技淫巧""有碍风水"，唯恐"机车行驶震坏东陵，喷烟伤害禾稼"。然而，煤矿到胥各庄之间山势崎岖，水运不便通行，且运费高昂，要想利用煤矿资源作为轮船燃料，就只有高效、灵活的铁路这一选择。经过李鸿章等人的多方努力，甚至允诺在铁路之上"以骡马拖载"，方才排除万难、动工修缮，铁路建成后不久即改为蒸汽机车运输。光绪十二年（1886年）开平铁路公司正式成立，在数年间将铁路延伸至天津，并计划将铁路修至山海关，"再将开平迤北至山海关之路，接续筹办"[①]，以期对国防、商品贸易两方面均有裨益。

但在光绪十四年（1888年），开平铁路公司意图修建津通铁路（天津—通州）时，新一轮铁路论争爆发，以李鸿章为首的洋务派陷入政治的漩涡。顽固守旧势力认为修建铁路是"资敌""扰民""夺民生计"，甚至仍有"干天地之和，遭生灵之命""于地脉不无损伤"[②]此类陈词滥调。这一论争固然有顽固势力故步自封的天朝上国心态作祟，实则也有津通沿线现有运输业既得利益者的阻挠，因此在论争一年余后，张之洞奏请清廷修筑芦汉铁路，津通铁路则暂且搁置。光绪十七年后（1891年），东北局势日益危急，俄、日、英、美等多国势力对东北地区虎视眈眈，与此同时，沙俄着手修筑西伯利亚大铁路，意图加强对远东地区的控制力。多重因素作用下，清廷终于批准修筑山海关内外铁路，意图自山海关向东北延伸至奉天、长春。然而，受到1894年甲午战争爆发的影响，铁路仅修至中后所（绥中县）便被迫停止。甲午战败后，清廷财政雪上加霜，被迫向英、德两国银行借款约230万英镑[③]，加以沙俄势力的阻挠，铁路修至新民屯后便陷入僵局，只得改修营口—新民屯支线。日俄战争期间，日本为运军需，擅自修筑了自新民屯到奉天城外（皇姑屯）的窄轨轻便铁路，后被清廷赎回，又经历了极为漫长的谈判，以南满铁路营口支线的利润为代价将铁路延伸至奉天城。直到宣统三年（1911年）年底，京奉铁路真正全线贯通，但清廷的国祚也已走至尽头，京奉铁路交予民国政府管理，仍归国有。

相比中东铁路而言，京奉铁路的修筑耗时长且充满波折，这其中有清廷顽固势力的阻挠、修筑经费的短缺、西方势力的干涉和屡次爆发的战争影响等因素，但作为一条国有铁路，其连接京畿与关外、对抗侵略势力铁路的作用是不容忽视的。

[①] 海军衙门请准建津沽铁路摺（光绪十三年二月二十二日）[M]//宓汝成. 中国近代铁路史资料 1863—1911：第一册. 北京：中华书局，1963：131.
[②] 中国史学会. 中国近代历史资料丛刊：第六册：洋务运动[M]. 上海：上海书店出版社，1961.
[③] 董说平. 关内外铁路的修筑与多次中断的原因[J]. 东北史地，2009（2）：87-93.

3. 铁路与城市产业的发展

在第二次鸦片战争以前，西方资本主义势力尚未侵入，东北地区的城镇产业处于发展极为薄弱的阶段。东北地区的自然条件无疑是十分优越的，"东省有广阔之未开垦平原，蕴藏无限量之财产，所谓沃野千里，地大物博者，为东省足以当之"。但在农业发展中，东北虽有千里沃野，生产方式却仍旧停留在沿袭数千年的古代小农劳作形式上，粮食贸易活动也较不活跃。而中东铁路及京奉铁路通车后，对铁路沿线诸多城市产业发展都有着推动作用，其中"成效卓著者尤首推农业无他"[①]，东北地区的农产品不仅销往关内，更是远销海外，成为此时中国贸易出口的重要组成部分。

铁路给辽东地区农业带来的影响主要有两个方面，一是铁路客运的发展，使得大量移民人口涌入，垦荒土地。在铁路修建以前，关内移民进入东北地区的路线选择极少，一般是自山东半岛乘船抵达辽南三港，或是自山海关经辽西走廊去往关外，这些移民大多数留在了辽南地区垦荒种田，但广阔的东北腹地则很难到达。铁路通车后，以其低廉的票价和高效的载客能力，为东北地区输送了远超前百年数量的移民，仅1903—1905年短短三年间，中东铁路就运送了约150万关内移民[②]。大量掌握农业生产技术的汉族移民到达东北地区，开垦未利用的土地，对区域农业发展有着重要的推动作用，由此也在铁路沿线形成了许多聚居区。

二是铁路货运的发展，反过来促进了农业生产技术和农产品贸易的繁荣。铁路的运输效率要远高于水运，可将农产品从东北广大腹地的产区运往营口、大连、海参崴等港口，继而销往世界各地。与世界商品市场日益频繁的交流也进一步推动了东北地区农业格局的演化和产业的发展。据统计，自清末至民国时期，中东铁路平均每年粮食输出量占总量的比例为：1903—1905年占14.7%；1906—1907年占74.5%；1911—1915年占85%；1916—1920年占83.7%；1921—1925年占89.6%[③]，粮食始终在东北地区的出口贸易份额中占据重要位置，且这一比例逐年攀升，也印证了农业在东北地区的产业地位。

近代化铁路的通车对辽东地区城镇工业也有着深远的影响。在铁路通车前，辽东的

---

① 东省铁路经济调查局. 北满与东省铁路 [R]. 哈尔滨：东省铁路管理局，1927：26.
② 曲晓范. 近代东北城市的历史变迁 [M]. 长春：东北师范大学出版社，2001.
③ 张士尊. 清代东北移民与社会变迁 [M]. 长春：吉林人民出版社，2003.

城镇工业主要建立在大豆、高粱等农产品基础上，形成制油业、酿酒业、制粉业等产业，这类产业的技术含量低，从原料的采集到生产加工再到销售的过程，均使用人力和畜力生产，属于传统的小作坊手工业。自营口开埠后，大量质优价廉的外国商品涌入东北市场，其脆弱的民族工商业受到极大的冲击，列强势力也利用东北地区廉价的劳动力和原料建立工厂，用以谋取更多的利益。东北的对外开放，尤其是中东铁路、京奉铁路等线路投入营运，在客观上推动了城镇工商业的发展，引进了生产效率高的近代机器，辽东地区随之涌现出一批近代民族工业作坊。

在东北地区城市工商业兴起后，其最具有代表性的支柱产业为大豆产业，包括大豆、豆油和豆饼。东北地区物产资源丰富，尤其盛产优质大豆，但清政府一直以来对东北地区大豆都实行对外禁运政策，仅允许关内商船收购定量的大豆。第二次鸦片战争后，清政府财政窘迫，而外敌压力骤增，因此同治二年（1863年）即颁布谕令"各海口豆石开禁，准令外国商船运售"[①]，同治八年（1869年）又准许将大豆运往海外，大豆及大豆制品一跃成为东北地区对外贸易的主要产品，有清一代始终保持70%以上的出口份额，繁荣的对外贸易又进一步促进了各城镇油坊和制油工业的发展，大豆产业成为东北地区最重要的支柱产业。

1895年起，东北地区油坊逐步开始使用近代机器榨油，生产率得到提高。光绪二十二年（1896年），英国太古洋行在营口开设了第一家机器榨油坊，随后涌现出了一大批机器油坊，并开始使用小蒸汽机和发动机以替代人力[②]。中东铁路、南满铁路通车后，大豆贸易的日益繁荣更是对油坊业的发展起到了推动作用。据统计，宣统三年（1911年）营口已有多达35家油坊，而东北全境则至少有约400家油坊。依托铁路运输的便利条件和优惠政策，东北地区得以成为近代中国油坊业最为发达的地区，其中产油区以中东铁路沿线和港口城市为主。

另外，由于东北地区盛产小麦，制粉业亦随之发展，但旧式的磨坊仅以畜力进行小规模生产，生产率低下，仅仅勉强满足本地的消费需求。随着沙俄势力的入侵，为供给军队和沙俄移民日常所需，首先在哈尔滨建造了第一家机器面粉制造厂。东北地区的制粉业沿着中东铁路和南满铁路发展起来，但整体以北部产麦区较为发达，在辽东地区的

---

① 姚贤镐. 中国近代对外贸易史资料：第1册［M］. 北京：中华书局，1962：147.
② 郎元智. 中国近代东北地区城市生活兴衰与社会发展研究（1861—1931）［M］. 北京：人民出版社，2020.

奉天、安东等地亦有所发展。情况类似的还有酿酒业，也依托于中东铁路北段发展成为近代工业，成为当时东北地区的三大支柱产业之一。铁路的修建给这些城镇产业带来了先进的生产工具，以及便利的贸易条件，近代工厂如雨后春笋般涌现，工厂及相关设施的兴起也推动了城市的发展。

清末民初正值时代剧变，由于西方资本主义势力的入侵，其情势与以往的朝代更迭都有所不同。自清代至民国，改变的不仅仅是统治者姓甚名谁，而更多的是社会制度和生产方式的更替，以往以军事、政治作为主导因素的聚落体系已不再适用，急需深入的变革。辽东城镇的近代化发展进程，可以说是封闭保守的旧世界和工业革命后新世界的第一次激烈冲突，纵然是在被侵略剥削的背景下产生的，但其对城镇体系的发展有着积极的推动作用，还在一定程度上改变了城镇的发展方向。

清初辽东地区以军事驻防城作为区域发展重心，大多建有厚重城墙和城池，格局简单而闭塞。随着汉族移民的增加，以其聚居地为基础形成的府州县城逐渐兴起，辽东地区的聚落格局初有雏形，开始形成工商业萌芽。随着辽河航运的兴起、商埠地城市的发展和铁路的通车运营，辽东地区城市间贸易活动往来频繁，城市凝聚联系作用加强，城市化进程加快，整体呈现高速发展的趋势。同时，囿于列强势力干涉、战火侵扰等因素，聚落体系内部发展水平参差不齐，此消彼长。近代化的发展进程使得辽东地区移民人口骤增，城镇工商业崛起，大批新城镇涌现，聚落之间分化扩展，其职能由单一走向复杂，彼此之间联系增强。城市内部开始出现公园、马路、街灯等近代化设施，按照不同职能划分成数个区域，近代城市规划思想开始起步。总体而言，这一时期是辽东地区聚落体系发展进程的转折点，在很长一段时间内都存在着深远影响。

五、清代聚落体系格局演变

由明至清，辽东地区聚落体系发生的根本变化在于战略重心的转移，政治军事中心由辽阳、广宁二城转移至盛京。除战略重心转移以外，其他聚落则呈现出整体强化、局部弱化的发展格局。这样的演变过程通常是由多重因素作用而形成的，清前期时主导因素是政治和军事，因此以封闭的、职能单一的军事驻防城为主；中后期则是商品经济和侵略势力综合作用，使得聚落步入近代城市发展阶段，开放式的工商业城市陆续出现，以铁路、航运等交通纽带串联成为组团共同发展，呈现出整体强化的趋势。另外，由于近代城市交通系统和商业贸易的发展，导致辽东地区空间格局发生转变，原本的小城镇不断兴起壮大，乃至成为区域重心，而出于防御需求而崛起的军事重镇，则随着战略重心和对外策略的转移而衰落。

地区内部聚落的此消彼长、更新迭代是聚落体系发展进程中的常事，但总体而言，有清一代，辽东地区聚落体系得到了进一步的发展，由单一职能的军事城池转型为复合职能的开放型商业城镇，到清灭亡前，几个重要聚落已达到了一定的人口规模，民族工业、商业、贸易等也初成气候。

1. 体系重心转移

明辽东镇的军事战略重心位于辽阳镇城，但在明清战争中，辽阳城遭到严重军事打击损毁严重，又因为清代辽东地区军事策略的改变，地位不复从前。而盛京（明称沈阳卫城）作为清的"龙兴之地"、入关前的最后一个都城，终清一代都是辽东地区的军事政治中心。到清末时因其发达的交通运输业和重要的地理位置，工业和商品经济也迅速发展，成为东北规模最大、人口最多的城市。另外，除了沿袭明代军事聚落的城镇以外，部分清代新兴的城镇也抓住历史机遇得到了发展，成为区域重镇。营口就是此类新城镇中最具代表性的例子。营口建城时间较晚，因近代辽河航运业而兴起，但于1861年开埠以后，繁荣的港口贸易和高速发展的商品经济使得营口一跃成为辽东地区的经济贸易中心。

有清一代，辽东地区聚落体系发展的主导因素逐步由军事、政治过渡到经济、贸易，主要城市类型由封闭的军事城池转变为开放型商业城市，发展重心则由辽阳转移至盛京（今沈阳），这一转变对后世辽东地区的空间格局有着深远的影响。

1）体系核心更替

在明代辽东镇军事防御体系中，辽阳城占据着极为重要的战略地位，其得失兴衰关乎地区乃至国家的命运，是辽东地区的命脉之所在。天启元年（1621年），后金发起进攻，辽阳城陷，城内兵民死伤惨重。盛极一时的辽阳镇城经过战火洗礼，人口流失严重，城池根基尽毁，仅余荒城废堡，早已丧失发展先机，其城市发展进程陷入停滞和倒退。起初，努尔哈赤曾短暂以辽阳为都城，但不久后即另择他地新建了东京城，迁都沈阳后更是两城皆遭到废弃。自此以后，辽阳永久地失去了辽东地区的首府地位，被沈阳取而代之。

明代沈阳作为辽阳下辖的卫城而存在，聚落规模并不大，但"沈阳形胜之地，西征明，由都尔弼渡辽河，路直且近；北征蒙古，二三日可至；南征朝鲜，可由清河路以进；且于浑河、苏克苏浒河之上流伐木，顺流下，以之治宫室、为薪，不可胜用也；时而出猎，山近兽多，河中水族，亦可捕而取之"①，其地理位置便利且自然条件良好，适宜农业和城市的发展，对于以东北地区为大后方的后金政权而言，是作为临时都城的绝佳选择。因此，天命十年（1625年），后金由东京（即辽阳新城）迁都沈阳（起初改称盛京，后又改为奉天），沈阳成为清军入关前的最后一个都城。自此以后，辽东地区的区域重心由辽阳自然交接至沈阳，也奠定了辽东地区未来数百年的空间格局。清军入关定都北京后，改沈阳为盛京（后改为奉天），并尊为陪都，在清代一直保持着特殊的地位。

终清一代，盛京始终拥有独特的政治声望和地位，清早期政局稳固后，康、乾、嘉、道四位清帝曾先后十次东巡盛京，拜谒祖陵、体察民情、视察边备、接见蒙古贵族等，频繁的政治活动使得盛京城始终稳坐辽东地区军事政治中心的地位。盛京城不仅是清王朝的政治特区，同时也是经济特区，盛京地区物产资源丰富，不仅适宜于农业发展，还设有多处大型牧场，且盛产特色山珍以供皇室消费。为此，清朝划定经济特区，特修柳条边用来标示禁区界限，禁止汉人越界放牧、挖参、网鱼。这条界限，又称"盛京边墙"。②

除此之外，盛京还作为辽东地区的交通枢纽而存在。早在明代时，辽东地区交通驿路就已十分发达，清时不仅沿袭先前交通网络，还增设新路线，因此与盛京城相关的陆路交通数量已达到6条。③其中，4条原为明代沈阳中卫与其他卫所城池联系的交通线，包括：盛京（沈阳）—山海关、盛京—开原、盛京—兴京（今抚顺市新宾县永陵镇），还有盛京—金州。在清中前叶，辽河航运尚未兴起，辽东地区的交通以陆路为主，而各陆路交通路线则以盛京城为中心，辐射周边城镇，联络整个地区。发达的交通系统成为盛京城市发展进程的催化剂，也为清末城市工商业发展奠定了基础。

经过清廷数百年经营，盛京（奉天）城很快发展成为东北地区第一大城市，盛时管辖面积达一万六千九百方里，周长五百二十里。人口数量由乾隆六年（1741年）的"新编民户三千九百二十五，男妇一万七千一百八十四"④涨至乾隆四十六年（1781年）的

---

① 阿桂. 盛京通志：卷一 [M]. 沈阳：辽海出版社，1997.
② 曲彦斌. 辽宁文化通史 [M]. 大连：大连理工大学出版社，2009.
③ 同②.
④ 赵恭寅修，曾有翼纂，《沈阳县志》，1917（民国六年）。

"编审民户一万二千四百八十七，男妇十一万四千五百五十九"①，到清晚期光绪三十年（1904年）时更是有约二十万人口之众。在20世纪初的工商业发展浪潮中，奉天城作为一直以来东北内陆地区的交通枢纽，近代以来更是修建了京奉铁路、中东铁路、安奉铁路等多条路线，其工业和商业贸易都得到了发展，初步完成了由传统的封建城市向近代工商业城市的变迁②，在此发展进程中，奉天城在辽东地区聚落体系中始终保持稳固的核心地位。

2）区域重心崛起

清中前叶，辽东地区发展基础薄弱，远落后于关内，区域内聚落的发展等级、规模主要依靠政治决策和军事导向。统治者依据地理位置、规划需求，可直接提升某一城镇为区域政治中心，促使聚落短时间内实现"越级"发展，拉大发展差距。而失去战略地位的城镇则地位急剧下降，发展陷入停滞。至清晚期，政府地方治理能力下滑，管控松弛，政治因素弱化，加以商埠地城市的出现和航运业的发展，经济催化效应加强，城镇的发展由政治因素主导变为经济主导，具有自发性的特征。

清前期以副都统驻守的军事驻防城作为区域重心，盛京地区共设置三员副都统，分驻奉天（盛京）、锦州和熊岳，因此在这一时期，辽东地区的空间格局以奉天为核心、锦州和熊岳为区域重心。清初期时，广宁府西移锦县，锦州就此取代广宁成为区域重镇，清廷设立副都统驻防锦州，管辖小凌河、宁远、中后所、中前所等多处驻防城。锦州因此而迅速发展，到乾隆四十六年（1781年）时，锦州人口已经多于辽阳和广宁人口的总和。③而熊岳城本为明代驿站，距离盖州城南六十里，地处辽东半岛西侧中部。因其地理位置便于协调布局辽东管控，分散盛京压力，从而成为军事驻防重镇之一，其地位大幅提升，城市随之得到发展。相对其他驻防城，清廷对其重视程度较高，雍正二年（1727年）设立熊岳副都统，分管鸭绿江至达东半岛的旗人事务，统辖金州、复州等各城守尉及旅顺水师营。

清中后叶，辽河航运兴起，进出口贸易和客运促进经济增长，经济和贸易活动成为此时期城镇发展的主导因素，也兴起了一批港口城镇。其中，位于辽河入海口的营口发展最为迅速，在开埠以后更是成为辽东地区的经济中心。营口原本属海城、盖平

---

① 王丹丹. 清代中后期沈阳满汉融合研究 [D]. 长沙：湖南大学，2019.
② 曲晓范. 近代东北城市的历史变迁 [M]. 长春：东北师范大学出版社，2001.
③ 阿桂. 盛京通志：卷三十六：户口二 [M]. 沈阳：辽海出版社，1997.

两县管辖，宣统元年，政府分割海城县西南三乡和盖平县北乡之地划归营口直隶厅，营口管辖范围扩大，地位提升。1830年设建码头，1861年正式开放成为对外通商口岸。随着开埠后列强的领事馆、银行、商行相继入驻，营口城内也兴建了诸多近代化设施，逐步由小市镇成长为辽河流域的首位城市。[①]此时以营口为核心的辽河—渤海贸易体系，带动了辽河航运业以及辽河流域港口城镇的发展，丰富了辽东地区城镇职能的多样性。

中东铁路等铁路线的通车使得辽东地区区域重心再一次转移，辽河航运业和营口自此陷入衰退，而水深海阔、无冰冻期的大连则取代了营口港的地位，成为该阶段的区域经济中心。由于铁路高效率、低成本的优越性，一经通车便在很大程度上取代了辽河航运的地位，"铁路附属地"城市也随之高速发展，辽东地区格局再次发生变化。这一时期，东北内陆地区各城镇与港口之间的交通联系得到加强，商品经济繁荣，城镇工商业深入发展，形成了以铁路沿线城镇和辽南三港（营口、大连、安东）为主的城镇群。

2. 体系整体强化，局部弱化

清初实施旗民分治，州治辖境和驻防城辖境并不相同，管理较为繁复不便，随着驻防八旗的不断调整和关内移民的涌入，辽东地区满、蒙、汉等多旗籍人口汇集，呈现出多民族杂居特点。庞杂的人员组成导致原本的旗民分治管理体制应接无力，无法实现有效管理。光绪三十三年（1907年），清政府根据民情，对辽东的行政建置进行了调整改革，废除旗民分治制，以府、州、县、厅作为行政区划。[②]但早在正式废除分治制之前，辽东地区各州县经过数百年发展和演进，已经进行过一轮整合，明确了盛京（奉天）为军事行政中心的空间格局。在这一时期，地区城镇发展以政治因素为主要导向，城镇实力差异较大，局部地区发展相对缓慢，但整个体系处于不断加强的阶段。而随着清晚期航运、铁路及城镇商业的发展，辽东地区涌现了一批新兴城镇群，城镇数量增加、规模扩大、设施逐渐完善，逐步走向近代化道路（表3-5）。

---

① 曲晓范. 近代东北城市的历史变迁[M]. 长春：东北师范大学出版社，2001.
② 辽宁省地方志编纂委员会办公室. 辽宁省志：地理志：建置志[M]. 沈阳：辽宁民族出版社，2001.

明代卫所与清末城镇建置对应表　　　　　　　表3-5

明代卫所	清末建置	清代隶属
辽东都司	辽阳州	奉天府
复州卫城	复州	奉天府
开原路城	开原县	奉天府
铁岭卫城	铁岭县	奉天府
海州卫城	海城县	奉天府
盖平卫城	盖平县	奉天府
抚顺千户所城	抚顺县	奉天府
金州卫城	金州厅	奉天府
前屯路城	绥中县	锦州府

资料来源：依据参考文献[80]，笔者整理。

1）前期州县整合，强弱参差

清初政局稳固后，大量汉族移民涌入辽东地区，府州县制得到发展。伴随着管理机构的健全，以府州县治所在地为中心的城镇也随之兴起。为方便统筹管理，清代统治者依据军事重要性、地理位置等原则，将部分军事驻防城进行分割合并，有的城镇借此机遇，辖域面积得以扩大，聚落地位上升；而部分城镇则实力削减，发展较为缓慢或陷入停滞。清中前叶，辽东地区的军事驻防城大部分沿袭明代辽东镇格局，虽然战略重心有所转移，但大部分旧有城镇仍然具有重要的地位。因此，清前期的州县整合、此消彼长的趋势，也是明代军事城镇进一步演化和发展的反映。

作为明代辽东镇区域重心之一的广宁镇城，由于战争导致城垣颓毁且位置东偏，于康熙四年移府至锦县，改为锦州府，区域重心自此移至锦州，而原来的广宁府改为广宁县，隶锦州府管辖，城市地位不断下降。广宁城的衰落，从清中期城池的翻修规模也可窥得一隅，同在乾隆四十三年（1778年）整修，开原城翻修之后，新城周围长约十二里又二十步，广宁城重修之后城周围十里又二百八十步，广宁城曾作为辽东地区优先发展的最高级别的镇城，到乾隆时期城池规模甚至不及开原城，可见其发展退步。

另一个明代区域重心辽阳城也未逃过被取代的命运，后金天命十年（1625年），努尔哈赤自辽阳城迁都至其下辖的沈阳卫城，自此以后沈阳（奉天）一直作为辽东地区的行政重心而存在。顺治十年（1653年）为接纳汉族移民曾短暂设置辽阳府，但很快便被奉天府所取代，辽阳自此以后再无成为区域重心的机遇。

除了区域重心的转移外,明代辽东地区的军事卫城都得到了一定的整合和发展。海城在明代城周长约为六里五十三步,而后城毁池淤,后金天命八年(1623年),在旧城东南隅重建新城,周围二里一百七十六步。乾隆四十三年(1778年)最后修筑,城周围八里三十四步,城镇规模相较清早期而言增长数倍,也超过了明代旧城规模,可见其发展和演进趋势是较为积极的。

盖平县在清初管辖范围涉及盖州、金州、复州三地,"康熙三年,始分明时盖州、复州、金州三州三卫之地,设盖平县"[①],盖平县一度成为三座明代卫城进行整合后的行政区划,可见其地位之高。后来,康熙二十年(1681年),金州居民户归旗别,并由城守章京统一管理,从盖平县管辖范围内移出。有清一代,盖平县辖境辽阔,从志书记录数据分析,盖平县人口从康熙七年至康熙二十年每年都有新增,城市有所发展。

宁远卫城保存了较为完好的明代城址,于康熙二年撤卫所改宁远州,东割塔山所划入锦县,西并前屯卫、中后千户所、中前千户所,辖地范围扩大,聚落等级有所提升。康熙三年隶属广宁府,四年改隶属为锦州府。光绪二十八年(1902年),分中后所为绥中县,而前卫、前所均隶县治。[②]前身是义州卫城的义县则于雍正十二年设为州治,为充实人口,从锦县、广宁县共拨来3101人,清代义县全境面积约12900华方里。

作为等级比卫城更低的聚落,明辽东地区的所城在清代大部分划归合并于就近的县城。例如,蒲河千户所城划归沈阳城管辖,汎河千户所城、懿路千户所城归铁岭管辖,塔山中左千户所城划归锦西(今葫芦岛),沙河中右所城归兴城管辖,松山中左千户所城、大凌河中左千户所城归锦州统领,中前、中后所城划入绥中,在这些所城当中,仅有抚顺千户所城在清代独立演变为县城,城镇规模较大(表3-6)。

清代辽东主要府、州、县城池建设情况[③]　　　　表3-6

地名	设立时间	城池规模	城池建设
义县	—	城周围九里十三步	太宗皇帝建立衙门一所,后改为城守尉衙门

---

① 骆云. 盖平县志[M]. 沈阳:辽沈书社,1936.
② 文镒修,范炳勋等纂,《绥中县志》,1929年(民国十八年)。
③ 鄂尔泰,等. 八旗通志:全8册[M]. 长春:东北师范大学出版社,1985.

续表

地名	设立时间	城池规模	城池建设
开原县	康熙十八年	城周围十三里二十步	城守尉公署在城内,三十二年,修建仓20间
铁岭县	康熙二十九年	城周围四里二百一十六步	未设衙门
锦州府	康熙十四年	府城周围五里二十步	城守尉衙门,锦州府管辖小凌河、宁远、中后所、中前所四处驻防
广宁县	顺治十七年	城周围十四里一百七十步	设立衙门,康熙二十九年,管辖巨流河、白旗堡、小黑山、闾阳驿四处驻防
奉天府	天聪六年	—	将军公署、大堂、川堂、司房俱全。康熙二十年,在城西南建10间仓,东南角8间火药库
盖平县	—	城周围六里一百二十步	设立衙门3间,仓厂20间,兵丁官房60间
金州	—	城周围五里二十步	仓厂65间,金州水师营驻防。康熙五十四年,盛京工部修给官兵营房1344间。康熙五十五年,设立衙门
复州城	康熙二十六年	城周围四里	城内修建衙署3间,仓厂30间
旅顺口	康熙五十五年	—	设立水师营,官兵修建1344间房
熊岳	—	城周围三里一百零二步	城内设衙门,兵丁官房212间
山海关	顺治二年	—	总管衙署一所,八旗官兵房屋共623间

资料来源:依据参考文献[31],笔者整理。

城镇聚落的发展状况在一定程度上可由人口的数量和变化来体现。由表3-7可见,在乾隆年间,锦州作为辽东的区域重心城市之一,人口规模和增速均位居前列。宁远州因合并了前屯城、中前所和中后所,规模有所扩大,人口数量仅次于锦州。辽阳州原有人口规模远大于广宁州,但由于增速较弱,至1781年时二城人口规模已持平,而义州与广宁州单从人口数量上看,发展程度和速度相差不大。明代的"金复海盖"四处海防卫城发展水平有所差异,以海城县(即明海州卫城)人口规模最大,金州人口规模最小,且增速缓慢。虽然地区内部聚落发展情况各不相同,呈现出此消彼长、区域整合的趋势,但总体来说辽东地区聚落群在这一时期得到了一定的发展,在四十年间人口规模几乎增长一倍,城镇经济日趋繁荣。

乾隆年间盛京各州县民户户口统计表[①]　　　表3-7

年份 州县	1741年	1751年	1761年	1771年	1781年
辽阳州	6575	6789	8139	8389	9352
广宁州	3558	5037	6678	7099	9974
义州	3667	5470	6963	6990	9976
开原县	2498	2498	3181	4562	5110
铁岭县	2599	2671	3729	4099	2726
盖平县	2829	4639	4979	5217	5220
海城县	7857	8372	8730	10188	7345
复州	3192	4417	5478	5310	6088
宁海县（金县）	2025	2267	2596	2617	2715
锦县	11649	13987	17430	19150	19929
宁远州	9683	13134	16380	19489	19818
总计	56132	69281	84283	93110	98253

资料来源：依据参考文献［30］，笔者整理。

2）后期城镇群起，格局强化

施坚雅教授的区域经济理论认为，经过生产力发展、生产要素优化，中心城辐射拉动周边城镇，通过城镇职能互补，能促使城镇聚集。辽东城镇组群的出现与发展符合这一模式，其随清中期辽河航运的发展开始出现，到后期与铁路分支蔓延同步（也有侵略势力强制发展的因素存在），由区域重心城市带动辐射周边城镇发展，地区城镇体系步步趋向成熟。

辽河航运兴起前，辽河流域两岸只有约10个小市镇，其中海城、辽阳、铁岭、开原是具有军事基础的驻防城，但在工商业方面发展较为薄弱。随着航运业兴起，沿河一带餐饮、贸易、粮货行业发达，贸易活动日益频繁。辽河一线空间阻隔被打破，城镇之间交通联络加强，繁荣的商业贸易带动了辽河流域新城镇的兴起，在这段时间内，辽河流域涌现出了总数超过30个的城镇聚落，这些聚落联结组合，呈带状分布河岸两边，形成辽东地区初期的带状城镇群。

---

① 阿桂. 盛京通志：卷三十六：户口二［M］. 沈阳：辽海出版社，1997.

辽河码头沿岸新兴城镇可算作第一批扎根生长的聚落组群，通过水上交通交互联动，城镇活力传承，第二批聚落组群很快扩散成一定规模。这些聚落则是通过陆上交通与码头城镇相互连接，将源源不断的农产品输送至辽河这条运输生命线上。通过城镇间的功能衔接锚固，聚落组群组成的城镇体系运转掌控整个区域。到19世纪晚期，辽河流域70%的城镇都形成了3～10km^{2}的规模。[①]同时，经济的活跃促使城镇职能日益丰富，且分化成型，区域工业、农业、商业均形成一定规模。到1905年时，辽河流域已有200家油坊，酿酒业、制粉业也十分兴旺。

随着近代铁路在东北地区的广泛铺设，辽河航运业很快被取代，其流域的带状城镇群也随之遭到冲击，大规模衰落。但铁路的出现大大增加了运输效率，降低了运输成本，带来了更多的关内移民，更促使了铁路沿线城镇工商业的繁荣。在对中东铁路进行建设时，其"铁路附属地"也在亦步亦趋地完善，其中包括铁路车站等相关设施，也包括供俄国移民聚居的市街。而修筑铁路的工人大多来自于关内，在铁路通车后，大部分工人也聚居到铁路沿线，形成新的城镇。到铁路建成之初，沿线已涌现出20多个新城市聚落，辽东地区城市密度相应提高，逐渐开始形成组团发展的格局。中东铁路（日俄战争后南段称"南满铁路"）重要的"附属地"中，大部分（12个）在盛京地区，其中瓦房店、盖州、熊岳、海城、辽阳、奉天、抚顺（千金寨）、铁岭、开原这些城镇，原在明代时就已是重要的军事城镇，大部分沿用了当年的城市规划，又受到近代化铁路的影响，继续作为新的区域重心发展强大。[②]

中东铁路的通车使得辽南地区得到了充分的发展，而京奉铁路则影响了辽西走廊地区的数个城镇，例如辽西沿线的新民屯、绥中等地，也借助铁路迅速发展成为地区重镇，民国初年，葫芦岛更是作为自开商埠出现，作为对抗西方侵略势力的重要港口。

经过组团融合，城镇设施优化，资源集聚带来地区向心力，城镇又进一步发展扩大。人口数量的变化可有力地佐证地区城镇群的发展，1900年，奉天人口数量已超过20万，锦州、营口人口数量超过5万，抚顺、铁岭、开原人口数量超过2.5万。[③]原本辽东地区的城镇发展多集中于辽南港口城市和辽河流域城市，未曾深入到腹地，铁路建成

[①] 曲晓范. 近代东北城市的历史变迁[M]. 长春：东北师范大学出版社，2001.
[②] 黄欢. 明代长城防御体系之辽东镇卫所城市研究[D]. 南京：东南大学，2007.
[③] 同①.

后，城镇群也沿着铁路分支线向北移动和扩散，带动了周边城镇的发展。在前期州府县发展演化基础上，体系继续生长扩散，城镇之间实力此消彼长，发展形势更迭，虽然局部发展迟缓，但体系根基扎实稳固，整体呈现高速发展的趋势，由荒凉的边陲之地一跃成为近代中国重要的工商业地区。

第四章

民国时期聚落体系发展演变

清朝末年，时局动荡，清廷面临着内忧外患的双重压力。一方面，由于连年灾荒和战争赔款，朝廷财政入不敷出，无力维持对地方的管理和控制，阶级矛盾激化，社会弊病积重难返，以义和团为代表的农民运动兴起，呈星火燎原之势。清廷为镇压国内起义，不断将大后方东北地区的八旗官兵内调，直接导致了东北边疆防务废弛，侵略势力乘虚而入。另一方面，东北地区广袤的土地和丰富的资源早已受到多方觊觎，他们通过一系列不平等条约取得了在东北开埠、建港、修筑铁路和租界的特权，而江河日下的清廷非但自身难保，更有部分保守势力不惜与列强勾结以镇压农民运动，这也导致了东北地区进一步被侵略。

由于沙俄势力妄图独吞东北而采取的强硬措施，最终导致日俄关系破裂，1904年，日俄战争正式爆发，意在争夺东北地区的控制权。次年两国签署《朴茨茅斯条约》，完全忽视清政府的立场，规定以长春为界，形成了"日占南满、俄拥北满"的局面。[①]

1912年中华民国正式成立，在中国延续数千年的封建帝制宣告灭亡，国家在形式上首先完成了统一。然而，民国政府对地方的控制力极弱，辽东地区以军阀为实际掌权者，加以西方列强势力从中作梗，从经济、政治方面渗透干涉各类政策实施，压迫剥削群众利益，严重影响社会的发展。整个民国时期，可将辽东地区的发展分为三个历史阶段，即民国前期、沦陷时期和解放战争时期。[②]

在民国时期，东北地区始终是西方列强势力与民族进步势力对抗的前线，因此其城镇发展与内外两方面因素的推动都息息相关。从内部动力来看，为挽回东北危局、抵抗侵略势力的进一步入侵，自清政府到民国政府均采取了一定的"自救"措施，效仿既有经验主动自开商埠，进行近代化市政建设，着力发展民族工业，并鼓励关内移民向东北地区迁徙。这些措施意在抵制侵略势力对东北地区社会及文化的渗透，促进区域经济的发展，同时也积极地推动了东北城市的近代化进程。从外部因素来看，一方面是日本侵

---

① 樊磊. 民国时期政府移民政策述略 [D]. 长春：吉林大学，2007.
② 辽宁省地方志编纂委员会办公室. 辽宁省志：地理志：建置志 [M]. 沈阳：辽宁民族出版社，2001.

略势力妄图永久侵占"南满"地区，大力经营"满铁附属地"，铁路附属城市因此而得到发展；另一方面则是第一次世界大战的爆发，各国势力无暇他顾，为辽东地区的发展保留了一定的窗口期。但在1931年"九一八"事变后，辽东地区进入日伪政权把控时期，连年战火使得民族工商业的发展再次陷入停滞，城市建设也进入衰退期。

总体而言，民国时局错综复杂、动荡不安，地区内部派系纷争不断，军阀林立，侵略势力更是将辽东地区广袤的土地视为可供攫取的资源。出于当时社会环境的复杂性，这些因素对于辽东城镇发展进程的影响很难一概而论，既有促进城市近代化发展的积极作用，也在一定程度上加深了辽东城市被侵略的程度。但不可否认的是，在这一时期辽东地区城市建设和管理已经全面走向制度化、系统化，是由简单的商品经济社会向复杂的工业经济社会转变的历史演进过程。①

---

① 曲晓范. 近代东北城市的历史变迁 [M]. 长春：东北师范大学出版社，2001.

一、民国时期社会背景的转变

1. 日俄战争与列强势力对东北地区的瓜分

清帝国晚期腐朽而落后，财政告急，民生凋敝，无力抵抗科技、经济发达的列强势力的侵扰。其中，东北地区因其广袤的土地和丰饶的物产资源更是受到多方觊觎。在清末民初这段时期，俄、日、英、法、美等国家都对东北地区的政策与管理多有干涉，形成了极为复杂的局面，但其中扮演主要角色的势力便是日俄两国。出于同样的战略目标和军国主义思想，两国之间的冲突是尖锐的、不可避免的，其对辽东地区控制权的争夺情况对地区城镇发展有着重大的影响。

早在康熙年间，沙俄势力便屡次侵扰东北边境，第二次鸦片战争后更是通过一系列不平等条约侵占了黑龙江以北、乌苏里江以东一百余万平方公里的领土，并始终将广大东北地区视为囊中之物。另外，1894年甲午战争的惨败使得清廷失去了对朝鲜半岛的控制，中朝之间传统的宗藩朝贡体系正式终结[①]，东北地区失去了最后一道屏障，被迫直面日本侵略势力的侵扰。两方势力均盘桓在东北地区，冲突日益加剧。沙俄对日本独吞甲午战争的战果多有不满，于是联合列强导演了"三国干涉还辽"事件，阻止了日本侵占辽东半岛的企图，并顺势取得了中东铁路的修筑权。而日本视沙俄为首要敌人，也开始大肆扩张其在辽东地区的商业资本，意图通过经济的方式进行渗透。日俄两国在东北地区虽无战事，但有暗流涌动，由此开启了两国长达十年的利益角逐。

光绪二十四年（1898年），沙俄军队强行进驻旅顺、大连，并强迫清政府签订《中俄旅大租地条约》，强占旅大及周边海域，并获得了修筑中东铁路支线的特权。自此以后，沙俄实现了在远东地区拥有不冻港的战略目标，其对东北全境的控制进一步加强。此举也引发了日本的强烈不满，转而要求沙俄在朝鲜地区进行妥协和退让。1900年，义和团运动影响至东北地区，获得进一步入侵借口的沙俄以"保护铁路"为名派出十余万军队，分南北两路强占东北全境，并强迫盛京将军签下《奉天交地暂且章程》，将满洲全境置于沙俄控制之下。[②]沙俄过分激进的扩张政策使得列强在东北地区的利益受损，

[①] 安成日，刘艳. 日俄战争与东亚国际体系的重构[J]. 哈尔滨工业大学学报（社会科学版），2011, 13（2）: 7-16.

[②] 同[①].

日、英、德、美等国纷纷出面进行干涉，但沙俄侵吞满洲的野心已到达顶峰，提出种种条件而拒不撤军。1903年日俄谈判彻底破裂，1904年日本断绝与沙俄的外交关系，并不宣而战，对沙俄旅顺舰队发起攻击，日俄战争正式爆发。由此可见，这一时期日俄在东北地区都采取了激进的扩张政策，两国之间纷争不断，最终引爆日俄战争是必然的结果。

但日俄战争虽是列强之间利益的争夺战，却给广大东北地区的人民带来了灭顶之灾。据当时柳河县知县施世杰的呈文记载："时值禾苗秀实，俄军谓其有碍战务，凡与官道相近之处一律芟割，其距稍远者又将马匹散放践食"[1]，一时间辽河流域地区"纵横千里，几同赤地"[2]。不仅耕地遭到严重的破坏，辽南地区沿途的村庄、城镇也均遭到不同程度的战火侵扰，工商业设施被炸毁，繁盛一时的辽河航运业也遭到毁灭性打击，致使辽南百姓流离失所，无以维生。而清廷纵然一直秉持着对东北地区主权的强硬态度，但并无能力开展一场近代化的军事战争，出于对列强势力的惧怕和自身的软弱，不得不宣布恪守"局外中立"，对辽南惨状竟视而不见。唯有当时的有志之士和广大人民自发组织起"革命军"，以抵抗沙俄军队，但这些力量始终是杯水车薪。日俄战争对辽河流域地区城镇的发展是一次极为严重的打击，不仅城市设施和工厂遭到破坏，还有许多因航运而兴起的新城镇自此走向没落。

日俄战争持续约两年，双方均动员了超百万的兵力，伤亡甚众，国力消耗已达到双方都不可承受的程度。1905年9月5日，日俄两国在美国进行媾和谈判，并签订《朴茨茅斯条约》，宣告日俄战争正式结束。由于日本取得了日俄战争的总体胜利，开始逐步瓜分和接管沙俄在东北地区的势力范围。条约中两国划分了在东北地区的势力范围，沙俄将长春以南的租界、铁路、港口等设施均交予日本，条约规定俄政府将"旅顺口、大连湾并其附近领土领水之租借权内一部分之一切权利及所让与者……该租界疆域内所造有一切公共营造物及财产"[3]"由长春（宽城子）至旅顺口铁路及一切支路，并在该地方铁道内所附属一切权利财产，以及在该处铁道内附属一切煤矿，或为铁道利益起见所经营一切煤矿"[4]均移交给日本政府。《朴茨茅斯条约》的签订实际上只是日俄两国单方面对

---

[1] "奉天交涉总局"档案。
[2] 《日俄战纪》，商务印书馆主编。
[3] 朴茨茅斯条约[M]//王铁崖. 中外旧约章汇编：1689—1901：第一册. 北京：生活·读书·新知三联书店，1957.
[4] 同[3].

中国领土的处置,虽有"商请中国政府允诺"之类的语句,但在事实上完全忽视清政府的任何立场。日俄战争的结束预示着东北地区侵略势力范围的重新划分,自此以后,辽东地区落入日本侵略者之手,这一状态在日本1945年无条件投降前都未曾改变。

2. 传统秩序的衰落和军阀政治的产生

清末民初时期的东北地区,可谓内忧外患,除了列强侵略势力的入侵和掠夺外,其地区内部派系的纷争亦从未停止。即便到了民国初年,中华民国政府在形式意义上统一了全国,但此时国内军阀林立,政权交叠,东北地区始终控制在以张作霖为首的奉系军阀手中。传统社会秩序的衰落并没有直接带来社会制度的革新,而是经历了一段混乱与动荡的阵痛期,这一时期除去日本着力经营的"满铁附属地"外,辽东地区其他城镇发展均处于低迷状态。

军阀政治本质上是社会畸变的结果,是封建制度与列强侵略统治相融合的产物,其本身就具有相当程度的局限性。军队私有和领土割据是军阀的两大重要特征。[①]一方面,军阀林立的状况使得地区之间混战不断,四分五裂,国家所制定的政策无法得到落实,城镇发展受到负面影响;另一方面,军阀统治本身就是封建买办的独裁政治,其对于人民的压迫比起清帝国有过之而无不及,军阀政治必然产生的高额军费皆转化为重税苛税,落到广大东北人民的身上,经济和工商业发展陷入停滞。

军阀政治的形成并不是一朝一夕之事,早在清代时就已种下因果。清晚期施行新政,开矿、建铁路、建厂等一应事务多交予各省督抚"衡情筹办",赋予督抚空前绝后的权力,这使得掌控兵权的各地督抚与掌握资本的地方士绅、富商紧密结合在一起,成为早期军事集团的雏形,"一兵、一卒,皆拱手而听之督抚"[②]。而各地军事集团的急剧膨胀产生了一种离心的趋势,使得在中国延续数千年的中央集权制度逐步走向瓦解,清廷对此亦十分担忧,认为"循此不变,则唐之藩镇,日本之藩阀,将复见于今日"[③],试图削弱督抚权力,重新组织起中央集权制的政治结构。但为时已晚,清廷对地方的掌控能力日渐衰弱,对地方财政、军权等事无力插手,致使地方势力纷纷脱离中央政府的管控,也为民国初年军阀政治的诞生埋下了伏笔。总而言之,清王朝的灭亡早已是必然的

---

① 张欣. 军阀政治与民国社会(1916—1928年)[D]. 上海:华东师范大学,2005.
② 康有为. 康南海文集:卷4:政策[M]. 沈云龙. 近代中国史料丛刊:第80辑. 影印本. 台北:文海出版社,1966:349.
③ 李剑农. 中国近百年政治史:上[M]. 上海:复旦大学出版社,2002:252.

历史宿命，但千年传统秩序的分崩离析，注定会扬起一场经久不散的沙尘，留给新生的民国无尽的混乱和动荡。

根据不同的历史节点，可将1912年至1949年即整个民国时期分为民国前期、沦陷时期和解放战争时期三个阶段，而民国前期则又可以分为奉系军阀（北洋政府）统治时期和国民政府统治时期。1914年第一次世界大战爆发后，列强势力无暇顾及混乱动荡的中国，袁世凯在英、日势力的支持下妄图复辟帝制，并任命张作霖为奉天督军，张作霖逐渐开始独揽奉天大权，奉系军阀自此正式登上了历史舞台。1916年袁世凯垮台后，国内迅速分裂为数个军阀割据政权，除了直系、奉系、皖系三大军阀外，还有浙系、晋系、桂系、粤系、湘系等，整个中国处于群龙无首、军阀林立的状态，内战不断，社会发展陷入停滞。虽然在北洋政府统治时期，省军政、民政机构在名义上各自独立，但民政机构始终处于军政长官的操纵之下，仍然属于军阀割据政治。

而此时奉系军阀靠着日本侵略势力的扶持，以奉天省作为根据地逐渐发展壮大，经过数场战争，势力范围向北发展至吉林、黑龙江，向南则延伸至直隶、江苏、山东，成为当时国内实力最强的军阀。奉系军阀统治奉天省时期，战争频发，民生凋敝，直奉战争的炮火摧毁了无数民房，使得战区百姓流离失所，"箱箧欹倒，什货破坏，家无藏物，呼饥啼寒，惨不忍闻"[①]。除此之外，奉系军阀对广大人民的搜刮和掠夺也是极为严重的，例如大量印刷纸币导致严重贬值，并对百姓课以重税，致使辽东地区的支柱产业（油坊业、制粉业、烧锅业）遭到打击，工业作坊纷纷倒闭，民族工商业的发展受到影响。但奉系军阀统治时期也在辽东地区推行了一系列新政，包括城市工商业、军事工业和新式教育的发展，对辽东地区城镇近代化进程有着一定的推动作用。

1928年东北易帜，东北地区尽数归南京国民政府统治，奉天省由此更名为辽宁省，东北地区的军阀统治时期宣告结束。这一时期的辽东地区兴办实业、发展教育、进行近代化的城市建设，处于城镇发展的积极阶段。然而，这一短暂的窗口期不过持续了三年时间，1931年日军炸毁南满铁路轨道，诬称是中国军队所为，并以此为借口占领沈阳，大举入侵东北地区，即历史上著名的"九一八"事变。"九一八"事变后，辽宁省各地彻底成为沦陷区，日伪政权为经营东北，大规模进行城市的规划和建设，但此时民族工商业的发展则陷入停滞乃至倒退的境地。

---

① 赵鹏. 辽宁省早期现代化研究（1916—1931）[D]. 哈尔滨：哈尔滨工业大学，2012.

3. 清末民初的关内移民和国际移民

终清一朝，清廷始终将东北地区视作立国的根基，是影响到政权存续的关键区域，"开国以来，已视同汉高之丰沛，光武之南阳"①。东北地区作为京畿之屏障、边防重地，能够有效维护国家安全，东北安定则清朝天下安定。而更重要的是，清代太祖、太宗的陵寝均设于此，对于有敬天法祖传统的中国人而言，无疑是具有特殊意义的，清代时也有数位皇帝东巡祭祖，表明了清廷对于东北地区的重视。出于对本民族发祥地的保护，清廷对于关内移民始终抱有警惕之心，其间虽有摇摆不定，未进行严格禁止，但总体以消极的限制政策为主。对关内移民的限制和以军事、政治为导向的国家战略共同作用，使得东北地区人烟稀少、产业落后，城镇长时间处于低水平发展的阶段。

清代最初的鼓励移民政策始于顺治年间，由于辽东战事旷日持久，辽东地区"沃野千里，有土无人"②，经济和社会秩序遭到重创，重建辽东经济、巩固根据地便成为清廷的首要任务。顺治八年（1651年）即提出："民人愿出关垦地者，山海关造册报部，分地居住"③，顺治十年（1653年）更是颁布《辽东招民开垦条例》，可见清廷充实辽东人口、重建经济的急切意图。但招民开垦令颁布15年后（1668年，康熙七年）即遭废止，由此开始了清廷对东北地区漫长的封禁期。到了清晚期，清廷政治腐败、财政紧张，对地方的管控能力急剧衰弱，山东等地连年灾荒，无以维生的流民不计其数，加以东北地区边防空虚，无力应对列强势力的虎视眈眈，在内忧外患之下，"移民实边"迫在眉睫。自此以后，持续数百年的东北封禁令逐步废弛，由关内向关外迁徙的移民数量有所增加，他们开垦荒地、开设手工业作坊等，对辽东地区城镇发展起到了积极的作用，也在一定程度上缓解了受灾流民带给社会的不安定因素。

到了民国时期，"移民实边"以救东北已成为有识之士的共识，"移内地人民到边区去屯垦，既可以免内地人满之患，又可以使边地充实发展，实是一件有益而无害的事情"④。一方面，清末民初时期天灾频仍，水灾、旱灾、蝗灾、地震等灾害不计其数，

---

① 近代史资料编辑组. 近代史资料：总45号 [M]. 北京：中国社会科学出版社，1981.
②《清圣祖实录》，卷2，1661年（顺治十八年）。
③ 乾隆官修. 清朝文献通考：卷一 [M]. 杭州：浙江古籍出版社，2000.
④ 雨荪. 移民屯垦 [J]. 东方杂志，1925，22（5）：7.

甚至存在多灾并发的情况，尤以华北地区为甚。另外，华北地区作为数千年来传统的农业区，到民国时人地关系已极为紧张，土地兼并情况严重，土地承载力下降，不足以养活日渐增加的人口。天灾与人地关系的恶化共同作用，使得失去生计、无家可归的流民数量骤增。相比之下，此时东北地区沃野千里，资源丰富，且受灾害影响较轻，因此"被灾人民，辗转逃生，富厚的东北，自然是他们最好的去处"①，以直隶、山东等地为主的流民纷纷逃往东北地区。另一方面，东北地区拥有丰富的物产资源和肥沃的土地，但由于人口稀少，其开发程度始终远远落后于关内地区。人口的缺乏同样也会导致边境防务的空虚，当时的东北地区受到多方势力的觊觎，为防止侵略势力的渗透和侵扰，接纳关内移民以充实人口更是民国政府和东北当局的重中之重。

除了流民自发逃亡以外，民国政府和东北当局也发布政策积极鼓励移民，相较于清代，民国政府的鼓励力度更大、章程更加完善，可见关内移民充实东北人口之必要性。设置移民机构，完善移民管理制度，对前来垦荒的关内移民许以低廉的地价和全面的援助，这一系列政策的施行掀起了关内移民向东北地区迁徙的高潮，使得关外人口激增，东北边防得到巩固，大量汉族人口的稳定聚居和生产，粉碎了日本侵略者妄图通过移民进行文化渗透的计谋。与此同时，高速增长的劳动力也使得农业和城镇产业得到长足发展，城市近代化进程加快。东北地区不仅成为全国的主要粮仓和农产品基地，也成为重要的工业区和贸易集散地。

民国时期，迁往辽东地区的除了关内汉族移民外，还有部分国际移民。如上文所述，关内移民多来自于山东、直隶等临近地区，这些人以从事农业生产为主，为躲避华北地区灾荒而举家前往东北地区。而国际移民一部分与侵略势力的文化、经济渗透策略息息相关，日俄两国作为东北地区最大的威胁，在经营"铁路附属地"时都带来了大量的本土移民，他们妄图通过教育、增加移民等方式达到永久侵占东北的目的。另一部分则来源于当时同样局势动荡的朝鲜，朝鲜作为清王朝的属国，在清朝式微之时也遭到了日本帝国主义的侵略，诸多朝鲜流民向中国东北地区逃亡，大量聚居在图们江流域，还有一部分渡过鸭绿江定居在安东、宽甸、桓仁等地。

纵观整个民国时期，民国政府和地方当局的移民实边政策无疑取得了极大的成效，东北地区地广人稀、开发落后的局面得到了改观。另外，关内汉族移民的贡献远不止于此，大量关内移民在东北从事垦殖与生产，更是对东北地区作为中国固有领土的强力证

---

① 钟悌之. 东北移民问题 [M]. 上海：日本研究社，1931.

明,"国际联盟李顿调查团调查发现东北布满华人,充分证明东北是中国的土地,不承认'满洲国'"①,民国时期的移民浪潮粉碎了日本帝国主义妄图将伪满洲国作为正统政权存续的阴谋。

二、民国时期辽东地区聚落体系延承

在中国古代城市发展史中,辽东地区始终处于文明的边缘地带,是中原政权和边疆少数民族对峙的前沿阵地。因此,在很长一段时间内,区域内的城镇发展水平很低,主要以政治、军事功能为导向,城池通常规模不大,以厚重的城墙环绕成为相对闭塞的城市空间,且城池之间规划思路相对单一,缺乏变化。即便到了聚落初成体系的明代,辽东地区虽有城镇群的出现,但总体还是以军事防御功能为先,城镇产业和商业活动则远远落后于关内地区。这一时期,辽东城池选址往往优先考虑其军事作用,城池之间依靠烽燧、敌台、驿道相联系,以车马、舟船作为主要交通工具,形成相对孤立和闭塞的防御性聚落体系。

这种封闭而单调的聚落体系一直延续至清代,但随着第二次鸦片战争的爆发,东北地区被迫开放门户,列强势力在东北倾销商品、攫取利益、经营投资,强行推进了辽东地区城市近代化的进程。这一进程并不是通过聚落的自然发展演化而来的,相反,是在西方列强的坚船利炮下被迫引入的,但不可否认其对于近代中国城市发展的积极意义。近代辽东地区城镇体系转型迅速的原因,一则在于近代交通的蓬勃兴起,二则在于其优越的资源条件和城镇产业的发展。无论是辽河航运的兴起,还是中东铁路、京奉铁路等铁路线的通车,都为辽东地区的贸易运输提供了先进的交通方式,使其丰富的农产品资源输入关内地区和世界各地,贸易的繁荣又反向促进了城镇和产业的发展。

由于民国时期的东北地区政权交叠、纷争不断,其行政区划一直处于不断变动的状态,未形成系统的聚落体系,难以进行详尽的叙述。在此大致分为三个阶段进行总体概括:民国前期(1912—1931年)、沦陷(伪满洲国)时期(1932—1945年)、解放战争时期(1945—1949年),以建立对这一时期辽东地区行政建置沿革的大体认知。

---

① 《民国山东通志》编辑委员会. 民国山东通志: 卷27: 移民志 [M]. 台北: 山东文献杂志社, 2002.

民国前期也可大致划分为两个时段：一是奉系军阀统治时期，沿袭清朝旧制称奉天省；二是东北易帜后统归国民政府管理，改称辽宁省，其名称一直沿用至今。设置省、县两级行政区划，省辖市制度也自此诞生。沦陷时期，日本帝国主义建立的伪满洲国先后在辽宁地区设置了"奉天省、锦州省、安东省、四平省"，沿用省、县两级行政制度，并设置省辖市。①而解放战争时期，辽宁地区存在两个政权和与之对应的行政区划体系，分别是中国共产党治下的解放区和中国国民党治下的国统区（表4-1）。

民国时期奉天省（辽宁地区）行政制度沿革　　　　　　表4-1

时期	辖区名称	行政制度
民国前期	奉天省	省、道、县三级制
	辽宁省	省、县两级制，另设省辖市
沦陷时期	伪满洲国	省、县两级制，设10个省辖市，增设大连、旅顺两市
解放战争时期	解放区	前期省、专、县三级制，后变为省、县两级制，设有省辖市
	国统区	省、县两级制，并设有行政院辖市和省辖市

资料来源：依据参考文献[80]，笔者整理。

清末至民国时期是辽东地区城市发展的一个重要转折点，在近代化浪潮的冲击之下，荒凉千年的边陲之地和军事防御导向的聚落体系发生剧变，传统的小农社会秩序被近代化城市建设和繁荣的城镇产业所替代，辽东一跃而成为近代中国城市化程度最高、产业发展最为迅速的地区之一，而市制的产生和市政公所的建立，更标志着辽东地区城市建设和管理全面走向制度化、系统化。

1. 民国前期（1912—1931年）

清末民初时期，辽东地区的城镇聚落体系在清代基础上继续发展，从空间格局来看，沈阳（奉天）作为区域重心的地位并未改变，但相较于以军事、政治为导向的明代军事卫所而言，营口、大连、安东等港口因繁荣的商业贸易而兴起，在一定程度上改变了辽东地区的发展格局。这一时期，大多数既有城镇仍然沿袭明代卫所的地理区位，但

---

① 辽宁省地方志编纂委员会办公室. 辽宁省志：地理志·建置志[M]. 沈阳：辽宁民族出版社，2001.

发展状况则各不相同,与此同时,辽河流域、中东铁路沿线也兴起了许多小城镇,近代交通的蓬勃发展带动了辽东地区城镇体系的发展。

光绪三十三年(1907年),清廷颁布《东三省督抚办事要纲》,裁撤盛京、吉林、黑龙江三将军,并在原将军辖区设置行省,延续了数百年的旗民分治制度自此走下历史舞台,东北地区逐步开始实行一元化的行政制度,以图抵抗日、俄两国势力的不断扩张。行政区划也由军事为主导的将军辖区制度改为省、道(府、直隶州、直隶厅)、县(州、厅)三级制度,直到清朝灭亡后的北洋政府统治时期,此制度仍然沿袭数十年,直到东北易帜后方才彻底改用省、县两级制度。

1)北洋政府统治时期的行政区划

北洋政府统治时期,辽东地区大体上沿用了清代旧有制度,仍称奉天省,省治奉天(今沈阳市)。但自1912年辛亥革命结束起,民国政府便着手裁撤府、州、厅,精简行政区划,沿用行省制度,整合县制,并保留道作为省县之间的二级区划,由此形成省、道、县三级行政区划制度。省级行政长官起初为都督(民政、军政均由都督一人兼掌),后分别设立民政和军政机构,民政长官称为民政长(1914年5月改巡按使,后又改为省长),军政长官称为都督(后分别改称将军、督军、督办)。道行政长官称为观察使,县行政长官则称为县知事。①此时的奉天省虽名义上实行军政、民政分治,但实际上地方大权尽数掌握在军政长官手中,是为奉系军阀独裁统治时期。

数十年间,奉天省下辖行政区划几经调整,最终确定下来,许多县名及区划一直沿用至今。北洋政府统治时期,奉天省下辖有奉天市和辽沈道、东边道、洮昌道及其分辖的59个县城。辽沈道的前身是清代锦新等处兵备道,民国初年沿用清代道制,更名为辽沈道,道尹公署驻营口,下辖22个县,其中20个在今辽宁境内。东边道则由兴凤兵备道更名而来,道尹公署驻安东,下辖20个县,其中11个在今辽宁境内。洮昌道即清代洮昌兵备道,道尹公署驻洮南(在今吉林省境内),下辖17个县,其中在今辽宁境内的有4县。另外,热河特别行政区热河道的朝阳、凌源、建平、阜新4个县也在今辽宁省境域内(表4-2)。②

---

① 郝赫. 近现代东北政区沿革述论(1907—1955)[D]. 长春:吉林大学,2007.
② 辽宁省地方志编纂委员会办公室. 辽宁省志:地理志:建置志[M]. 沈阳:辽宁民族出版社,2001.

民国前期辽宁行政区划[①]　　　　　　　　表4-2

省级	道级	所辖县名	级别
奉天省	辽沈道	奉天市（省辖市）	
		<u>沈阳县</u>、<u>铁岭县</u>、<u>新民县</u>、<u>锦县</u>、<u>营口县</u>、<u>盖平县</u>、<u>辽阳县</u>、<u>海城县</u>	一等县
		<u>兴城县</u>、<u>绥中县</u>、<u>北镇县</u>、<u>黑山县</u>、<u>义县</u>、<u>开原县</u>、西丰县	二等县
		辽中县、台安县、彰武县、盘山县、锦西县	三等县
	东边道	安东县、<u>金县</u>、<u>复县</u>	一等县
		庄河县、<u>抚顺县</u>、本溪县、宽甸县、新宾县、凤城县	二等县
		桓仁县	三等县
		岫岩县	—
	洮昌道	昌图县	一等县
		康平县、法库县	二等县
		清原县	三等县
热河特别行政区	热河道	朝阳县、建平县、凌源县、阜新县	—

资料来源：依据参考文献［80］，笔者整理，"<u>　</u>"所标为原明代卫所聚落。

2）南京国民政府统治时期的行政区划

1928年，东北易帜，北洋军阀割据统治时期宣告结束，南京国民政府接管东北地区。这一时期道级行政区划渐渐废止，开始实行省、县二级行政制度。次年民国东北政务委员会成立，统辖辽宁、吉林、黑龙江及热河省域，并将奉天省改名为辽宁省，"……以奉天二字含有帝制意味……改称今名，取辽域安宁之意也"[②]，并一直沿用至今。

这一时期辽宁地区县一级区划变动不大，下辖59个县统一由省级管理，但县城之间发展有差距，分化为一等、二等、三等县。另外，这一时期首次出现了市制，是中国近代城市发展史上的重要转折点。1921年7月北洋政府颁布了《市自治制》，设置特别市和普通市，开创了中央政府建市之先河。此时的市制尚不算作正式的行政区划等级，

[①] 辽宁省地方志编纂委员会办公室. 辽宁省志：地理志：建置志［M］. 沈阳：辽宁民族出版社，2001.

[②] 1929年国民政府教育部审定。

是独立于省县两级制度、统归省级管辖的一种自治团体，也没有明确的界线。随着近代城市的不断发展，市制也随之不断完善，推动了中国城市由传统聚落转向近代化市镇的变革。

光绪二十九年（1903年）清廷与美国签订《中美续议通商行船条约》，约定将奉天、安东二地自行开埠通商，光绪三十二年（1906年）奉天城正式宣布开放为商埠地，开启了城市近代化的进程。到民国时期，奉天城商埠地的建设已日渐成熟，城市工商业发达，显示出近代城市的雏形。另外，此时国内已存在许多市政机构的先例，除了沙俄在东北地区设置的大连、哈尔滨等特别市以外，广州也于1921年正式建市，设置市政厅以及财政、工务、公安、卫生、公用、教育六局，为中国城市近代化建设作了良好的示范，"近年各省市政办理较为完善者，首推广州。外人曰广州市政为中国之模范市，外国名城不过如是"[1]。在此背景下，奉天地方当局寻求建立近代化的市政机构以加强管理成为必然的选择。

第一次直奉战争后，张作霖宣布东北联省自治，下令一应财政收入"不准拨交北京"[2]，奉天省经济状况好转，城市发展和市政建设工作也提上日程。1923年5月，奉天市政公所筹备处正式成立，负责"市政之调查、章则之编制、经费之筹措、市政法案之规定、市政机关组织的筹划"[3]等工作。为借鉴国内外既有经验，奉天当局还派人前往大连、日本等地考察近代化城市建设和市政管理方法。经过数月筹办，同年8月，奉天市政公所正式成立，隶属于省级管辖，并颁布《市政所暂行新章》。章程中规定，"奉天市设总办一员，监督全市行政事宜；设市长一员，总理全市事宜；设协理一员，坐办二员，辅助市长策划并办理全市行政事宜"[4]。奉天市政机构的设立开东北地区自主建市之先河，标志着东北城镇体系进入全新的发展阶段，具有重要的历史意义。

至南京政府接管辽东地区时（1929年），辽宁省设有3个省辖市，分别是沈阳市、安东市和营口市（表4-3）。[5]这一时期，市制已脱离了自治团体的性质，成为正式的行政区划等级。1928年7月，南京国民政府颁布了《特别市组织法》和《普通市组织法》，

---

[1] 王树楠，吴廷燮，金毓黻. 奉天通志：卷一百四十四：民治三：市政 [M]. 影印版. 沈阳：东北文史丛书编辑委员会，1983.
[2] 郭春修. 张作霖书信文电集：下 [M]. 沈阳：万卷出版社，2013：545.
[3] 同[1].
[4] 辽宁省档案馆，《奉系军阀档案史料汇编》，第4页。
[5] 辽宁省地方志编纂委员会办公室. 辽宁省志：地理志：建置志 [M]. 沈阳：辽宁民族出版社，2001.

进一步完善了市制，将其分为隶属于中央政府的特别市和隶属于省级政府的普通市。两年后又改为院辖市和省辖市，分别隶属于行政院和省级政府。[①]民国辽东地区行政区划的发展到1932年伪满洲国建立时陷入停滞。

南京政府统治时期（1929年）辽宁行政区划[②③]　　　　表4-3

省、道级	所辖县名	级别
辽宁省	沈阳市、安东市、营口市	省辖市
	沈阳县、新民县、锦县、昌图县、海城县、盖平县、铁岭县、营口县、复县、安东县、金县、辽阳县、（洮南县、海龙县）	一等县
	新宾县、凤城县、法库县、庄河县、义县、黑山县、开原县、本溪县、宽甸县、西丰县、绥中县、兴城县、抚顺县、北镇县、（西安县、东丰县、辽源县、梨树县、怀德县、长白县）	二等县
	锦西县、盘山县、岫岩县、康平县、桓仁县、彰武县、清原县、辽中县、台安县、（辑安县、临江县、通化县、柳河县、开通县、洮安县、安广县、辉南县、抚松县、镇东县、双山县、突泉县、金川县、瞻榆县、通辽县、安图县）	三等县
热河省	朝阳县	一等县
	凌源县、阜新县	二等县
	建平县	三等县

资料来源：依据参考文献［80］，笔者整理。"＿"所标为原明代卫所聚落，"（）"中地区今已不在辽宁境内。

民国的政治背景较为复杂，行政制度的发展进程中虽有反复，但整体向着城市近代化方向迈进，制度的革新引发了城镇体系更新的连锁反应。虽然时局动荡，但辽东当局始终十分重视近代城市的发展，不断探索适合当下情势的行政管理制度，推进城市产业发展，对辽东地区城市近代化进程有着积极的推动作用。1905年东北当局宣布实施"新政"，掀起了东北地区大范围的城市近代化运动，这项举措持续了数十年之久，带来一系列政治、经济、教育、军事领域的变革。1907年，行省体制建立，增设教育厅、警察厅等部门，政治管理机构和制度逐渐完善，政治组织向近代化方向转变，带动了辽东地区的聚落城市的面貌更新。

---

① 郝赫. 近现代东北政区沿革述论（1907—1955）[D]. 长春：吉林大学，2007.
② 同①.
③ 辽宁省地方志编纂委员会办公室. 辽宁省志：地理志. 建置志[M]. 沈阳：辽宁民族出版社，2001.

在这一时期，辽东地区城镇发展差异已逐步显露，明代辽东镇军事聚落遗存的发展情况也各不相同。沈阳（奉天）延续了清代的战略重心地位，作为省辖市而存在；明代时的两个区域中心聚落广宁和辽阳此时分别为北镇县、辽阳县，辽阳县为一等县，北镇县则为二等县，发展不仅不及辽阳，也不及铁岭（旧铁岭卫城）、抚顺（旧抚顺千户所城）等地。锦县（锦州卫城）延承清代发展，仍旧占据辽东地区重要地位。"金复海盖"四座卫城分别演化为金县、复县、海城县、盖平县，此时均为一等县。整体而言，出于军事防御的需求，明代卫所古聚落多集中于辽沈道，处于辽东核心区域，因城市发展时间长、历史积淀深厚、规划与设施相对完善，到民国时仍然是辽东腹地的发展主力和体系脉络支撑。

除了以明代古聚落为基础发展而来的城镇外，这一时期还有许多新兴城镇，主要分布在辽河流域及沿海地区。例如，作为省辖市而存在的营口市、安东市，以及关东州治下的大连、旅顺，这些港口城市都是在近代工商业发展的浪潮中崛起的，它们最先进入近代化进程，成为辽东地区城镇发展一股不可忽视的力量。自民国向后，虽然行政区划体系经历了数次变动，但辽东地区基本的城镇格局已经确定，后期发展多在此基础上延续。

3）民国前期"满铁附属地"及商埠地的发展

民国前期的辽东部分地区始终受日本侵略势力所控制，主要分为"关东州租借地"与"满铁附属地"两部分。日俄战争后，日本接管"关东州租借地"以及"满铁附属地"（原中东铁路南部支线），并设立"关东都督府"和"满铁守备队"，用以对两地进行管控。

"关东州"主要包括旅顺、大连、金州等地，实行与辽宁各地不同的区划体系。1899年沙俄强行租借旅大，在此地设置"关东州"，范围大概在金县以南的金州半岛南端，州衙门下设民政厅、财政厅、外务局等统治机构，并建"大连特别市"。日俄战争后"关东州"被日本所接管，大体延续了俄占时期的行政区划。

1905年，日本获得南满铁路（即中东铁路南部支线）经营权后，为全力控制交通、电力、金融等经济命脉，将东北地区变为军国主义扩大战争的后方基地，因此实施了大规模的"都市计划"。在"满铁"正式开始运营后的数年之间，完成了铁岭、奉天、辽阳、海城、盖平和瓦房店等"附属地"市街规划。[1]

---

[1] 越泽明. 长春的都市规划史（1905—1945年）[J]. 经济地理学年报，1993（5）：45-46.

"满铁附属地"和"关东州"的城市发展是被动发生的,而这一时期商埠地城市的建设则是民国政府为城市近代化建设所作出的努力之一。

早在清代末年,清政府便积极寻求自开商埠地的发展,在这一时期的完全自开商埠中,位于辽东地区的有葫芦岛、洮南、郑家屯和天锦县。到清末民初时,已有包含奉天省城、辽阳城在内的二十余个商埠。商埠地的建设主要是在原有城市附近自行划出10~20km²范围的土地[1],成为独立的商埠区域,按照近代城市的发展要求进行规划建设,中央政府则负责提供各项政策的扶持。

商埠地通过对城镇系统的补充拉动,调整了城市空间结构,深远影响着近代辽东地区的发展。开埠地多选择老城与"铁路附属地"之间的地块,通过分散开埠,分批规划开发,强化城区连接,从而带动老城区发展。为迎合聚落未来发展需求,有埠区提议拆除城墙修建环城马路[2],旧城维护与新城开发冲突正表现出城市近代化进程的加速,昔日城墙环绕的闭塞军事堡垒彻底转型成为开放型的综合城镇。随着城市近代化的不断发展,商埠地与老城区发展差距缩小,各城市的商埠地在1930年至1931年取消独立建制,归入市政统一领导,与老城区逐渐整合统一。

民国前期,辽东地区的城市或主动或被动地进入了近代化发展阶段,这一时期市制的出现、市政机构的设立使得近代城市管理体制日臻成熟,辽东地区城镇空间格局基本确定,城市发展进入新阶段。但1932年东北全境沦陷后,辽东地区大多城市发展陷入停滞和倒退。

2. 沦陷时期(1932—1945年)

民国二十年(1931年),日本入侵东北,次年扶植起傀儡政权"满洲国",拥立废帝溥仪为"满洲国执政"。名义上伪满洲国是一个独立的国家,实际上只是日本帝国主义借以行事的傀儡政权,是对中国固有领土的无端掠夺。这一举动引发了民国政府的强烈反对,国际联盟大会经过调查后亦不承认伪满洲国的政权合法性。但日帝国主义侵占东北之野心已无法控制,1932年日本与伪满洲国在长春签订《日满协议书》,正式宣布承认"满洲国",次年退出国际联盟大会。此时东北地区除"关东州"名义上不属于伪满洲国以外,已全境沦陷。

---

[1] 曲晓范. 近代东北城市的历史变迁[M]. 长春:东北师范大学出版社,2001.
[2] 盛京时报[N]. 1911-09-07.

伪满洲国宣布"独立"后，在行政区划方面暂时沿用了民国时期的制度，保留黑龙江、吉林、奉天（即辽宁省，伪满洲国建立后改回旧称）、热河四省，以及"东省特别区"①、"兴安特别区"②和"满铁附属地"。1933年将"兴安特别区"改制为"兴安省"，"东省特别区"易名为"北满特别区"。

1934年，伪满洲国改称"满洲帝国"，扶持清末帝溥仪为"皇帝"，其辖境内实行了一套全新的行政区划，共分为14个省和2个特别市。其中，由"民政部"管辖的有奉天、锦州、滨江、安东、间岛、黑河、三江、龙江、吉林、热河省，以及新京（长春）、哈尔滨两个特别市；由"蒙政部"管辖的是由原兴安省沿革而来的兴安东、兴安西、兴安南、兴安北四省。在后续数年间几经改动，增加"牡丹江、通化、东安、北安、四平"五省，到1939年时，东北伪满洲国已有19个省、1个特别市（即新京）。辽东地区也陆续设置多个普通市，例如鞍山、抚顺、辽阳、营口、铁岭、锦州、安东等。

由于日本帝国主义始终对北方的苏联有所忌惮，担心其重新参与东北地区的争夺，因此着力发展北满地区，在中苏边境处设置多个省份，从而形成伪满洲国东北十九省的行政区划体系。后来，由于省份众多而发展不均衡，又将兴安四省整合为"兴安总省"，牡丹江、东安、间岛三省整合为"东满总省"，并设置东满、兴安、奉天、吉林、滨江五个行政协议区（表4-4）。③

1938年辽东伪满政区规划　　　　表4-4

省级行政区	省会	面积（万km²）	人口（万人）
安东省	安东	2.7	223.8
奉天省	奉天	7.5	959.8
锦州省	锦州	3.9	424.4
热河省（部分在今辽宁境内）	承德	—	—

---

① 东省特别区即原来的沙俄中东铁路附属地，1920年起北洋政府逐步收回中东铁路附属地主权，并划为东省特别区。东省特别区全部在今吉林及黑龙江省境内，在此不作过多说明。
② 兴安特别区是民国时期"东北政务委员会"自设的省级特别区，在民国前期并非正式行政区划。
③ 郝赫. 近现代东北政区沿革述论（1907—1955）[D]. 长春：吉林大学，2007.

日本侵略势力侵占东北之后，开始着力经营东北，进行城市建设规划，意图将东北发展成为其在欧亚大陆扩张的战争基地。因此在1933—1937年，伪满洲国政府相继推出奉天、锦州、营口、海城等33个城市建设规划，1939年，又追加"南满铁路附属地"的铁岭、辽阳、抚顺和开原等城市规划。[①]在全新的城市规划中，城市规划区域和人口规模都显著提高（表4-5）。

伪满时期辽东主要城市规划　　　　　　　　　　表4-5

城市	人口（万人）		城市规划区域（km²）	市街规划区域（km²）
	计划	1934年		
奉天（沈阳）	150	48.4678	400	192
营口	80	13.6726	146	—
抚顺	60	11.3905	187	13.369
辽阳	16	4.964	63.375	28.314
锦州	30	7.3355	267.100	58.966

资料来源：依据参考文献[77]，笔者整理。

然而，伪满洲国对辽东地区的城市规划最终未能得到实施，自1940年起，连年疯狂扩张和发动战争的军国主义策略使得日本军费居高不下，财政资金紧张，遂逐渐放弃了既定的城市建设目标，各城维护运转经费停拨，战争也使得各个地区道路、公园等遭到破坏，辽东地区城市发展开始转向衰败。

1943年11月，中美英三国在开罗签订《开罗宣言》，宣言中要求"使日本所窃取于中国之领土，例如满洲、台湾、澎湖群岛等，归还中华民国"。1945年，苏联红军攻入东北地区，关东军和伪满军溃败，同年4月15日，日本选择无条件投降，17日，溥仪宣读《"满洲国皇帝"退位诏书》，正式宣布退位，伪满洲国就此灭亡。

日本在其编著的《满洲开发四十年史》中曾妄称，在"满洲国"政权存在的十余年间，"振兴了现代化工业"，对东北地区的开发与建设"贡献颇多"。事实上，在沦陷以前，东北地区尤其是辽宁地区的近代化发展已经初具规模，并且是"三千万勤勉之中国人辛苦劳作之成果，得之于外来之助力者绝少"[②]。而日本帝国主义的侵略行为则直

[①] 曲晓范. 近代东北城市的历史变迁[M]. 长春：东北师范大学出版社，2001.
[②] 吴希庸. 近代东北移民史略：初稿[J]. 东北集刊，1941（2）.

接使得辽宁地区民族工商业和城市建设发展进程陷入停滞，也导致了城镇格局的畸形发展。

在伪满洲国政权存续期间，日本正处于军国主义思想高涨的时代，为了将东北地区当作其发动更大规模战争的后方基地，掠夺经济利益和矿产资源，其采取了极为疯狂的掠夺和严苛的侵略管控政策。一方面，对南满铁路及其"附属地"进行大规模的发展，将东北地区的煤、铁等矿产资源和农产品通过铁路大量据为己有。另一方面，严苛的侵略政策使得东北地区人民陷入极端贫困和痛苦之中，这一时期城市和工矿业发展取得的成果均被侵略者所掠夺，而本土的民族工商业和农业则陷入凋敝。为了更好地调配资源投入到战争中，自1935年起，日本便在东北实行"一事业一会社主义"，即全面的配售、贩卖的统制政策，这种高度集权的管理制度给东北地区人民的生活带来了极大的灾难。最终，这台不断运转的国家战争机器被巨额的军费拖垮，由于缺少资金的投入，伪满洲国的城市建设自然也陷入停滞状态。

3. 解放战争时期（1945—1949年）

自1945年日本无条件投降到1949年新中国成立的这段时间，东北地区在大部分时间都存在两个对立的政区，其辖区分别为中国共产党治下的解放区和国民党治下的国统区。二者都对东北地区进行了行政区划和城镇规划方案的制定。

1945年抗日战争结束后，国共两党对东北地区的接收和控制展开了争夺，分别派人进驻东北地区，并重新制定行政区划体系。国民政府的区划体系中，伪满洲国时设立的市大多得到保留，省份则进行了调整与合并，改为9个省、3个直辖市。其中9个省是辽宁、安东、辽北、吉林、松江、合江、黑龙江、嫩江、兴安省，3个直辖市是沈阳、大连、哈尔滨。沈阳依旧保持其重要地位，既作为直辖市也作为辽宁省省会存在；大连名义上属于旅大行署区，归国民政府管辖，但由苏军实际控制。热河省当时依然存在，但已不被视作东北地区的一部分。后因部分省份地形过于狭长，不利于边防军事的调度，国民党政府又提出了对东北地区的新行政区划方案[①]。但由于1946年苏军撤离东北后大部分地区由中国共产党接管，成为解放区，国民党辖区始终集中在沈阳、锦州、辽阳、鞍山等几个孤立的大城市，因此这一规划方案从未得到落实。

---

① 郝赫. 近现代东北政区沿革述论：1907—1955 [D]. 长春：吉林大学，2007.

1945年9月中国共产党成立中共中央东北局，作为在东北地区的最高领导机关，开始对东北地区进行统一的规划与管理。由于尚处在行政区划的探索阶段，且东北地区两方势力拉锯，未得到全境解放，此时期辽宁省的规划方案几经增删，并未形成统一稳定的区划体系，但大体格局已经基本确定。1948年11月，中国共产党取得了辽沈战役的彻底胜利，东北全境解放，重新整合为一个统一的地区，行政区划也相应作出了调整，至新中国成立以前，东北地区共有辽东、辽西、黑龙江、松江、吉林、热河6个省和沈阳、抚顺、鞍山、本溪4个直辖市，以及旅大行署区。[①]

经过民国前期的不断发展，东北地区已拥有国内最发达的城市工商业之一，自清末到"九一八"事变以前，贸易额增长约10倍之多[②]，其中尤以辽宁地区发达程度最高。但随着东北地区的沦陷，辽宁地区空间格局开始畸形发展，"满铁附属地"和"关东州"等城市建设仍在持续，但更广大的地区则遭到毫不留情的掠夺，近代化进程被迫中止。

1945年苏联对日宣战后，苏联红军攻入东北地区并实行暂时的军事管制，伪满洲国的城市基础设施和工矿业设施等先后被苏联拆毁，许多日本投资建设的工厂设备等都被苏军当作对日宣战的"战利品"而拆除运走，整个地区的重工业基本陷入停滞状态，城市建设亦无从谈起。苏军军事管制的后期，政权逐渐交接到国共两党手中，东北地区被分为解放区和国统区，城市建设和工商业方才逐渐复苏。但是在辽沈战役以前，辽宁地区始终未得到统一管理，也缺乏能够落实的城市规划方案，国民党政府所制定的行政区划制度更是只停留在纸面上。1946—1948年，解放战争战火蔓延至东北地区，沈阳百姓拆房烧火取暖，城市民居建筑破坏严重，城市规模也随之缩小，发展陷入低迷状态。直到东北全境解放及新中国建立后，辽宁地区的城镇发展才又一次步入正轨。

三、"满铁附属地"的城市近代化发展

1. 南满铁路和安奉铁路的形成与发展

日俄战争以沙俄的失败及双方的国力亏空而告终，经由美国斡旋，日俄双方在朴茨

---

① 郝赫. 近现代东北政区沿革述论：1907—1955 [D]. 长春：吉林大学，2007.
② 石建国. 东北工业化研究 [D]. 北京：中共中央党校，2006.

茅斯进行媾和谈判。经过长期的讨价还价，最终双方同意将长春确定为分界线划分在东北地区的势力范围。1905年日本与清政府签订了《中日会议东三省事宜条约》，除了要求清政府承认《朴茨茅斯条约》的所有内容外，还要求了更多额外的利益。清廷虽然持反对态度，但在此次谈判中完全失去主导权，最终被迫应可日本要求，自此以后，日本攫取南满铁路利益的行为拥有了条约依据。

为实现经济、文化上的侵略，同时也为了转移国内过剩资本，日本对东北地区铁路的投资是极为可观的。在其经营的铁路体系中，贷款兴办的有吉敦、洮昂、四洮、吉长铁路等，依靠日本独资经营的有南满铁路（中东铁路长春—大连段）和安奉铁路及其"附属地"，大部分都位于辽东地区。日本侵略者在接收原中东铁路南段及其"附属地"的基础上，又通过一系列的掠夺、兼并、强租等手段，不断修建铁路支线，扩大"铁路附属地"的面积，从而形成事实上的"租界"。日本依靠对南满铁路和安奉铁路的投资大肆掠夺辽东地区的物产资源，其对城市的经营和规划带有浓厚的侵略色彩，使得辽东地区的城镇格局呈现出畸形发展的趋势。

1906年"南满铁道株式会社"（简称"满铁"）正式宣告成立，总部设于大连，负责南满铁路、安奉铁路及"附属地"和相关工矿业一应事务的管理。"满铁"虽名义上是民营企业，但实际上听命于日本政府，其主要的职责包括经营铁路、开发煤矿、掠夺资源、接收移民等，是日本政府对东北地区的经济、文化、政治侵略的重要机构。"满铁"成立后，日本先后对南满铁路的铁轨进行加宽，并大量收买土地作为"附属地"之用。

通过对南满铁路的经营，日本侵略者强占土地，在辽东地区原有的城市附近建立大量日本人聚居的"铁路附属地"，并疯狂掠夺矿产和农产品资源，在抚顺和鞍山都有其为了侵占煤矿而建立的"附属地"。在"满铁"存续的数十年间，"铁路附属地"沿着铁路线不断向外扩张，形成了很多大规模的城镇、市街，日本在这些"附属地"区域内有独立的管理权、司法权、课税权、驻军权等，这些区域也成为事实上的"国中之国"。

安奉铁路是日本在日俄战争期间未经清廷允许便非法修筑的轻便窄轨铁路，以安东为起点，奉天为终点，构建了东北地区联系日韩的重要通道，用以战时运输物资和军队。安奉铁路原本为临时的轻便铁路，但随着1905年12月《中日会议东三省事宜条约》的签订，"中国政府允将由安东县至奉天省城所筑之行军铁路仍由日本政府继续经营，改为转运各国工商货物"①，日本因此取得了继续经营和掠夺安奉铁路的权力。为了与南满铁路接轨、成为永久性的交通运输线路，日本再次强迫清政府签订《安奉铁路节略》和《鸭绿江架设铁桥协定》，获得了在安奉铁路沿线改轨、架桥的法理依据。日本将安奉铁路的轨道改造为标准轨道，并修建鸭绿江铁桥与朝鲜铁路相连接，形成东北与朝鲜之间的陆路交通线。而日俄战争期间日本修筑的另一段军用铁路——新奉铁路则成为京奉铁路的一部分。

日本急于控制和改造安奉铁路的目的是极为明确的，通过安奉铁路和朝鲜境内铁路，可以构建一条自日本向东北侵略的捷径，其妄图通过朝鲜迅速转移军队到东北地区，以此来扩大侵华战争的野心昭然若揭。时任东三省总督锡良业已意识到日方把控安奉铁路的危害，"以上二线（南满铁路线、朝鲜京义线）每与该路得互相接联，呵成一气，彼自仁川而奉天，自奉天而北至长春，南至大连、旅顺，节节灵活，脉络贯通，乃得徐以侵蚀我人民有限之利益，启发我内地无尽之宝藏；且万一变起仓猝，彼屯驻于朝鲜之兵队，可以朝发军书，夕至疆场。"②但安奉铁路的运营也使得安东一跃成为辽东地区的国际交通枢纽，促进了其商业贸易和城镇产业的发展，安奉铁路也改变了安东以港口水运为主的贸易结构，其铁路运输的贸易量连年创新高，1919年时，安东铁路货运的份额已从民国初期的23%上升至76%。③

经过数十年的土地掠夺和经营，日本侵略者在铁路及其"附属地"方面的疯狂扩张取得了极为显著的成效，"到1930年3月末，在东北总长6085km的铁路线路中，日本直接经营的为1112km，中日合办的为240km，借款等投资的为988km，共2340km，占38%。"④这些铁路把控了当时东北地区很大比重的商品贸易，给日本侵略者带来了高额的利润和丰富的资源，从而也推动了铁路沿线城镇的发展和市政建设的完善。

2．"满铁附属地"的城市建设

"满铁附属地"的设置来源于沙俄的"中东铁路附属地"。事实上，最初意义的"铁

---

① 步平，等. 东北国际约章汇释［M］. 哈尔滨：黑龙江人民出版社，1987：290.
② 东三省总督锡良致外务部文［M］// 清宣统朝外交史料：第4卷. 北京：书目文献出版社，1987：6-7.
③ 江沛，程斯宇. 安奉铁路与近代安东城市兴起：1904—1931［J］. 社会科学辑刊，2014（5）：147-154.
④ 杜恂诚. 日本对旧中国的投资［M］. 上海：上海社会科学出版社，1980：83.

路附属地"仅仅是指铁路及其相关用地,根据《中俄合办东省铁路公司合同章程》可知,中国政府同意将"建造、经理和防护铁路所需之地"及"在铁路附近开采沙土、石块、石灰等所需之地"划为"铁路附属地"。铁路所有国在一定的情况下还拥有对林地、煤矿的采伐权,但并没有建造市街、开垦耕地的权力。但签订条约时并未对"铁路附属地"的界限进行明确的规定,因此日俄两国均通过对条约的刻意曲解,建立大面积的市街以及相关基础设施,由本国人居住和管理,形成了"事实上自治"的"铁路附属地"区域。

日本正式接收南满铁路后,其对"铁路附属地"的经营和扩张相较沙俄来说更加激进,他们不仅接收了《朴茨茅斯条约》所规定的沙俄拥有的全部土地,还有从中国地主手中低价强买、没收、强占、强租的土地。日本侵略者不仅仅将这些土地用于建设铁路相关设施,更多的是建设市街、城镇、矿区、港口,由本国移民居住和管理,建立其完全独立于中国行政体系和法律制度的"国中之国"。通过对"附属地"的经营和对南满铁路、安奉铁路及其他支线铁路的控制,日本侵略者始终把持着东北地区的经济命脉,掠夺了大量资源和贸易利润,造成了辽东地区畸形发展的城镇空间格局。

日本侵略者激进的扩张政策从"铁路附属地"的面积变化中可见一斑。1906年日本从沙俄手中接收南满铁路时,铁路及"附属地"占地面积为149.71km^2。到1908年时,"满铁附属地"面积已经达到182.76km^2。1912年以后"满铁"更是通过收购或增筑新铁路的方式,使"铁路附属地"面积不断增加。至"九一八"事变以前,其面积已经增加到482.9km^2,到1936年底更是增至524.3km^2。[①]短短三十年时间,日本侵略者通过非法强占土地、增筑铁路等方式,在"中东铁路附属地"的基础上扩张了约3.5倍之多。这些"附属地"成为日本在铁路沿线地区进行经济和文化侵略的根据地。

在"满铁附属地"的数十年历史中,其始终处于面积扩大、数量增长的状态,到伪满洲国时期,"满铁附属地"的公共费用赋税区有26个,中间区有13个,特别区1个,共计40个区,有瓦房店、盖平、大石桥、营口、海城、鞍山、辽阳、苏家屯、奉天、铁岭、开原、四平街、范家屯、公主岭、新京、抚顺、本溪湖、凤凰城、安东等(表4-6)。[②]

---

① 满史会. 满洲开发四十年史:下卷 [M]. 东北沦陷十四年史辽宁编写组,译. 长春:东北师范大学出版社,1988:419.
② 郝赫. 近现代东北政区沿革述论:1907—1955 [D]. 长春:吉林大学,2007.

主要"满铁附属地"分布及其面积情况[①]
（仅统计占地1km²以上的"附属地"）　　　　　表4-6

地名	面积（km²）	地名	面积（km²）	地名	面积（km²）
大连	9.293	盖平	3.332	甘井子	1.594
大石桥	3.676	瓦房店	2.508	海城	2.439
得利寺	1.848	牛家屯	3.834	熊岳城	4.473
鞍山	18.441	辽阳	6.481	四平街	5.477
烟台	3.283	公主岭	8.784	苏家屯	1.644
陶家屯	1.844	奉天	11.729	大屯	1.097
新台子	1.156	新京	6.142	铁岭	6.350
本溪湖	1.160	开原	6.634	凤凰城	2.528
昌图	3.651	安东	5.369	双庙子	3.440
抚顺	68.397	虻牛哨	1.176		

彼时奉天省作为东北地区发展程度最深的区域，为日本侵略者所着力经营，其"南满铁路附属地"的数量和面积都远超其他二省。其中，有交通枢纽、经济政治中心"奉天铁路附属地"，以矿产丰富闻名的"抚顺、鞍山铁路附属地"，以港口而兴起的"营口、安东铁路附属地"，以及作为"特别区"和"满铁"总部所在地的大连。另外，辽阳、开原、海城、铁岭、盖平、熊岳城等明代卫所故地，也借由南满铁路的发展而产生了面积较大的"铁路附属地"。

除了对"铁路附属地"的不断扩张外，日本侵略者还着力发展"附属地"之内的城市规划和市政基础设施的建设。"南满铁道株式会社"创立早期，设有总务部、调查部、运输部、矿业部和地方部，其中地方部就主要负责"附属地"的规划和建设。出于侵略的目的，日本希望能够建设现代化程度高的"附属地"，以吸引本国移民和加强侵略。"铁路附属地"的规划多引入了西方城市规划的思想，在沙俄规划的基础上逐步完善，多以中央广场、火车站作为全城的核心区域，以放射性干道和方格路网划分城市空间。与此同时，也出现了给水排水管线系统、照明系统、电力系统、城市公园和景观等城市设施，还涌现了一批欧式风格的近代城市公共建筑（表4-7）。

---

① 董婕. 日本对南满铁路附属地的经营及其影响[D]. 沈阳：辽宁大学，2006.

1934年辽宁部分铁路沿线城市人口表　　　　表4-7

地域	人口（人）
北镇	5383
兴城	16841
老抚顺	3227
锦州	68147
义县	25480
绥中	16882

资料来源：依据参考文献［77］，笔者整理。

近代"南满铁路附属地"建设中，比较有代表性的城市是奉天（今沈阳）。奉天作为南满铁路、安奉铁路、京奉铁路以及多条铁路支线的中转点，在"铁路附属地"体系中占据着重要的地位。日本取得南满铁路的所有权后，便开始着手对其进行"铁路附属地"的城市规划和设施建设工作。"奉天铁路附属地"位于老城区西侧，紧邻商埠地区域，在日本侵略者的经营之下，俨然成为无视中国主权的"国中之国"。但这一时期"奉天铁路附属地"的城市建设和管理，对于其他"铁路附属地"乃至辽宁地区的城镇而言都有着示范作用，客观上推动了近代东北城市建设的发展。

早在"南满铁道株式会社"成立之前，奉天火车站附近便出现了最早的日本人生活区，即十间房大街；"满铁"成立以后，又在沙俄规划的基础上补修道路、扩展规划。"奉天铁路附属地"的城市规划以火车站为中心，以三条放射性干道为主要道路，并以方格网道路系统划分城区，兼有沙俄采用的巴洛克式城市规划和中国传统棋盘式规划格局两种规划模式。1910年，三条放射性主干道之一的沈阳大街建成，垂直于铁路线沟通商埠地区域和老城区，成为"铁路附属地"的东西轴线。紧接着另外两条斜向主干道昭德大街、南斜街，以及数条南北向的道路也陆续建成，"奉天铁路附属地"的城市规划格局基本成形。

除了城市规划以外，"奉天铁路附属地"的近代化进程还体现在市政设施和城市建筑的建设上。市政设施具体包括电力、煤气、照明等城市基础设施，给水排水管线系统，以及景观和城市公园的建设，明显改善了"铁路附属地"区域的环境和居住条件，使其成为符合近代生活需求的城市。这一时期"奉天铁路附属地"还涌现了大量的近代建筑，其中有"满铁"首个近代火车站大楼，以及配套的管理机构、旅馆、商店、邮局等设施，例如1910年10月建成的大和旅馆、1915年建成的奉天邮便局等。除此之外，还有为日本人日常生活服务的公共建筑，例如医院、学校、图书馆、百货店等。经过不断的建设与发展，"奉天铁路附属地"已成为先进的近代化城市区域，与老城区的发展差异增大，形成割裂的发展格局。

在"满铁附属地"存续的数十年间，"铁路附属地"城市主要呈现两个发展趋势：城市近代化程度和被侵略程度的加深。城市近代化的进程可以从市政设施的不断完善体现出来，起初"附属地"的道路多以土路、碎石马路为主，但随着城市的发展，载重车辆增多，碎石马路已经无法满足城市道路的需求，到1920年左右，"铁路附属地"的道路基本已替换为块石马路。1925年以后，沥青马路大量建设，也成为"铁路附属地"道路的主流。另外，"铁路附属地"的市政建设受到当时西方城市规划思想的影响，在基础设施初具规模后，又陆续出现了大量城市广场、公园、景观绿地等，极大地改善了城市居住环境。

经过数十年发展，"满铁附属地"城市近代化程度远远高于老城区，加以日本侵略者在"附属地"中非法行使各类权力，创造了"租界"，由此形成了便于实施侵略的城镇发展格局。这些都源于日本侵略势力在辽东地区的扩张和经营，这一点也可以从"附属地"的道路名称中得到体现。在民国前期，日本在辽东地区的势力并不稳固，人民反日斗争激烈，因此"附属地"道路多以中文名称来命名，例如奉天的沈阳大街、昭德大街、中央大街等。到1919年前后，这些道路便全部改为日本名称，沈阳大街改为"千代田通"，昭德大街改为"浪速通"，中央大街改为"加茂町、富士町、荻町"。道路名称的转变也意味着日本对辽东地区的掌控力日益增强，被侵略程度加深。

"满铁附属地"的城市近代化建设，引入了西方先进的城市规划思想，客观上促进了城市的经济发展、人口增长，为其他城区的发展和市政建设起到了一定的示范作用。但"满铁附属地"的本质仍然是"租界"，是日本侵略者妄图建立的侵华战争根据地，其发展对老城区和其他城镇的带动作用极其微弱。虽然并未直接带动周边地区发展，"满铁附属地"的建设作为先进的城市规划经验，还是为东北当局的城市近代化运动提供了有效参考，对辽东地区城镇格局发展有着一定的积极作用。

3. 铁路对城市工商业发展的影响

日本侵略者觊觎东北铁路的野心早已有之，在其接收沙俄所建的中东铁路南段后，便开始了大规模的投资和建设，其中包括对已有铁路的改轨和更新、新铁路支线的建设和沿线工厂、矿区设施的建设。"满铁"成立后,迅速成为日本对东北地区投资的综合性管理机构,但其最核心的产业仍然是铁路业及其衍生产业。

由于铁路运输效率高、成本低、准时的特点,加以日本侵略者的有意经营,近代铁路网络的出现迅速占据了大部分的商业贸易份额,彻底取代了辽河航运业的地位,营口等传统港口地位急剧下降,进入城市发展的衰退期,而南满铁路沿线则崛起了许多新兴城市。在整个民国时期,南满铁路的客运量、货运量、贸易额均呈现高速增长的趋势,为"满铁"提供了极为可观的利润和丰富的物产资源。铁路贸易的繁荣也反过来推动了城镇工商业的发展和升级,近代工厂如雨后春笋般出现,现代化的先进技术沿着铁路迅速传播,城镇工商业整体呈现出沿铁路线、自"附属地"向两侧扩张的发展趋势。除此之外,为工厂提供原料的工矿产业以及为城市基础设施提供能源的电力、煤气产业也随着城市工商业的发展而繁荣。

南满铁路的发展对近代城市工商业的推动作用可从"满铁"各时期的货运和客运量中得到一定的体现。早期,"满铁"沿线仍以农业生产为主,兼以简单的手工业,因此"满铁"所运输的货物主要是农作物及其加工产物,例如大豆、豆油、豆饼、小麦、面粉、木材等。随着工矿业的不断发展,煤、铁等矿产逐渐占据较大比例,铁路货运的商品种类也逐渐多样化,也带动了铁路沿线地区的商业贸易发展,"铁路附属地"出现了大量的商业区和商业建筑。然而,铁路货运商品组成的改变也意味着南满地区的被侵略程度逐步加深,大量的农产品和矿产遭到低价掠夺,其出口利润则多半归于日本侵略者所有,其中以大豆(及豆制品)和煤矿情况最为严重。1926年,"满铁"收入的90%来自货运,而大豆和煤炭的运输量又占全部货运量的90%[1],可见日本侵略者依靠铁路货运赚取了极为可观的利润。

而铁路客运最初是随着货运的繁荣而发展起来的,铁路货运的频繁往来催生了东北地区内部或关内外地区间的交通需求,因此增发铁路客运列车成为必然的结果。光绪三十三年(1907年)大连便考虑增发客车,"拟于专运货车时,将客车附系于后,以便旅客于运往货车时亦得搭车,以免多误行期"[2]。由表4-8可见,在1907—1930年期间,在"满铁"营业里程变动不大的情况下,"满铁"货运量的增长甚至达到十余倍之多,而客运也保持了整体的增长趋势,可见这一时期南满地区的工商业发展势头。

---

[1] 董婕. 日本对南满铁路附属地的经营及其影响 [D]. 沈阳:辽宁大学, 2006.
[2] 大连议增发新客车 [N]. 盛京时报, 1907(光绪三十三年)-04-22.

"满铁"客、货运量情况表[①][②]　　　　　　　　表4-8

年度	营业里程（km）	货运（万吨）	客运（万人）
1907年	1135	136.8	151.2
1910年	1138	355.8	234.9
1915年	1106	531.7	370.8
1920年	1104	921.2	812.3
1925年	1118	1364.9	910.9
1930年	1125	1519.3	815.6

资料来源：依据参考文献[59、124]，笔者整理。

据统计，1903年，东北贸易额仅占关内贸易额的三十分之一，到1928年，这个比例上升到三分之一。1929年东北贸易额比1907年的贸易额增长了10倍。[③]这其中相当一部分贸易额都经由南满铁路运输出口而产生，日本侵略者通过南满铁路攫取的利润极高，甚至超过中国国有铁路的总额。"1924年该路所得之纯利已超过我国国有诸路之上，南满路当年进款为973952.1754万日金，而中国国有铁路当年进款为1185112.6151万元，我国国有铁路之收入仅多于'满铁'1000万元，而纯利反少700万元，'满铁'获利之钜实足惊人。"[④]因此，这一时期南满地区的工商业虽有发展，但大部分利润仍然被日本侵略者据为己有，"满铁"及其管理的产业即是日本侵略者通过经济、政治等控制南满地区的重要手段之一。

铁路货运的繁荣不仅推动了商业贸易的发展，也促进了铁路沿线"附属地"城市产业的升级。民国初期时，奉天省的城市产业已有一定积累，相较于吉林、黑龙江、热河三省而言更加发达，以油坊业、制粉业等行业的生产作坊为主，但总体而言发展程度不深，发展速度较为缓慢。日本接收南满铁路和安奉铁路以后，开始大量对东北地区进行投资，发展工厂、矿业、商业等，奉天省的城市产业也因此而兴起。

1915年以前，"满铁"所投资的以中小型轻工业工厂为主，以东北地区自清代以后兴起的民族产业油坊业、制粉业、纺织业为基础，逐渐开始采用现代机械和电力能源，

---

① 满史会. 满洲开发四十年史：下卷[M]. 东北沦陷十四年史辽宁编写组, 译. 长春：东北师范大学出版社, 1988: 109.
② 徐婷. 铁路与近代东北区域经济变迁：1898—1931[D]. 长春：吉林大学, 2015.
③ 石建国. 东北工业化研究[D]. 北京：中共中央党校, 2006.
④ 日本经济之危机及侵略满蒙之方策[J]. 东省经济月刊, 1929, 5(6、7): 13.

建设近代化工厂。1915年以后则以垄断性的集团公司为主，其中较为著名的有"大连毛织株式会社""大连油脂株式会社""南满洲铁道工厂等"[①]，依赖于南满铁路的运输和矿产资源的低廉供应，这些企业规模急剧扩张，占据了很大的市场份额。到1934年末，"满铁"投资建设的工厂总数已达到1244家，其中大部分位于奉天省，以大连、安东、奉天为数量最多、规模最大。[②]

商业区和工厂的出现使得"铁路附属地"迅速实现城市近代化，其引进的先进技术和规划思想也带动了其他城区风貌的转变。然而，这一时期的"附属地"产业发展始终捆绑在日本的经济体系当中，生产活动产生的利润多为日本侵略者所攫取，其在各方面的入侵活动也造成了"铁路附属地"和老城区的割裂发展。

"满铁"存在期间，除了投资经营工厂、发展铁路贸易外，还有一项重要工作便是掠夺矿产资源。日本国土狭小，资源贫瘠，矿产、粮食等高度依赖进口，而东北地区具有丰富的煤矿、铁矿、铝矿等矿产资源，这些资源又主要分布在奉天省下辖地区，其中煤矿储藏量较为丰富的有抚顺煤矿、辽阳烟台煤矿、本溪湖煤矿等，铁矿主要分布在鞍山、本溪、弓长岭等地，"整个东北的铁矿资源储藏量为3091百万公吨，占东亚全体的第一位"[③]。

出于积累战争资本、满足国内需求两大目标，"满铁"十分重视对铁路沿线工矿业的经营，对矿区的投资成为日本对东北地区整体投资的重点。"东北矿业的投资总额为一万四千万元，其中日本的投资额却占了一万两千八百四十二万元。"[④]日本侵略者不仅开采矿山，还以日办和中日合办的名义，大肆开设数百家工矿企业，用"建设工厂用地"的借口收买土地，在矿产资源丰富的地区强行建立"铁路附属地"，例如鞍山、抚顺等"铁路附属地"都是基于矿区和工矿企业逐步扩张形成的。

为便于运输和掠夺，民国时期的矿区主要分布于南满铁路及其支线的附近地区，尤以奉天省的抚顺、本溪、鞍山、辽阳等地为主，矿区通常拥有先进的工业机械，并铺设矿山铁路与主铁路线相连接。这一发展格局也深刻影响了近代东北地区的能源型工业布局。日本侵略者所掠夺的矿产资源，一部分运回国内用于工业建设和发展，另一部分则作为其全面战争的物质基础，东北地区自此成为日本军国主义发动战争的根据地。

---

① 曲晓范. 近代东北城市的历史变迁 [M]. 长春：东北师范大学出版社，2001.
② 同①.
③ 詹自佑. 东北的资源 [M]. 上海：东方书店，1946.
④ 徐嗣同. 东北研究丛书：东北的产业 [M]. 北京：中华书局，1932.

四、东北地方当局的城市近代化运动

日俄战争后,东北地区局势愈发危急,列强瓜分东北的野心愈盛。为扶持东北民族工业和地方经济,阻止侵略势力无限扩张,自清末以后东北地方当局便采取了一系列的救亡措施,例如发展城镇工业、发展文化教育产业、建设自开商埠地、推进近代化市政建设等。其中,奉天省(后称辽宁省)作为东北地区开发最早、发展程度最深的省份,在这一时期的城市近代化运动中得以迅速发展和转型,形成多职能复合的近代城镇体系。

可以根据历史时期,将东北地方当局的自救运动大致分为三个阶段:清季东北新政时期(1907—1912年)、奉系军阀治下的近代化发展时期(1912—1928年)、东北易帜后的张学良新政时期(1928—1931年)。1931年"九一八"事变爆发后,东北当局的城市近代化运动被迫终止,除了"铁路附属地"和"关东州"外,辽宁地区其他城市均遭到巨大打击,发展陷入停滞和倒退。

1. 奉天省城市近代化运动发展演变

1)清季东北新政

奉天省(辽宁省)的城市近代化运动肇始于清末,清季东北新政是民国时期城市近代化运动的开端和基础,因此在叙述奉天省近代化政策演变时,也应当自清季东北新政起始。清晚期,受到动荡局势和西方先进思想的影响,全国性的新政运动事实上已经兴起,光绪二十六年(1900年)光绪皇帝发布上谕称"伊古以来代有兴革……因时立制,屡有异同……大抵法积则敝,法敝则更,要归于强国利民而已"[①],业已表达了清廷的变革决心。而东北地区为"两强力争之地,环球注视之区,实非全力图维,不足争存亡之际"[②]"吏治因循,民生困苦,亟应认真整顿,以除积弊,而专责成"[③],作为列强环伺的重要边防地区,自清前期沿袭下来的各类制度积弊已久,无力与拥有先进技术和思想的侵略者相抗衡,因此东北地区更具有施行新政的必要性和紧迫性。

自光绪三十一年(1905年)赵尔巽任盛京将军起,对奉天省地区的革新便已在酝酿

---

① 《清德宗实录》,卷476,1900年(光绪二十六年)。
② 王彦威. 清季外交史料:卷201 [M]. 北京:书目文献出版社,1987.
③ 沈桐生. 光绪政要:卷33 [M]. 台北:文海出版社,1969:2425.

之中。这一变革的趋势直到清灭亡前都未曾改变,宣统三年(1911年)统治者发布谕令,称"举凡设官改治,兴商劝学,及一切重要事宜,不惜挟全力以为倾注,期以救数千百万生灵之生命财产于危急呼吸之时。"[①]可见是时东北新政施行之重要性。清季东北新政的主要代表人物有时任盛京将军(改设行省以后为钦差大臣兼东三省总督)赵尔巽、徐世昌和锡良,三人在任时始终坚持施行新政,改革官制,整饬军备,发展实业,开办学校,促进了地区城镇工的高速发展。赵尔巽在任期间,主要是改革官制、整理财政,清除过往积弊,确保奉天省财政平稳运行,也为进一步的实业发展提供经济基础。其继任者徐世昌更是认为应当"兴实业,挽利源"[②],通过兴办工业以发展地区经济,推动了奉天省城市经济体系和社会结构步入近代化进程。宣统二年(1910年)上任的锡良则延续了前任的改革政策,着力发展经济,促进了奉天省城镇工商业的发展,为后续的改革奠定了坚实的基础。

清季东北新政是对东北地区军备、政治、产业、经济、教育的全面革新,因此改革措施也围绕上述五个方面进行。其中,整饬军备、改革官制等措施,首先是为了抵制侵略势力的快速扩张,但归根究底,则是为了延续清廷封建统治而采用的一系列措施。而近代城市的发展离不开工商业的繁荣,其对产业、经济的建设和发展则深远影响了民国时期的城市近代化运动浪潮。奉天省设置工艺传习所,教授各科工艺,待学生学业有成后,便分配到各地兴办实业或传授工艺。[③]地方当局也通过官商合办、中外合办等形式创办工厂,效果极为显著。仅奉天一省便出现了许多工厂,例如"奉天造砖局""奉天官纸局""奉天八旗工艺厂""奉天八旗女工传习所"等,促进了奉天省民族工业的发展。

清季东北新政有其维护封建王朝统治的局限性,地方吏治积弊已久,新政时期的官制改革并不彻底,推行的东北地方自治制度也处处遭到掣肘,并未探索到合适的自强道路。但由于其兴办实业的方针,奉天省涌现出大批近代企业,民族工业有所发展,商业贸易和城市经济也随之繁荣,促使传统落后的生产方式逐步向资本主义生产方式转化。这一发展趋势在一定程度上起到了抵制日俄侵略势力的作用,同时也为民国时期推行的城市近代化运动打下了坚实的基础。

---

① 沈桐生. 光绪政要: 卷33 [M]. 台北: 文海出版社, 1969: 2425.
② 徐世昌. 东三省政略 [M]. 长春: 吉林文史出版社, 1989.
③ 郭艳波. 清末东北新政研究 [D]. 长春: 吉林大学, 2007.

2）奉系军阀治下的近代化发展

奉系军阀是民国前期东北地区事实上的统治者，是北洋三大军阀之一，在东北地区的近代化进程中扮演了极为重要的角色。奉系军阀自奉天省起家，其势力范围很快自奉天省延伸至吉林、黑龙江省，又通过数场战争扩张到了热河、直隶、北京、山东等地。

以张作霖为代表的奉系军阀在奉天地区城镇发展史上具有极为鲜明的两面性。一方面，军阀政治作为特定时期社会畸变的结果，一直都是极为顽固的保守势力，对广大人民的压迫和剥削并未减轻。奉系军阀治下战争连年，为筹措高昂的军费，他们大量印刷纸币导致严重贬值，并对百姓课以重税，严重影响了奉天省的城镇经济和工业发展。另一方面，出于维护军事集团利益和改善经济情况的目的，奉系军阀整顿金融体系，保证奉天省经济发展平稳，并使用资金兴办了大量实业企业，促进了城镇产业的发展。另外，奉系军阀也十分重视文化教育产业，兴办学校，扩充基础教育，拓展高等教育，提升实业教育，培养出了一批实业人才。

在奉系军阀治下，奉天省的农业、工商业、教育业等都取得了丰硕的成果。在农业方面，奉系军阀通过完善田赋制度，将地主手中的闲置土地分配给农民，并出台政策鼓励关内移民前往东北腹地开荒种植。奉天省耕地面积得以高速增长，农产品相关的产业也随之发展起来。在工商业方面，奉系军阀时期是奉天省民营企业发展的高峰，一批民营企业的出现直接推动了城镇产业的发展。另外，张作霖还投资开办了电灯厂、电报房等，为城市发展提供重要能源。在教育业方面，奉系军阀出资兴建大量中小学，扩充基础教育设施，以达到向广大人民普及知识的目的。除了知识教育外，还大力发展实业教育，为当时新兴的实业企业提供储备人才。在"九一八"事变前的数十年中，奉天省各产业发展极为迅速，后来居上，一跃成为全国重要的工商业区，这也离不开奉系军阀在期间推行的实业政策。

虽然奉系军阀时期的本质仍然是独裁统治，代表的是封建大地主阶级的利益，对人民的剥削和压迫并未减轻，但其所推行的各项政策改善了奉天地区的财政状况，为实业、教育、军事的发展提供了物质基础，在奉天省近代化进程中起到了一定的积极作用。

3）东北易帜后的近代化进程

1928年日本关东军制造了震惊中外的"皇姑屯事件"，同年奉系军阀首领张学良通电全国，表明转向南京国民政府，这一事件史称"东北易帜"。东北易帜后，奉天省改名为辽宁省，名义上统归南京国民政府管辖。此时辽宁地区局势仍然动荡，通货膨胀状况严重，为稳定辽宁经济、稳固局面，时任东北保安总司令张学良采取了一系列的改革措施。

发展地方经济的基础是建立稳定的经济体系。东北易帜后，军阀混战暂时告一段落，为节省财政开支，张学良裁撤了大量的军队及军事经费。为增加收入来源，又大量出口大豆、粮食等农产品，辽宁地区的商业也因此而繁荣。据统计，1928年一年内辽南三港大连、营口、丹东共计出口粮食89.93万吨，这笔收入对稳定辽宁经济局势有着重要的作用。除了开源节流外，辽宁当局还通过对金融和货币的改革，建立了稳定可信的金融系统，为城镇发展提供经济基础。

另外，这一时期张学良仍然贯彻兴办实业的理念，但相较于民国前期而言更加深入。为对抗如日中天的日本侵略势力和"满铁附属地"，张学良大力兴办实业，修建近代铁路、港口、矿场等，为工业和货物运输发展奠定了基础。除此之外，还继续发展辽宁地区的民族工业，例如纺织业、农产品加工业等。为解决辽宁地区人口密度低、劳动力缺乏的问题，"兴安屯垦督办公署"等垦殖机构成立，配合一系列的移民激励政策，辽宁省人口迅速增加，为城镇发展增添了一分力量。

由于张学良在任时的新政影响，辽宁省城市近代化进程在这一时期得到了较大的飞跃，金融体系稳定，财政收入增长，城镇工商业更是得到长足发展。但盘桓在东北土地上的侵略势力并未根除，时刻对东北地区存有威胁。这一相对稳定的发展窗口期仅仅持续了三年，1931年"九一八"事变爆发后，东北地区相继沦陷，在伪满洲国治下的诸多辽宁城镇都陷入发展的停滞期，除了"铁路附属地"和"租借地"以外，其他新兴的城市萌芽遭到严重的打击，造成了区域发展不均衡、城市结构破裂的结果。

2. 自开商埠地城市的发展

商业的发展与繁荣是城市近代化的重要标志，因此对自开商埠地的建设是民国时期城市近代化运动的重要政策之一。自1840年营口开埠后，其作为商业贸易港口的经济繁荣起到了良好的带头作用，但营口作为"约开商埠"，有条约的限制，其位置、面积和规划中国政府皆不能过问，也无法在商埠地内行使主权。因此，想要发展城市商品经济、对抗侵略势力，独立自开商埠地成为时代发展的必然选择。

自开商埠地最初可以追溯至光绪二十九年（1903年）《中美续议通商行船条约》的签订，条约要求清政府将奉天（今沈阳）、安东（今丹东）两地自行开埠通商，光绪三十一年（1905年）《中日会议东三省事宜正约》更是要求东北地区开放16处商埠地（奉天省有凤凰城、辽阳、新民屯、铁岭、通江子和法库门6处）。由于日俄战争的影响，上述商埠地建设直到1906年方才开始实施。与营口相比，这些商埠地的建设虽仍有列强势力的掣肘，但商埠地主权归于清政府所有，因此仍然属于最早的自开商埠地区域。

清政府积极推进自开商埠地的决定并非凭空产生，而是由内部和外部等多方面因素而决定的，由于长期闭关锁国政策的影响，建设代表着"对外开放"的商埠地区域并非易事，必将经历曲折而漫长的决策过程。从内部因素来说，有营口的成功经验在前，自行开放商埠地有助于贸易的繁荣和经济效益的增长，也反过来推动了城镇产业和城市的发展，给发展陷入停滞的老城区注入新的活力。这对于意在维护自身统治的清廷而言，是一项利大于弊的投入。从外部因素来说，此时东北地区已被日俄势力所瓜分，出于侵略目的，他们大力经营"铁路附属地"及其产业，而其他区域则受到严重的挤压，急于寻找新的发展机遇。因此，集中资本和人力发展商埠地区域，缓解城市的割裂格局，从而与侵略势力对抗，阻止其快速扩张的趋势，也成为历史的必然选择。在此背景下，自开商埠地的建设和发展逐步成为东北地区城市近代化运动的重要政策之一。

在奉天省开埠问题的研究中，往往将自开商埠地的发展分为三个阶段[①]：清末（1906—1911年）的商埠建设和初步发展阶段，民国前期（1912—1919年）的动荡停滞阶段，以及民国中期（1920—1930年）的进一步发展和完善阶段。

清末的商埠建设和初步发展阶段，主要工作是划定区域、成立管理机构和道路及其他基础设施的建设。商埠地区域多选在老城区与"铁路附属地"之间，或因地制宜建在港口附近，面积多与"铁路附属地"相近。商埠地的建设也意味着对诚信管理机构的需求，1906年奉天宣告开埠时，奉天当局"于交涉司内附设开埠总局，专理其事。后设清查房地局于大西边门外，购买民有房地"[②]，相继成立交涉司、开埠总局、清查房地局，负责开埠一应事务，包括划定商埠区、收买土地、平整土地、对外拍租、建设道路等，可见初期商埠管理机构之雏形，为正式市政管理机构的出现奠定了基础。这一时期的主要工作还有城市规划和基础设施建设，按照规划的开发时间，商埠地通常分为正界、副界和预备界，以正界建设为当前目标，逐步推进，从而达成建设目标。城市道路也参照"铁路附属地"规格，修建适用于近代交通工具的碎石马路等。总体而言，商

---

① 曲晓范．近代东北城市的历史变迁［M］．长春：东北师范大学出版社，2001．
②《奉天商埠局报告书》，1928年（民国十七年）。

埠地的建设体现了近代化的城市规划思想，呈现出了与中国传统城市完全不同的空间格局。

到了民国前期的动荡停滞阶段，恰逢时代更迭，清朝正式宣告覆灭，全国陷入军阀混战的动荡局面，东北地区也纷争不断，商埠地的建设活动被迫中止。这一时期，虽有民间商会等组织的努力推进，但其力量远远不及官方，商埠地建设进入缓慢发展期。

民国中期的进一步发展和完善阶段，主要工作是发展城镇工商业，涌现了一大批近代企业、工厂、市场等，城市道路也进行了翻修。这一时期的城镇体系发展仍然以商埠地区域作为中心地带，辐射和带动老城区发展，虽然在面积上增长不多，但其各方面产业都有所发展。为抵制侵略势力的经济渗透，奉天本土的纺织业、矿业等民族工业得到大力扶持，比较著名的大型企业有奉天纺纱厂、肇新窑业公司、纯益缫丝公司、东兴色染织公司、大亨铁工厂等，蓬勃的民族工业在市场中抢占了一定的份额，阻止了侵略势力无限的经济扩张。随着产业和城市的不断发展，商业经济体系也不断完善，奉天省城1924年有商户6598户，到1931年已增至1.4万户，并涌现出了许多专门市场，可见其商业活动之繁荣（表4-9）。[①]

商埠地开发时间段特征　　　　　表4-9

阶段	时间	特点、内容	成果
第一阶段	1906—1911年	主要建设城市基础设施，拍租地块	开原、铁岭等地商埠已经完成道路工程建设
第二阶段	1912—1919年	清王朝覆灭，受社会影响，商埠地建设进入缓慢发展期	—
第三阶段	1920—1930年	城市管理完备、设施完善	埠区商业规模不断扩大，马路翻修，专业市场出现。奉天在商埠地建设4个大型市场

资料来源：依据参考文献［77］，笔者整理。

自开商埠地对民国时期辽宁地区近代化起到了非常重要的作用。在商埠地制度实施的数十年间，以商埠地区域为核心地带，带动周边地区进行工商业建设，加速辽宁地区产业近代化进程，也为后来的东北工业区的形成奠定了坚实的基础。工商业的发展同样

---

① 孙鸿金. 近代沈阳城市发展与社会变迁：1898—1945［D］. 长春：东北师范大学，2012.

在贸易额中得到体现，1903年，东北贸易额仅占关内贸易额的三十分之一，到1928年，这个比例上升到三分之一。1929年东北贸易额比1907年的贸易额增长了10倍。[①]

对于城镇体系本身而言，商埠地最重要的作用则是城市的近代化建设，包括基础设施、市政管理机制和城市规划等。商埠地区域参照了西方的城市规划思想，修建了适宜近代化交通的城市道路系统，形成了开放的、复合职能的城镇格局，极大地推进了奉天省的城市近代化进程。另外，随着商埠的日益繁荣，居民的精神需求高涨，一些近代公共设施也随之出现。"商埠日臻繁盛，势必须有公共娱乐之场所，借以迎合一般中外人士心理苦。"[②]因此，奉天当局积极在各商埠地内建设公园，例如奉天商埠地内著名的公园有"奉天公园""街心公园"和"西公园"等，不仅供游人玩赏，还设有公共阅报室、图书馆、茶社等设施，是集休闲娱乐为一体的公共空间。但由于资金不足和战争困扰的原因，并非所有规划商埠地都取得成效，例如葫芦岛开埠建设屡遭挫折，筑港工程直到"九一八"事变爆发前都未能完工，但总体来说，商埠地区域的出现对奉天省城镇体系的发展有着积极的带动作用。

自开商埠地的建设和发展，除了推进城市近代化的作用外，还有一个重要作用便是遏制老城区的衰落进程。整个民国时期，辽宁地区的城镇体系都呈现出鲜明的不均衡发展趋势，不仅城镇之间发展状况差异巨大，城市的区域之间也十分割裂。出现这一趋势的主要原因则是日本频繁的侵略和投资活动。日俄战争后，日本在南满铁路沿线重要城市设立"铁路附属地"，并进行重点投资和发展，使得"附属地"区域最先建成近代城市，并逐渐取代了老城区的地位，成为区域发展重心。"附属地"的崛起不仅割裂了城市的发展格局，吸引了老城区的资本，更成为日本侵略者的工具，加速了辽宁地区被侵略的进程。但老城区规模较大，交通相对不利，发展极为滞后，其发展环境无法在短时间内得到彻底的改善。因此，区位条件好、能够集中资本和人力的商埠地区域成为发展的先锋，抑制"附属地"的快速扩张，最终以自身发展带动老城区的近代化。事实证明，在商埠地区域的快速发展趋势下，紧邻的老城区也得到了一定的发展，居住和营商环境得到改善，城市基础设施逐步更新，经过数十年发展，老城区与商埠地区域的发展差异进一步缩小，最终于1931年取消独立建制，归市政统一管理，从而实现了弥合割裂城市格局的目的。

---

① 石建国. 东北工业化研究［D］. 北京：中共中央党校，2006.
② 奉天·奉天改设公园［N］. 盛京时报，1923-05-15（5）.

3．近代市政建设与发展

明清时期，辽宁地区的城镇聚落常以军事功能为主，因此对城镇的管理和建设也围绕着军事需求展开。但自清晚期以来，西方的城市发展理念和城市管理模式逐步传入国内，城市近代化成为必然趋势，开始出现全新的市政管理机构、城市规划和基础设施建设活动。

首先，近代城市发展的前提是管理机构和制度的建立。市政管理机构最早在商埠地和"铁路附属地"城市出现，并逐渐传播至老城区和其他城市。市制的产生和市政公所的建立，意味着政府开始正式组织开展市政管理工作，掀起了东北地区近代化市政建设的浪潮。其次，发展需求的转变也意味着城市空间格局和规划体系的转型，旧有的传统规划思想已经不再适用于近代化城市，因此这一时期的城市规划和基础设施建设活动十分活跃。最后，随着近代城市的逐步发展与完善，城市居民的需求也日益多样化，与之相对应的各类产业、商业、文教、公共卫生设施的建设也蓬勃发展起来。

由于奉天省城（今沈阳市）是东北地区首个成立市政管理机构的城市，也是近代市政建设最完善、最发达的城市，因此本节将以奉天省城为例对奉天省近代市政建设情况进行叙述。

1）市政管理机构的出现与发展

近代奉天省市政管理机构的前身是商埠地的开埠总局及其他职能机构，随着商埠地的数十年发展，已经形成了非常完善的近代化城区，原有的商埠地管理机构已经无法进行高效、统筹的管理，因此急需建立一个成体系的市政管理机构，以实现进一步的发展。

1921年，北洋政府颁布《市自治制》，标志了市制的诞生。同年广州正式推行近代市制，建立市政管理机构，进行市政建设，取得了显著的成果。另外，在沙俄势力范围内的大连、哈尔滨等"特别市"，也已拥有了近代市政管理机构，发展势头远超其他城市。受上述因素影响，奉天省城也有意筹备建立全新的市政管理机构，经过一系列的准备工作，1923年8月4日，奉天市政公所正式成立，市政公所直隶于省政府，是东北地区首个近代市政管理机构。奉天市政公所有总办一人，市长一人，另有下属总务、财政、卫生、工程、事业、教育六课，分别管理选举和统筹规划、财政收入和支出、城市卫生环境的维护、城市基础设施和公共设施的建设、各项公用事业及教育事业。[①]

---

① 孙鸿金. 近代沈阳城市发展与社会变迁：1898—1945［D］. 长春：东北师范大学，2012.

有奉天市政公所的建设经验在前，营口、安东等地也相继成立了市政公所，到"九一八"事变爆发前夕，奉天省大部分中型城市都已由市政公所管理。市政公所的办公人员多在归国留学生中进行选拔，他们通常掌握西方先进城市管理思想，在各部门各司其职，开展了一系列有组织的城市近代化建设活动，改造旧城、更新基础设施、提升卫生环境、发展公共事业等。市政管理体系的升级意味着奉天地区城市近代化运动达到了高峰，也为现代城市管理事业的发展奠定了基础。

2）城市规划与基础设施

奉天市的近代化市政建设始于商埠地区域，商埠地作为独立于老城区外的区域，发展基础薄弱，因此无论是区域规划还是道路系统都具有浓厚的近代化色彩。随着商埠地的发展，老城区也受到了一定的带动作用，在城市规划和道路系统上也开始逐步由传统聚落转向近代城市。

在城市规划上，清代盛京城的规划上仍然有鲜明的军事色彩，四周为城墙，共开八门，城中有井字形干道。后来随着城市的不断扩张，主干道不断向四周延伸，又形成了外城。但随着城市近代化运动的推进，传统城市格局已经不再适用于近代城市建设，城墙外的区域也逐步融入城区，城墙的原始功能丧失，成为阻碍城市交通的障碍物。市政公所成立后，力排众议对奉天省城城墙进行拆除，并兴建各类近代交通设施，修建了环城电车道等。但由于侵略势力的干扰，"附属地"、商埠地和老城区的道路规划彼此之间差异较大，"附属地"几乎完全沿用了西式的城市规划，商埠地更贴近于西方规划思想，以传统方格路网和放射形干道相结合，而老城区则是中国传统的"横平竖直"的经纬路网。道路系统的不同也是近代奉天省割裂的发展格局的重要体现。

在基础设施的建设上，奉天商埠地的道路多参照了"铁路附属地"的道路建设，多用碎石马路和土路，主干道分别连接老城区及"铁路附属地"。另外，时任盛京将军赵尔巽还引进了海外的马车铁道设备，修建奉天马车铁道，这也是东北地区城市交通近代化进程的开始。奉天市政公所成立后，最初的商埠地道路已经破损严重，为适应不断发展的近代交通需求，市政公所对奉天城市道路进行更新，将土路改造为碎石路和沥青路，并对主要道路进行拓宽。除此之外，城市给水排水系统、电力供应系统、路灯照明系统在这一时期都有所发展，到"九一八"事变爆发以前，奉天省城已成为近代化程度最深的东北城市之一。

3）城市公共设施建设活动

随着基础设施的不断完善，城市公共空间的建设也逐步提上日程，受到"铁路附属地"的影响,奉天市政公所对景观绿地和公园的建设亦十分重视,认为"公园为市民安慰之所,各文明国之都会无不安设,以改良人民之生活,市政方面对此亦必有所筹备。"①不仅出资建设新公园,例如"东三省兵工厂花园""万泉河公园"以及商埠地的"奉天公园""街心公园"等,还开放了清代遗留的行宫、北陵以及部分官署花园作为公共休闲空间。公园内不仅有园林造景和古建筑群,还设置了茶社、公共阅报室、图书馆等公共设施,在为民众提供休闲娱乐场所的同时,也潜移默化地实现其广开民智的作用。

奉系军阀治下的奉天省十分注重文化教育事业的建设。1922年奉天省启动了全面的学制改革,并兴建了一批公立中小学校。到1924年,省城共有省立高级中学4所,工业学校2所,商业学校1所,师范学校6所,女子职业学校1所,省立初中1所,女子师范学校1所,省立小学4所,师范附小2所,设立小学7所。②在中学毕业生逐步增加的情况下,又创立了东北大学,开奉天公立高等教育之先河。

另外,在这一时期奉天省城公共设施的发展还包括公共卫生设施、公立医院、图书馆、近代交通设施等,奉系军阀当局的城市近代化运动,改变了奉天省自然演进的趋势,迈入了快速近代化的进程。其中,对奉天省城的大力建设和发展,使得沈阳市始终作为区域中心城市而存在,为现代辽宁城市格局提供了现实基础。

五、关内移民浪潮与辽东地区城市化

1. 民国时期关内移民浪潮与城市产业发展

1)清末民初华北地区的移民浪潮

关内向东北地区移民的趋势自清晚期时就已显现,此时东北地区列强环伺,但人口稀少、开发程度很低,面临着被列强侵占的风险,因此清廷被迫放弃持续了数百年的封禁政策,开始鼓励关内移民以充实边防。

清廷的移民政策虽有一定成效,但并不显著,到了民国初期,东北地区仍然处于地广人稀的状态,人口数量严重地限制了其城镇的演进与发展。其中,辽东地区人口密度

---

① 奉天·曾市长之谈话[N]. 盛京时报,1923-12-07(4).
② 菊池秋四郎,中岛一郎. 奉天二十年史[M]. 奉天:奉天二十年史刊行会,1926:373.

相对较大，农业和工商业的发展状况也更好，但相较于人地关系紧张的山东、河北等地来说，其土地承载力远远未达到上限，加以近代交通的发展使得出关的难度大大降低，更有利于移民的迁徙。因此，清末民初出现的关内移民浪潮并不是单一因素导向的现象，而是多因素综合形成的趋势。

山东、直隶、河南等地是传统的农业区，在数千年间始终属于中原王朝的核心地带和人口稠密区。到了清代时，这些省份的人地关系已经进入了极为紧张的阶段，宣统二年（1910年）山东省的人口密度已达到每平方公里528人之多。作为参考，同期东北地区人口最多的奉天省只有每平方公里80人[1]，即使到了城市化程度高、生产力发达的2021年，山东省的人口密度也不过每平方公里653人。由于耕地几近被开垦殆尽，传统的农业经济结构生产力低下，无力支撑巨大的人口压力，人均耕地面积极少，农民难以维持生计。但直、鲁、豫等省的人地矛盾远不止此，还同时受到天灾、兵灾、匪灾和苛税的影响。自清末到民国是华北地区自然灾害较为集中的时期，水灾、旱灾、蝗灾等频发，甚至多灾并发，使得本就十分紧张的人地关系进一步恶化，许多以耕种为生的农民失去生计。1927年，山东和直隶又爆发了大规模的饥荒，"灾区之大，为数十年来所未有，兵匪、旱灾与蝗虫相互为因，酿成极严重之饥馑"[2]，证明除了天灾之外，北洋政府治下的全国各地都陷入军阀混战的局面，战争耗费的大量财物、资源最终也都成为广大人民身上的税赋重担；混乱的社会秩序又进一步引发了严重的匪灾，对农民的苛索更甚。在这些因素共同作用之下，大量的流民不得不背井离乡，到广袤的东北地区谋求生路，他们成为民国时期东北地区的第一批关内移民。

而此时的奉天省则是截然相反的境况。东北地区拥有广袤肥沃的耕地、丰富的物产资源，且相较于关内地区而言自然灾害更少，人均耕地面积大，其北部更是"茫茫旷野"无人垦殖。由于清廷长达数百年的封禁政策，到民国初期，奉天省作为整个东北发展最迅速的地区，其城镇发展已取得了一定成效，但更广大的腹地还处于地广人稀、有待开发的状态。更重要的是，此时日本侵略势力已控制了南满铁路周边地区，正大力推行侵略政策，妄图对辽东地区进行永久侵占，而地广人稀的现状则更加方便其进行文化、经济上的入侵。此时的东北地区"满目荒凉，或百余里寂无人烟，或千余里逸无蹊径，以地广人稀之故，遂起外人觊觎之心，日经营于南，俄蚕食于北，双方侵逼情势日

---

[1] 曲晓范. 近代东北城市的历史变迁[M]. 长春：东北师范大学出版社，2001.
[2] 朱偰. 满洲移民的历史和现状[J]. 东方杂志，1928（25）：12.

愛"①，无论是从城镇和产业的发展需求还是加强边防的军事需求来看，移民以实边都必然成为东北地方当局工作的重中之重。

除了上述原因外，推动了民国移民浪潮的另一个重要因素则是近代交通的发展。在辽东地区数千年的历史中，其与关内的交流始终不多，其中最重要的原因就是古代交通的落后。在很长一段时间内，关内汉族想要出关迁移至关外地区，几乎只有辽西走廊一条陆路可选，但沿辽西走廊地区城池稀少，驿道不发达，而山林众多，常有匪患出现。另外，还有部分移民自山东乘船跨越渤海湾来到营口等港口城市。两条路线都存在一定的局限性，加以清代对于奉天省消极的移民政策，因此关外始终没有出现大规模的移民。而近代辽河航运业的繁荣和中东铁路、京奉铁路的修建则彻底改变了这一局面，大量的关内移民可以较为方便地乘船或经由铁路到达辽东地区。1907年时，南满铁路的年度客运量为150余万人，到了1925年时，客运量已增长为900余万人②，其增长势头是极为惊人的。繁荣的近代交通最终推动了民国时期关内移民浪潮到达顶峰。

2）国民政府的移民政策及其成效

自清晚期起，中央政府与地方当局就意识到了移民实边的重要性。1912年中华民国成立后，延续了移民实边的思路，对东北和西北地区的移民垦荒极为重视。民国政府成立后，国内灾荒不断，百废待兴，政府财政收入紧张，此时提出移民垦殖东北，也是有"招徕垦户，振兴地利之中，兼寓注重国课之意"③。1912年3月，拓殖协会正式成立，指出了"以拓地垦荒、殖产兴业为目前切要任务"④，并颁布了一系列的移民垦殖政策。

但在1928年东北易帜前，东北地区始终处于事实上独立的状态，其政权掌握在奉系军阀之手，中央政府的政令则很难得到实施。但即便如此，民国前期的关内移民数量仍然有了较大的飞跃，也为辽东地区后续的城镇产业发展提供了劳动力基础。东北易帜后，在保留原有移民垦殖机构的基础上，又设置了兴安屯垦督办公署等机构，继续加强移民力度和完善管理体系。但1931年"九一八"事变爆发以后，东北地区全境沦陷，民国政府的移民垦殖政策被迫中止。

---

① 郭葆琳，王兰馨. 东三省农林垦务调查书［M］. 东京：日本东京神田印刷所，1915.
② 满史会. 满洲开发四十年史：上卷［M］. 东北沦陷四十年史辽宁编写组，译. 长春：东北师范大学出版社，1988：109.
③ 田方，陈一筠. 中国移民史略［M］. 北京：知识出版社，1986：159.
④ 与陈锦涛等致各都督等电［M］// 刘泱泱. 黄兴集：一. 长沙：湖南人民出版社，2008：258.

整个民国时期,虽然出现了政策软弱和管理混乱的问题,但是中央政府和东北当局的移民政策仍然取得了显著的成效,据《东北年鉴》记载,东北地区人口"(光绪)二十九年……约为二百万至三百万,民国十一年,增至二千二百万,近则超过三千万(民国二十年)"[①],短短数十年间,东北地区人口激增约10倍之多,大部分人口仍然集中于辽宁地区,出现了沈阳、大连、营口、安东等成规模的近代城市。关内移民浪潮推动了辽东地区城市和农业、工矿业的发展,大量荒地成为良田,农产品产量随之增长,与近代交通相结合进一步促进了商业贸易的繁荣。因此,东北地区在近代的繁荣发展与移民数量的增长势头是息息相关的。

据民国时期辽宁省各地区人口数据统计表可见,在1933—1936年期间,虽然辽宁省各城市人口涨幅各不相同,但整体都呈现出明显的增长势头。区域重心城市沈阳清末约有20万人口,民国时期则一跃成为人口数量约50万~100万的大城市,大连作为新兴的港口城市,人口亦高速增长,达到20万~50万之多。另外,安东(丹东)、普兰店(新京)、营口、旅顺、锦州、抚顺、牛庄人口数量在10万~20万,新民、辽阳、洮南、铁岭人口数量在5万~10万(表4-10)。[②]

民国辽宁省各地区人口数据表　　　　表4-10

时期 地区	前期			后期		
	男	女	合计	男	女	合计
锦县	132128	140719	272847	—	—	—
兴城	—	—	—	77825	67544	145369
义县	—	—	—	157993	152067	310060
北镇县	—	—	—	125048	118985	244033
辽阳	—	—	—	413104	383670	796774
复县	—	—	—	47825	39391	87216
铁岭县	43399	31551	74950	182369	157001	339370
开原县	—	—	—	177639	148742	326381
盖平县	243141	196834	439975	283747	250466	534213

资料来源:摘取自参考文献[131]。

---

① 东北文化社年鉴编印处. 东北年鉴[M]. 沈阳:东北文化社,1931年(民国二十年):1200.
② 顾朝林. 中国城镇体系:历史·现状·展望[M]. 北京:商务印书馆,1996.

大量移民人口的涌入使得辽宁地区的农业和其他产业都得到了发展的契机。辽宁作为东北发展相对深入的地区,拥有丰富的物产资源和较为完善的工业基础,但产业和城镇的发展都依赖于充足的劳动力,这正是辽宁地区所缺少的。因此,近代关内移民浪潮在客观上促进了辽宁地区的演进和发展。

其中最为典型的是农业的发展。东北近代农业的发达,并不在于先进的耕种技术,而是主要依赖于耕地的扩张。东北有千里沃野,但长时间囿于人口的限制,开垦的耕地始终有限,而涌入辽宁地区的关内移民大多数以农业为生,他们迁往关外后仍然从事开垦种植,地区耕地面积迅速增加,从而带动了辽宁地区农业的繁荣。"东北土地之正式开垦,始自辛亥革命。华北劳工移入东北之最盛时期,为民国十二年至二十年之九一八事变。在此期间,耕种面积每年增加50万至100万hm^2,其农产物之产量,自然随之增大"[①]。不仅吉林、黑龙江地区可耕地呈爆发式增长,奉天省作为开发较早的地区之一,在清末至民国中期的数十年间,耕地也由28495900亩增长到了55373000亩[②]。新开垦的荒地主要位于西部和北部,且相较于吉林、黑龙江地区而言,垦荒面积更大、可耕地比例最高,因此农业和农产品贸易发展也最为繁荣。关内移民不仅补充了辽宁地区的劳动力,还带来了关内相对先进的农业工具和更多样的作物,代替了东北传统落后的生产工具和生产方式。

农业的蓬勃发展也带动了农产品贸易的高速增长。清晚期东北地区的粮食商品率大约在30%~40%,随着农业人口和可耕地的增长,粮食产量得到显著提升,1930年时东北地区的人均粮食产量已达到684kg[③]。除去自给自足的部分,还能够大量投入到民族工业(例如油坊业等)中,以及作为贸易产品销往关内地区及海外。到民国中期时,东北地区大豆的商品率已达到80%以上。

民国时期的关内移民除了从事农业生产以外,还有一部分人受雇于城镇的工矿业及铁路业附属设施,成为最早的城市工人群体。彼时南满铁路的货运需求量空前高涨,铁路沿线各车站均大量雇佣装卸、搬运、打包工人以及旅店服务人员,关内移民的涌入使得相关工人数量高速增长,为铁路商品流通提供了保障。另外,这一时期城市近代化建设的开展也带动了一系列产业的兴起,为移民提供了更多的城市工作岗位。

---

① 东北物资调查委员会研究组. 东北经济小丛书[M]. 北京:京华印书局,1948.
② 范立君. 近代东北移民与社会变迁:1860—1931[D]. 杭州:浙江大学,2005.
③ 同②.

除了产业发展以外，大规模移民给迁入地带来的最显著的变化则是新兴城镇的涌现和原有城镇的扩张。从事农业的移民通常会选择无人垦殖的荒地附近定居，因此形成了许多新兴的村镇聚居点，而从事工矿业或铁路业的工人则流入城市，无形之间促进了城市的扩张和演进。这一时期的城镇主要是以铁路网络为轴线逐步兴起和发展，并逐渐深入腹地，形成大规模城镇发展的空前局面。而这一局面的产生则有赖于数十年间关内移民对辽宁地区人口的不断补充。

2. 民国时期国际移民浪潮

在民国时期，东北地区始终处于列强觊觎之下，以日俄两国为主的势力企图通过文化、经济入侵进一步加强侵略统治，这其中就包含了国际移民政策。其中，辽东地区始终作为日本侵略者的势力范围而存在，因此对该地区影响较大的是日本的国际移民策略。除此之外，还有朝鲜受到战争、灾害荼毒的流民也相继涌入东北地区。国际移民在这一时期辽东地区的发展进程中也扮演着重要的角色。

1）日本移民计划

日俄战争后双方以长春为界分居南北，辽东地区成为日本侵略者的势力范围。为了巩固在"满洲"的优势地位，掠夺丰富的资源，日本将国际移民作为一项重要策略，企图通过移民手段来加深辽东地区被侵略的进程。以"九一八"事变作为转折点，可将民国时期的日本国际移民政策分为两个阶段：即民国初期的农业移民阶段和日占时期的国策移民阶段。

第一个阶段即日俄战争后到"九一八"事变前（1904—1931年）。日俄战争取得胜利后，日本侵略势力正式取得南满地区的控制权，但出于对沙俄势力卷土重来的忌惮，日本确立自身在南满地区的优势地位就显得至关重要。而移民政策则是其中最直接、最有效的方法。除此之外，日本国土狭小，资源匮乏，但是时正面临着人口高速增长期，迅速膨胀的人口使得粮食紧缺、阶级矛盾激化，逐渐演化成为严重的社会问题。而此时的辽东地区城镇虽有一定的发展，但总体而言还属于地广人稀、物产丰富的地区。即便是出于转移内部社会问题的目的，日本也将向南满地区移民视作最佳的解决方案。

在日俄战争以后，由于日本的经济投资和"南满铁路附属地"的成立，一部分职工、商人等随之移民到了东北地区。战前整个东北地区的日本移民不过1902名，到日俄战争结束两年以后的1907年，日本移民人口已经迅速增长到37885人。[①]但这远远无法满足日本侵略者的野心，很快他们就制定了农业移民的计划，企图掠夺东北丰富的农产品资源。

在接下来的数十年间，日本组织了数个大规模移民计划，其中较为典型的有以"满铁守备队"退役兵为主的"除队兵"移民，位于"旅大租借地"的"爱川村"移民等。但由于日本自身财政吃紧、移民极端缺乏农业常识、两国之间气候差异巨大等原因，加以东北当局对日本移民政策的激烈抵制态度，这些移民计划最终都宣告失败。例如"爱川村"移民，最初选定19户40名农民定居大魏屯村地区，修建房屋和基础设施，并禁止中国人入内。但由于灌溉用水不足、资金短缺等原因，其农业生产遇到极大的障碍，经过几次补充仍然只剩下7户移民勉强定居。1929年日本又设立"大连农事株式会社"，拟定向大连移民约五百户，但最终也未能实现。总体而言，这一阶段的日本移民计划没有取得显著的成效，仅停留于表面。

第二个阶段则是"九一八"事变爆发后到日本战败这一时期（1932—1945年），又可细分为"武装移民"（1932—1936年）和"国策移民"（1937—1945年）两个阶段。这一时期日本侵略者将移民视作国策，移民力度空前，对南满地区土地的掠夺也愈演愈烈，意在通过移民的方式加深南满地区被侵略的进程。"九一八"事变以后，南京国民政府对东北地区采取了消极的不抵抗政策，由此日本国内又一次掀起了移民南满的热潮。但与此同时，东北人民自发的反满抗日斗争活动也愈演愈烈，陆续出现了"东北国民救国军""辽东义勇军"等，反对日本的侵略活动和对土地的侵占，这对日本移民而言是极大的威胁。"武装移民"就是在此背景之下诞生的、由日本陆军省和关东军合谋的移民计划，以武装的屯田兵制移民作为日本移民侵略政策的先锋，进行事实上的侵略活动。武装移民的政策意图"在东北建立起日本帝国主义的立足点，以便从内部侵略东北"[②]，在加深侵略进程的同时，这些打着"治安"旗号的侵略军也能起到镇压东北地区人民反日斗争的作用。"武装移民"进入南满地区后，屠杀反日斗争的中国人民，强行将农民迁出移民区，犯下了不可饶恕的罪行，严重打击了南满地区的城镇和农业发展。

1937年"七七事变"爆发，此时的日本军国主义势力急剧膨胀，已达到无法控制的

---

① 张淑贤，高乐才. 论日本对中国东北初期农业移民[J]. 东北师大学报（哲学社会科学版），2010（1）：93-96.
② 朱海举. "九一八"事变后日本帝国主义对我国东北的"武装移民"[J]. 东北师大学报，1980（4）：27-34.

地步。早在前一年关东军便提出《满洲农业移民百万户移住计划案》,这一计划很快便得到落实,并被列为日本的七大国策之一,正式进入"国策移民"阶段。简而言之,这一计划意图在20年内向东北地区移民约100万户(500万人),使日本移民占据伪满洲国约十分之一的人口,从而达到进一步侵略的目的。与"武装移民"阶段不同,这一时期的移民大多为日本国内的贫困农民,日本军国主义希望以此来解决日本国内尖锐的社会矛盾。1939年,伪满洲国政府又公布了满洲开拓政策基本要纲,作为这一时期日本移民的基础条例,除了一般的农业移民外,还有"义勇队开拓团"移民,多为青少年组成。这些移民的实质是将伪满洲国作为日本全面侵华战争的大后方,镇压反日斗争、加深侵略的进程,从而建立稳固的军事政治据点。

对于"国策移民"时期的日本移民总人数,目前已无法进行明确考证,《东北经济史》中提到,1945年日本投降前夕,伪满洲国约有日本移民106000户,318000人,其中义勇队开拓团移民就达到十万余人。[①]在愈演愈烈的侵华战争中,这些移民一部分被编入军队,另外战死、失踪、成为俘虏者甚众,最终生还的日本移民不足半数,老弱病残和妇女儿童等移民则被弃之不顾,"他们饥寒交迫,哭号于荒野,陷入了极其艰难的困境,有的因走投无路而自杀,也有的在途中因病而亡"[②]。而东北地区的广大人民则遭到了更为沉重的压迫,日本侵略者强占中国农民的耕地,常常分文不付或给予极低的价格,迫使农民失去土地、流离失所,到伪满洲国后期,已是强弩之末的日本侵略者加大了对农产品的剥削力度和对土地的开拓,强迫广大农民迁往边境苦寒地带开荒垦殖,许多人在被迫迁移的过程中冻饿而死。

总而言之,民国时期的日本移民是以侵略为目的,以军事掠夺和政治、经济侵略为手段的侵略政策,给广大中国人民带来了极为沉重的负担,也给城镇和产业发展造成了无法估量的严重破坏。日本的侵略统治非但没有为辽东地区的发展作出贡献,反而进一步促使了地区城镇格局的畸形演化,给农业和民族工业的发展带来了灭顶之灾。

2)民国时期的朝鲜移民潮

民国时期辽东地区的另一部分国际移民则来自于邻国朝鲜。出于天灾和日本侵略统治的共同影响,这一时期有大量的朝鲜移民迁移至图们江、鸭绿江流域,形成大量的朝鲜人聚居区,在客观上促进了新兴城镇的发展和农业的繁荣。

---

① 孔经纬. 东北经济史[M]. 成都:四川人民出版社,1986:530.
② 政协黑龙江省委员会文史资料委员会. 梦碎满洲[M]. 哈尔滨:黑龙江人民出版社,1991:285.

早在清晚期，急于移民实边的清廷便与朝鲜签署《奉天与朝鲜边民贸易章程》，允许双边商人进行自由贸易，在事实上废除了与朝鲜之间的边禁，为朝鲜移民的涌入提供了契机。1910年日本正式吞并朝鲜，在朝鲜国内实施了一系列残酷的压榨和掠夺政策，大量朝鲜农民失去土地，被迫迁往东北地区，其中很大一部分通过鸭绿江迁入辽东地区，并形成了诸多朝鲜人聚居区。据统计，1917年至1920年期间，居住奉天省的朝鲜人达50497户273290人，其中兴京的朝鲜移民人口最多[1]，另外，在沈阳、新民、抚顺、本溪、集安、宽甸、桓仁等地也都出现了较大规模（超过1万人）的朝鲜移民聚居区（表4-11）。

1917—1920年间奉天省朝鲜移民人口数量统计[2]　　表4-11

行政区划	人口数	行政区划	人口数
兴京	65231	宽甸	33600
沈阳	26977	集安	26240
新民	22764	长白	21627
抚顺	15431	桓仁	14609
本溪	12335	合计	238814

资料来源：摘取自参考文献[128]。

另外，日本侵略者的移民侵略策略在东北地区受到了激烈的反抗，为实现他们的侵略目标，缓解国内人多地少的尖锐矛盾，日本便利用了朝鲜移民涌入东北地区的情况，实行"换位移民政策"。简而言之，这一政策通过掠夺朝鲜农民的土地，建设日本移民村，意图将大量日本移民迁入人口更少、侵略难度更低的朝鲜，以实现文化和民族认同上的侵略。再迫使流离失所的朝鲜农民迁入东北地区，从而间接实现其侵略目的。

在伪满洲国建立后，日本妄图通过移民来夺取满洲地区的永久控制权，但声势浩大的移民政策屡次宣告失败。到1930年时，由于国际形势的影响，日本的经济和政治陷入停滞，作为其殖民地的朝鲜的阶级矛盾和民族矛盾愈发尖锐。因此，日本侵略者希望将大量朝鲜移民遣送至伪满洲国开垦种植，便于其进一步掠夺满洲地区的农产品资源。1937年日本侵华战争全面爆发以后，日本经营伪满洲国作为其大后方的需求愈发迫切，

---

[1] 辛圣凤. 朝鲜人的满洲移民史研究[D]. 延吉：延边大学，2013.
[2] 同[1].

开始成组织地强行遣送朝鲜移民，到1939年时，在满洲地区的朝鲜移民已达到1065523人，呈高速增长的趋势。

近代辽东地区的朝鲜移民浪潮始于清末废除边禁，早期朝鲜移民多是逃脱帝国主义压迫而自发形成的，后期则是日本侵略者强迫迁移、征召的。随着朝鲜移民数量的增长，其不可避免地与东北地区的本土人民产生矛盾和冲突，最终导致了"万宝山事件"的爆发，但其本质上仍然是日本侵略统治下产生的恶果。大量朝鲜移民到达东北地区后，大范围开垦种植，也形成了诸多成规模的聚居区，积极组织开展抗日斗争，对地区城镇和产业发展都有着积极的作用。

六、民国时期辽东地区聚落体系格局演变

民国时期（1912—1949年）是充满动荡和剧变的年代，受到侵略势力和西方思想的影响，辽东地区的聚落体系格局也发生了翻天覆地的变化。

从整体格局来看，其聚落体系演变体现了两个主要趋势：其一是城市近代化特征明显，除了沿袭清代格局的老城区外，还出现了地方当局为图自救而开设的商埠地区域，以及日本侵略势力所经营的"铁路附属地"区域。随着城市商业和工矿业的发展，辽东地区逐渐分化出工业、商业、矿业职能的城市，聚落体系结构由简单逐步走向复杂，城市基础设施提升，城市面貌和人居环境得到较大的改善。其二是聚落体系的发展不均衡问题较为严重，这种不均衡发展的现象不仅体现在城市与城市之间，也体现在单个城市的"铁路附属地"、商埠地和老城区之间。而溯其根源，则在于侵略势力的有意经营和掠夺，以及商品贸易运输方式由航运向铁路的转变。

如果说由明至清的聚落体系发展是由闭塞单调的军事聚落转变为开放多元的商业城镇，那么由清末到民国时期的聚落体系发展，则是由简单的手工业、商业城镇转变为结构复杂、各有不同职能分工的近代城市，这是辽东地区聚落体系整体走向近代化的体现。

1. 城市近代化特征明显，城镇职能分化成型

整个民国时期，辽东地区的城镇总体趋势是走向近代化，在日本侵略者的投资经营和民国政府的近代化政策的共同作用下，近代企业、工厂、矿区大量涌现，对城市产业发展具有推动作用。在此背景下，辽东地区城镇职能开始分化，出现了一批以工矿业为

主导产业的城市，不同职能的城市之间协同发展，形成了近代化的城镇经济体系。

从宏观角度来看，辽东地区的城镇空间格局发生了一定的变化，其原有的城镇聚落，呈现出整体发展但存在差异的趋势。奉天城（沈阳）依旧沿袭清代地位，作为奉天省的政治、经济、工业中心而存在，其工商业的发展也位于地区前列（表4-12）。锦州作为清时的区域重心城市，仍旧保持其地位，1933年伪满洲国区划调整，锦州成为辽西省省会，规划城市总面积为38万km²。[①]1941年，锦州人口增至14.9万人。[②]而在辽南三港当中，由于近代铁路运输的兴起迅速取代了辽河航运业的强势地位，清晚期的区域经济重心营口完全被大连所取代，安东也因为安奉铁路的兴建而得到发展。沿辽河形成的带状城镇群转变为沿铁路网络逐步向两侧扩散的城镇体系，空间结构由简单转向复杂，发展范围逐步扩张。

奉天省耕地、人口统计表　　　　表4-12

	1908年	1918年	1928年	1931年
人口（万人）	1079.6	1252.7	1447.7	1532.9
耕地（万垧）	412.6	465.1	524.5	467.4

资料来源：依据参考文献［131］，笔者整理。

除了原已存在的城市以外，近代铁路的发展也使得许多新兴城镇涌现，瓦房店便是具有代表性的新城市之一。瓦房店直到清早期以前都是河畔林地，不仅没有成规模的聚落出现，也没有地名。直到后来，山东登莱二州有闯关东者，多经由此地赶赴复州，辽东地区的客商也常常往来于此，便有人于此建瓦房来招徕商客，久而久之，此地便被称为"瓦房店"。1910年，中东铁路正式建成，瓦房店成为其沿线站点，由于近代铁路的影响而发展日益壮大，乃至很快取代了复州城（复县）的地位。1925年，县公署由复州城迁驻瓦房店，标志着区域重心的正式转移。到了新中国成立后的1985年，瓦房店更是接替复县成为地级市。总体来说，近代铁路是城市发展的大动脉，可以改变自古以来的城镇空间格局。

这一时期的城镇格局整体以奉天作为中心，大城市均分布于南满铁路及其支线沿线，工矿资源型城市钢都鞍山、煤城抚顺以及铁矿城本溪围绕重心城镇发展。

---

① 大锦州工业计划［N］. 盛京时报. 1938-03-29.

② 盛京时报［N］. 1941-11-26.

从微观角度来看，这一时期城市中出现了许多近代化设施，例如市场、工厂、城市电力系统等。最先步入城市近代化进程的是侵略者所占领的"铁路附属地"，以及地方当局开设的商埠地区域，老城区则被其他区域的发展而带动，最终与商埠地区域整合。除了日本侵略势力在"铁路附属地"和"关东州"地区兴建的近代市政设施和工厂外，民国政府也在城市近代化运动中，大力引进发展新兴产业，以火柴、玻璃、肥皂制造等工业为主力，兴建工厂，倡导地方实业革新。在一系列政策的带动下，奉天省涌现出了一批近代企业，包括电灯厂、玻璃公司、煤矿公司等。另外，清末民初时，美日洋布的大量倾销冲击了本土纺织业，土布滞销，民国政府在推行官商合办纺纱厂的同时，其余商民也多集资组合纺织工厂，辽阳、锦县等地本就是优质棉花产地，其纺织品广受好评，销往国内外各个地区，由此可见政府对民族工业的扶持既利于城镇经济发展，一定程度上也遏制了列强势力的无限度扩张和对贸易的把控。

除了工业外，地方当局还积极发展城镇商业。从民国十五年（1926年）至民国十七年（1928年），奉天市商会在城隍庙、长安寺、工业区相继开辟了第一露天市场、第二露天市场、工业区露天市场等市场区域，服装店、金店数量增多，山货店数量增至18家，客店增至217家。[①]这些新兴的商业区域与原有的店铺网络融合，形成了具有4400多户商号的沈阳商业网。[②]

在聚落体系近代化发展的窗口期，城镇之间彼此联系密切，城市职能逐渐分化，城市空间结构也相应发生变化，其中最有代表性的则是近代工矿业城市的出现。奉天省的煤矿、铁矿资源丰富，以抚顺、本溪、鞍山、辽阳等地最为集中。日本侵略者极其重视这些地区的矿产资源，并假借各类借口收买土地并建立"附属地"和矿场，将奉天省的大部分矿产资源据为己用。随着人口的增加和区域的发展，这些地区便逐渐形成了以矿业及其相关工业为核心的城市，这些工矿职能城市的出现与近代工业的发展密不可分，其城市结构和空间已经完全不同于自然演进的城市，这也意味着城市之间的职能类型分化，城市之间的协调发展趋势已成为必然。

抚顺作为能源产地，煤矿资源丰富，日伪借由城市重建规划的机会，进一步加强能源管控，新城规划便以煤矿开发为目的。1934年，抚顺人口为4万，1940年，人口增至

---

① 赵恭寅修，曾有翼纂，《沈阳县志》，1917（民国六年）。
② 辽宁省档案馆，日文资料工矿商业档，第2369号。

11万,煤炭年产量为1950万t,能源工业规模在东亚城市排名靠前。①

辽东地区的城市近代化进程也可以通过其城镇人口规模得到体现,数据显示,在1933—1936年期间,辽宁城镇人口发展势头仍然强劲,沈阳已是人口数量在50万~100万的大城市等级,大连是人口数量在20万~50万的中等城市,安东(丹东)、普兰店(新京)、营口、旅顺、锦州、抚顺、牛庄人口数量在10万~20万,新民、辽阳、洮南、铁岭人口数量在5万~10万。②城镇体系由清初原本单一职能演化至多职能复合,又逐渐演化为经济、交通、贸易等功能的分化。沿海、沿江城市发展轴不断分支,形成了具有分区特点的现代城镇体系基本框架(表4–13)。

1942年辽宁部分城市及市镇人口统计表　　　　表4–13

地域	人口(人)	地域	人口(人)
抚顺	277151	辽阳	105899
熊岳	13529	海城	43421
铁岭	60088	营口	187881
开原	24285	盖平	35785
沈阳	1302687	复州	16482
瓦房店	30194	锦州	149533
北镇	27730	绥中	32722

民国时期动荡混乱,尤其是列强环伺的辽东地区,地方当局对其掌控力始终不足,政策难以施行。然而,辽宁城镇体系城市近代化发展的进程不可逆转,在曲折中不断上升,最终发展成为近代化城镇组群。与此同时,城镇之间的职能出现分化,以工矿业为支柱产业的城市出现,带来了城市结构和空间上的革新。虽然由于日本侵略者的干扰和扩张,其城镇体系发展实际上并不完善,但最终在城镇体系规划、城市规划、市政建设等方面都取得了极为显著的成果,这一螺旋上升的过程也是极为重要的历史进程,历经风雨打磨,城镇体系才会迸发出更强大的生命力。新中国成立后到当代这段时间内,辽宁城镇体系正式调整发展,朝向系统、科学的现代化方向全力演进。

---

① 抚顺工业[N].盛京时报,1940-10-01.
② 顾朝林.中国城镇体系:历史·现状·展望[M].北京:商务印书馆,1996.

2. 城镇体系近代化发展不均衡

在整个民国时期，由于以日本为主的侵略势力的存在，辽东地区城镇体系始终处于不均衡发展的状态。不仅城镇与城镇之间发展差异很大，城市内部的"铁路附属地"、商埠地和老城区也面临着割裂发展的局面，在城市规划、产业建设、基础设施等方面均有所体现。虽然民国政府和地方当局都为弥合城市结构割裂作出了努力，包括发展商埠地、进行老城区的改善建设等，但其发展不均衡的本质原因仍然是侵略势力的干扰和扩张。因此，直到1949年新中国建立以前，这种不均衡发展的趋势始终存在于辽东地区。

辽东地区城镇之间的发展差异，主要在近代交通的发展和日本侵略者的经营策略上有所体现。其中，前者是客观上的发展差异，近代铁路的兴起使得铁路沿线城市之间的贸易额大幅提升，资源和原料能够高效率地在城市之间流转，因此，铁路沿线的城市通常比腹地的城市发展速度更快、程度更深。后者则是侵略者的主观选择差异，为更好地掌控东北地区，日本侵略者着力发展分散于铁路沿线的"附属地"区域和大连等城市，而当时的日本无论是工业基础还是市政建设水平都要远超民国，这些地区自然脱颖而出，造成了发展极不均衡的局面。在现实情况中，上述两个因素通常结合出现，在东北地区未全境沦陷之前，日本侵略者所掌控的势力范围沿着南满铁路及其支线延伸，并逐渐深入到腹地，辽东地区被侵略的程度不断加深。

城镇体系发展的不均衡通常可以表现为城市之间的此消彼长。在清末发展势头迅猛的辽南三港中，大连、安东的发展和营口的没落是具有代表性的例子。在客观因素上，辽南三港的体系更迭标志着辽东地区的主要运输方式由航运转变为铁路运输，以营口为代表的航运体系所占份额被逐年挤压，而盛极一时的辽河航运体系更是基本陷入停滞状态。相反，大连不仅拥有条件更好的深水不冻港，更是南满铁路的重要站点，极为便利的交通使得大连一跃成为辽东地区规模最大的城市之一，安东也因为安奉铁路的修建而进一步发展。在主观因素上，"九一八"事变以前，日本侵略者的势力范围多集中于"关东州"和"附属地"地区，大连作为其多家垄断企业的总部所在地而存在，因此，日本侵略者有意优先发展大连、旅顺等地，作为其逐步蚕食东北地区的后方。

而营口既依靠辽河航运，又非日本侵略者的势力范围，在铁路运输的挤压和侵略者的有意阻碍下逐步走向衰落，其支柱产业油坊业也逐步移至大连。伪满洲国时期，日本侵略者更是为加强统控禁止自由经营，排挤民营经济，营口的棉纱、粮油、药材等工商业遭到毁灭性打击，民航船只被列强征纳运输军资。加以辽河逐渐淤堵，地方当局无力疏通，到1944年时，营口港已无船只进港，"城以港兴，港废城衰"，曾一度辉煌的港口城市走向没落。

城市内部发展的不均衡主要体现在"铁路附属地"、商埠地和老城区之间的发展差异。近代辽东地区城市的规划受到许多因素的影响，无论是"铁路附属地"还是商埠地均在老城区外选址并建设，各个区域之间相对独立发展，因此难以形成完整的城市结构。差异首先体现在最直观的城市规划上，老城区仍然多沿用中式传统规划，以中轴对称、方格路网为主要特征，而"铁路附属地"则多引入西方城市规划思想，以广场、车站作为中心，布置放射形和方格形路网，具有强烈的西方城市规划风格。体现在城市整体规划上就成了道路和空间的割裂。

其次，还体现在城镇产业建设方面，为达到侵略目的，日本着力发展"铁路附属地"产业，掌控了绝大部分矿产资源，并兴建工厂和市场，使"附属地"区域逐渐成为有活力、有吸引力的城市空间，开始吸纳移民、客商和资金，使其与老城区之间的发展差异越来越大。商埠地区域作为地方当局对抗侵略势力的区域之一，靠集中的资金和政策带动产业发展，从而遏制"附属地"产业的无限扩张，也起到了一定的效果，但产业经济割裂的现象仍然存在。

最后，能够体现城镇体系发展不均衡的还有城市基础设施，由于"铁路附属地"的工业基础，使得建设完全近代化的市政设施成为可能。通过煤矿、发电厂的建设来为城市提供能源，设置了照明、电力、给水排水等基本系统，图书馆、学校、博物馆等文化教育设施，并且规划了大面积的公园和景观绿地，形成一个完全独立于原有城市的"国中之国"。"附属地"的居住条件、基础设施、文化教育等方面都远远优于老城区，而地方当局则无权监管，这也是辽东地区被侵略的程度加深的重要体现。

割裂的城镇体系格局会加剧辽东地区的发展不均衡，导致老城区和腹地城市资本、商业、人口外流，发展陷入倒退。因此，为弥合割裂的城市空间，民国政府和东北地方当局都进行了长期的探索和努力，也由此掀起了近代东北地区的城市近代化运动。其中最重要的政策则是自开商埠地的建设和发展，商埠地通常在老城区附近选址，借鉴约开商埠的建设经验，以集中的资金和力量发展商埠地区域，大力兴建近代企业和其他基础设施，使其发展成为与"铁路附属地"相对抗的区域，同时也可以通过连带作用带动老城区的产业发展。另外，地方当局还引入了西方先进的规划和城市建设思想，着力于市政建设，建立完善的城市管理制度，改善城市基础设施，提升人居环境，将落后的老城区改造为新兴的近代化城市。经过民国中前期的经营，城市内部的割裂发展趋势得到缓解，老城区在一定程度上焕发了活力，本土产业得到发展，也阻碍了日本侵略政策的推行。

总体而言，辽东地区的不均衡发展趋势在整个民国时期都普遍存在，归根结底是民国时期被列强侵略所导致的。日本无条件投降以后撤出辽东地区，许多经营多年的工业设施和建筑也毁于战火，直到新中国成立以后，辽东地区的城镇聚落体系发展才得以迈入正轨。

第五章

现代辽东地区聚落体系重构

新中国成立前，辽宁城市发展一度陷入困顿停滞状态。新中国成立后，由于国家对能源需求剧增，重工业发展得到重视，辽宁城镇由于拥有良好的工业基础，成为举国之力优先发展的基地。国家统一管控生产力布局，通过实行集中的计划经济体制，使得辽宁城镇体系短时间内得到飞速扩充发展，工业生产能力提升。这段时期，是辽宁城市体系自上而下现代化加速发展的关键时期。

"一五"时期，全国156项重点建设项目中有55项分布在东北地区。这55个重点项目分布在21座城市，其中辽宁省占8座城市。[1]

辽宁地区同级别的城市中，煤矿城镇发展尤其迅速，无论人口规模、建成区规模还是工业产值方面都突飞猛进地发展，已有的煤矿城镇也通过改造完善得到发展。随着重工业基地的基本建成，产业布局也发生了深刻变化，辽宁城镇体系变成以沈阳主导，各类重化工业城市为辅的布局。本溪的鞍钢生产、锦西的有色金属开发以及抚顺、本溪的煤炭开采都步入正轨，沈阳被确定为辽宁省中心，以沈阳为中心的加工制造业城镇体系逐步形成。

随着对外开放的发展，辽东半岛沿海地区一批港口城镇也得到了快速发展。大连借助开放中的优势，成为东北门户[2]，在辽宁省地位仅次于沈阳。1987年，辽宁金县划为大连市金州区，瓦房店、海城、盘锦设为城市。从城镇兴起，至体系脉络分支成型，再到多个城镇体系组合、城市群出现，辽东地区厚积薄发，近现代发展实力强劲。

---

[1] 王先芝. 东北地区城市空间组织研究 [D]. 长春：东北师范大学，2006.
[2] 王士君，宋飏. 中国东北地区城市地理基本框架 [J]. 地理学报，2006，61（6）：574-584.

一、现代社会背景的转变

1. 解放战争时期东北地区的转变

东北地区幅员辽阔,自然资源丰富,工业发达,海陆交通便利,北有苏联和蒙古、东临朝鲜、南部与中共胶东解放区隔海相望,西南与冀热辽解放区相通,战略位置十分重要。

"九一八"事变以后,在日本帝国主义的侵略与策划下,东北原有的军阀权力退出东北地区,伪满洲国作为日本的侵略工具,成为傀儡政权,但东北地区实际的统治者是日本帝国主义。直至1945年8月,苏联红军挥师北下,迅速击溃了日本势力,占领了铁路沿线的大中城市,但由于当时并没有对小城镇和广大农村进行管理,使得当时的东北广大地区处于一个无政府管理的状态。而当时的国民党在东北地区也缺少系统的布局,短时间内很难形成稳定的控制。相比之下,中国共产党在东北则更具优势,当时由中国共产党领导的东北抗日联军已经与日军进行了长期的斗争,在东北地区一直保持着抗日活动,而且,在苏军解放东北的行动中,也有东北抗联的重要助力。因此,与国民党相比,中国共产党在东北民众心中更具影响力与号召力。正因如此,抗战胜利以后,东北地区成为国共两党争夺的战略要地。

中国共产党十分重视东北地区在解放战争中的作用。在中共七大时明确了战后全力争取东北的战略任务,[1]并选举了原东北军中东北籍的万毅力、吕正操为中央候补委员。[2]吸收东北籍将领进入中央委员会,关系着党对东北地区的强化部署与管理,是能否顺利实施东北战略的重要支撑。

相比之下,国民党政府则略显滞后,其重点都放在了上海、南京、北平、天津、武汉等经济发达的国民党政治影响力较大的大型城市中。另外,1945年8月,苏联与国民党政府就东北问题,曾在莫斯科展开谈判,签订了《中苏友好同盟条约》,国民党则以港口和铁路问题上的妥协,获取了苏联的支持。这一条约的签订,使得国民党一直沾沾自喜,忽视了对东北地区的部署,为中共在东北的发展提供了便利的条件。

---

[1] 中共中央党史研究室《中共党史大事年表》编写组. 中共党史大事年表说明 [M]. 北京: 人民出版社,1983.

[2] 复旦大学历史系中国近代史教研组. 中国近代对外关系史资料选辑: 下卷: 二分册 [M]. 上海: 上海人民出版社,1977: 268,272-275.

抗战胜利后，中国共产党积极争取东北，要为解放战争打造一个稳固的后方战略要地，1945年9月11日，中共中央就关于调四个师的部队到东北的问题致电中共山东分局，提出迅速发展东北力量，巩固我党东北地位的策略。15日，中共中央致电各地中央局，提出"目前我党对东北的任务就是要坚决地争夺东北"[①]。21日，中共中央决议成立东北局，任命彭真为书记，负责开辟东北解放区的工作。可见中共对东北的关注与重视。

但长期以来，东北地区各方势力盘根错节，局势十分复杂。另外，随着《中苏友好同盟条约》的签订，美国意识到危机，一方面虽然苏联公开宣布支持国民党政府，但另一方面条约的签订，影响了美国对国民党的控制，削弱了美国在华的主导地位，尤其限制了其在东北地区的扩张。因此美国与苏联开始了在东北地区的激烈角逐与博弈，使得其在东北地区的政策不断调整。正因如此，中共建立东北根据地的工作十分艰苦。但凭借在土地改革、剿匪斗争、军事斗争、政权建设、财经工作等方面取得的胜利经验，中共对东北工作进行了及时的策略调整，由夺取大城市转向农村包围城市。至1947年5月，在东北建立了东满根据地、北满根据地、西满根据地、南满根据地四大比较巩固的根据地，大力发展军工、卫生、军事、交通等后方建设，成为第一批被完整解放的区域，为支援全国解放战争提供了强大的后方支持。[②]

2. 新中国成立初期东北地区的发展

1948年年底，东北地区已经获得全境解放，而当时中共党中央也提出了"让东北工作先走一步"的决策方针，决定举全国之力，帮助东北建设，以便使东北在解放战争结束后能够成为全国经济建设的后盾。其实，在日本投降后，东北工业遭到了严重的破坏，资源遭到疯狂掠夺，大部分工业基本丧失了生产能力。解放战争时期，国民党也无暇顾及生产恢复，致使东北地区的工业生产几乎停滞。直至东北解放后，由中国共产党建立的人民政权为东北生产的恢复作出了巨大的努力，使东北的工厂、矿产、铁路交通等及重要企业迅速转变为社会主义性质的国营企业，归广大劳动人民共同拥有。在这样的历史背景下，东北生产得到快速的恢复。到1949年年底，东北地区的铁路线路除了锦州至古北口、叶柏寿至赤峰两线外，均已通车。1949年5月京沈线恢复通车后，大量

---

① 中央档案馆. 中共中央文件选：第13册 [M]. 北京：中央党校出版社，1991：146.
② 董肖芫，杨庆华. 解放战争时期东北战略后方基地建设研究 [J]. 军事历史研究，2000（1）：71-79.

物资从东北通过山海关向国内其他省市运输，帮助内地克服经济困难，作出了巨大的贡献。1949年，全国铁路26857km，其中东北占42%；东北产煤1120万公吨，占全国总产量的43%；发电量619745kW，位列全国第一；全国炼铁设备年产能力300万公吨，东北占71%；炼钢设备年产能力147.6万公吨，东北占91%；轧钢设备年产能力70万吨，东北占50%。东北经济与生产的雄厚基础与快速恢复，为后来的全国建设打下了坚实的基础。[①]

但在新中国成立初期，一方面，我国仍面临着诸多十分严峻的挑战，国内工业基础差、底子薄，急需快速实现工业化；另一方面，国际环境错综复杂，帝国主义势力忌惮新生社会主义政权的威胁，进行了一定的阻挠与破坏。面对这样的局面，在以落后传统农业为基础的境况下，只有工业化道路才能使中国经济得以发展，使综合国力得到提升。

新中国要走工业化道路，面临的首要问题就是如何实现农业向重工业转变，把农业生产力转化为工业生产力的困难。比较国际局势，我们借鉴了苏联成果的经验，将农业与工业有机结合，互补互给。而为了尽快实现工业化，需要选取形势比较稳定的地区优先发展经济。在这样的背景下，东北率先成为全国工业建设的中心。因此，党中央较早同苏联方面针对东北地区工业发展问题进行了会谈。经过不懈的努力，苏联方面同意为东北工业基地发展建设提供技术与物资支持。[②]

谈判达成一致以后，党中央领导到东北进行视察，着重强调东北地区在全国经济发展与工业发展中的重要性，肯定了东北地区的有利条件与优势，明确指出应在全国率先发展东北工业基地。至此，拉开了轰轰烈烈的东北工业基地建设活动。

二、东北重工业基地的兴起与发展

1. 新中国成立初期东北工业基地的建设与发展

新中国成立以后，在党中央领导下，东北工业基地建设对全国国民经济的恢复与准备工业化起步都发挥了重要作用，而之所以选择东北也是因为东北地区具有天然的优势。

[①] 傅颐. 二十世纪五六十年代中央对东北工业基地的经略与建设[J]. 中共党史研究，2004（5）：58-65.
[②] 马迎淇. 建国初期东北工业基地建设研究[D]. 长春：吉林大学，2014.

1）东北工业基地建设的优势

首先，东北地区具有优厚的自然资源，这里幅员辽阔，有肥沃的土地资源，"有著名全国的森林、大豆、亚麻、柞蚕、甜菜、毛皮等。其中，森林即拥有4200万hm^2，每公顷蓄积量为300~400m^3，能用的针叶树和阔叶树达360余种，以及1000余公里的沿海地带等，到处都有浩如烟海的工业原料"①，为农业发展及带动工业基地建设提供了很好的基础。另外，东北地区特殊的黑土资源，也是东北农业生产产量与质量的保障。再次，东北地区矿产资源丰富。早在抗日战争时期，东北就是全国举足轻重的矿产区，煤产量占全国产量的49%，钢材占93%，生铁占87%，电力占78%，工业生产占全国国民经济的56%。②可见，东北地区在建设工业基地的基础需求层面具有天然的优势。

其次，东北地区具有比较扎实的工业基础，自清朝末期，东北地区就经历了一次较大规模的工业发展，当时的清政府在东北建立了大批军事工业与采矿业基地，使东北地区的工业活动逐步发展起来；而到了伪满政权时期，东北地区进入到快速发展阶段，包括煤炭产业、钢铁产业、有色金属产业及机械制造业等多种重工业在短时间内迅速发展，加之东北地区铁路交通和海运运输的快速发展，使得东北地区成为当时重要的工业中心。

再次，东北地区有天然的地缘与政治环境优势。东北地区紧邻苏联，而新中国是刚刚建立的社会主义政权，与苏联处于同一阵营，随着国际局势的变化，苏联也十分重视同中国之间的战略关系。因此，新中国建立以后，苏联政府对东北地区进行了物资与技术支持，在新中国成立初期苏联政府援建我国的50个项目中，有36个都在东北地区，"一五"期间苏联援助中国的150项工业项目中，东北占58项③，这也侧面证明了东北地区的地缘优势。而除了苏联以外，东北地区因紧邻朝鲜和蒙古，也为保证东北地区稳定的政治环境提供了条件。

总之，不论是在自然资源、工业基础还是地缘政治格局方面，东北地区都具有优先发展工业基地的基础。因此，在新中国成立初期，党中央形成了优先发展东北的指导思想，也使得东北地区在工业建设方面取得了重大的成就。

2）东北工业基地建设的实践

新中国成立前东北地区的工业生产就已取得比较显著的成绩，也为新中国成立初期

---

① 方青，常工. 向着新中国的工业基地前进 [N]. 东北日报，1950-09-30.
② 中央档案馆. 1949—1952中华人民共和国经济档案资料选编 [M]. 北京：中国城市经济社会出版社，1989：968.
③ 宋庆龄. 新中国向前迈进：东北旅行印象记 [N]. 人民日报，1951-05-01.

工业基地建设提供了有力的基础。自1950年起，国家就在东北地区投入了大量的建设资金，重点建设重工业与国防工业，努力培养了大批技术人才。1950年，国家对东北投资总额占全国投资总额的51.66%，其中工业投资占38.8%；1951年占40.3%。[①]在中央对东北的投资中，以辽宁为投资重点。在1950年苏联援建的50个重点项目中，有1/3均在辽宁。1952年，中央对辽宁基建投资7.8亿元，约占在全东北基建投资的70%，占全国基建投资的16.3%。[②]可见，辽宁在全国经济发展中的重要地位。

随着国家的大力投资与建设，"一五"期间，东北地区社会生产总值迅速提升（表5-1）。有着先天优势的东北地区，乘上了新中国工业振兴的第一班车，在这里诞生了

"一五"期间东北三省经济数据表[③]　　　　表5-1

省份	年份	社会总产值（亿元）	工农业总产值（亿元）	分项产值（亿元）				
				农业	工业	商业	建筑业	运输业
辽宁省	1953年	99.10	74.70	16.90	57.80	9.80	9.60	5.00
	1954年	106.80	83.00	18.80	64.20	8.90	9.40	5.50
	1955年	108.30	87.20	19.40	67.80	7.30	7.70	6.10
	1956年	133.10	105.60	22.10	83.50	8.90	11.50	7.10
	1957年	142.00	115.60	21.20	94.40	9.30	10.40	6.70
吉林省	1953年	32.77	25.82	12.54	13.28	2.99	2.33	1.63
	1954年	35.44	27.51	12.40	15.11	2.95	3.13	1.85
	1955年	34.75	27.23	13.34	13.89	2.94	2.64	1.94
	1956年	40.05	30.36	13.43	16.93	3.37	4.22	2.10
	1957年	42.61	33.64	12.84	20.80	3.82	3.11	2.04
黑龙江省	1953年	55.17	43.38	18.28	25.10	4.85	4.00	2.94
	1954年	60.79	48.48	20.25	28.23	4.79	4.60	2.92
	1955年	62.26	49.29	22.42	26.87	5.10	4.64	3.23
	1956年	70.50	55.75	24.42	31.33	5.85	5.31	3.59
	1957年	73.54	58.92	23.89	35.03	6.31	4.44	3.87

---

① 中央档案馆. 1949—1952中华人民共和国经济档案资料选编［M］. 北京：中国城市经济社会出版社，1989：257.
② 傅颐. 二十世纪五六十年代中央对东北工业基地的经略与建设［J］. 中共党史研究，2004（5）：58-65.
③ 根据国家统计局综合司所编的《全国各省、自治区直辖市历史统计资料汇编（1949—1989年）》整理。

中国油荒的终结者——大庆油田；计划经济时代中国制造业的重要标本——绵长工业区；中国"钢都"——鞍山。东北比全国其他各省市地区提前开始规模较大的基本建设，为其他地区的经济恢复与发展创造了有利的条件。而辽宁更是作为"一五"期间全国的重点建设地区，取得了辉煌的成就。"一五"期间，辽宁工业总产值累计达411.61亿元，占全国工业总产值的14.6%。重工业产值72.4亿元，占全国重工业总产值的22.7%，铁矿、钢、钢材、生铁、发电、机电设备、水泥、平板玻璃、硫酸、纯碱、烧碱等产量均排全国首位。

3）东北建设发展的历史作用

新中国成立初期是我国进行经济建设至关重要的时期，关系到了国家经济的复苏发展与政治稳定，在这样一个关键的历史时期，党中央大力发展东北工业基地建设，也表明了东北地区在当时的重要性。实践证明，东北工业基地的建设与发展，对新中国成立初期的国家经济政治建设进程发挥了举足轻重的作用。

首先，东北工业基地的建设，带动了全国工业发展，为国家经济发展提供了支持。"一五"期间东北地区经济状况明显改善，经济的快速发展也为国家贡献了大量的税收。另外，东北地区的工业发展，为全国各地的工业建设输送了大量的原材料、机械设备和技术人才，成为当时我国经济发展的大后方。在新中国成立初期，东北的工业发展不仅提升了自身的经济水平，也支援了全国的经济发展，从整体上改善了我国的工业布局。

其次，新中国成立之初，作为新生的社会主义政权，国内的政治局势尚不稳定。一方面，在国际社会中，以美国为首的帝国主义对新生政权进行孤立、封锁和打压；另一方面，在国内尚有很多残余势力进行破坏。因此，在当时的社会背景下，东北工业基地的建设，为全国提供了物质、技术与人才的保障，支撑了国家政治经济的快速振兴，同时也为新生政权的稳定和巩固提供了坚实的基础，作出了重要的贡献。

最后，随着东北工业化的振兴，颇具规模的大型企业建设，带动了人口由乡村向城市流动，同时也催生了很多县乡规模扩大，升级为城市。随之而来的是城市基础建设的完善，城市生活水平的提升。"一五"期间，东北地区形成了沈阳、大连、鞍山、本溪、抚顺、吉林、长春、哈尔滨、齐齐哈尔、大庆等一批重要的工业城市。在1987年，全国的非农业人口占19.8%，而黑龙江省占到41.4%，当时是我国城市化水平最高的省份。到2002年时，辽宁省的城市化水平达到了54%，排在全国第一位。可以说东北地区进入了一个快速城市化的进程中，也因此形成了新的城乡空间结构，影响着东北城乡发展的空间格局。

2. 东北工业基地的空间格局

随着东北地区工业基地建设的推进，东北进入快速城市化进程中。"一五"期间，东北地区城市划分为三类：第一类为新建城市，如富拉尔基；第二类为大规模扩建城市，有沈阳、大连、鞍山、长春、吉林、哈尔滨、抚顺；第三类为一般扩建城市，有海拉尔、乌兰浩特、本溪、锦州、葫芦岛、安东、阜新、辽阳、营口、通化、辽源、佳木斯、鹤岗、鸡西、双鸭山、延吉、牡丹江。[①]这一转变使东北地区各省基本形成了以城市为中心的现代城乡格局，提升了东北地区的现代化水平。

1）东北地区现代城市空间形态演化趋势

东北地区近代城市的兴起是伴随着19世纪晚期半殖民地半封建社会形态的出现及日本与俄国的侵略开始的。因此在近代前期，东北地区一批城市的建设带有一定的西方资本主义色彩。一方面，城市布局随着铁路交通的部署展开，铁路推动了城市的兴起，也对城市形态产生了很大的影响，出现了铁路及其附属地的区域分割，导致城市内区域之间产生衔接性交叉；而另一方面，由于侵略统治的影响，城市内部建筑风格出现了多元化的特征。

新中国成立以后，东北现代城市空间发展是与中国快速城市化初期同步推进的，时间短，节奏快，大量的城市建设在短时间内激增，城市之间又表现出一定的趋同性，尤其是新兴的现代城市，城市建设缺乏一定的城市特色与城市文脉，具有一定的盲从性。而在城市内，建筑形式、风格、材料与色彩都十分相近，城市空间十分单一，缺乏辨识性和丰富度。另外，在城市内部出现了空间分异的特征，尤其是大部分居住区多为封闭性的居住单元，贫富差距、文化差异等造成了居住空间之间的隔阂，缺乏应有的交流与融合。

从空间形态来看，东北地区城市内部多以条状或块状形成社会组织单元，城市规划空间结构比较单一。这种单元内部多以生产单位、体制单位为依托，内部有自己的生产流线和交通流线，形成了企业大院、单位房等居住组织模式，这种模式不但限定了社会公民自由定居的权力，也使城市空间、社会公共资源等在无形中被人为分割。这种由单位组织的封闭式社区形成了比较具有时代特色的"城中城"特征。[②]

---

① 董志凯. 论20世纪后半叶大陆的城市化建设 [J]. 中国经济史研究，1999（3）.
② 吴松涛. 城市设计在老工业基地更新中的机遇与应对 [J]. 城市规划，2004（4）.

2）东北地区基本城市体系框架

经过长期的历史演变与积淀，东北地区的现代城市体系基本形成，城市化水平相对较高。从全局来看，东北地区的城市沿主要铁路"滨州—滨绥"线与"哈大"线铁路交通呈现"T"字形分布，这一区域集聚了东北地区大部分具有自然与社会资源优势的城市，尤其是"哈大"铁路沿线，分布了东北地区的全部特大城市和大部分大城市，而在"哈大"城市带的东北两侧及北部偏远地区，基本是数量少、等级低的中小城市，城市化进程比较缓慢。在东北三省中，辽宁省的大城市发展更为迅速，1949年新中国成立之初，辽宁省特大城市只有沈阳一处，中等城市仅有旅大和抚顺两地；而到了1978年，大连已跻身特大城市，而抚顺、鞍山、本溪、阜新均晋升为大城市。但同时小城镇经济中心的职能比较微弱，乡村产业类型比较单一，乡村萎缩比较严重。

从城市内部空间结构来看，东北地区的大城市空间形态上具有一定的相似性。新中国成立之初的城市体系框架依据"全国一盘棋"原则，统筹经济发展计划，城市内部空间要素的组织根据国家重点生产建设项目立项原则展开，形成了以国营大中型企业为核心，围绕企业单位，工业与居住用地混合的，封闭自持性社区空间，这种社区空间内基本可以满足生产与生活基本需求，独立配套，基础设施比较完备。不过，在这种形态的居住区内，虽然基于比较稳定的社交网络，但其内部邻里结构比较单一，社会关系趋于简单，封闭且独立的单位制居住区，形成了城市内的空间分异，弱化了区域与区域之间的联系，影响了城市空间的均衡发展。

3）四大中心城市与城市群逐步形成

东北地区共有四个副省级城市，分别为沈阳、长春、哈尔滨和大连，其中，前三者为省会城市，大连市为计划单列市，四座城市均是人口超过200万的特大城市，也组成了东北地区重要的四大中心城市。这四座城市都处于东北地区的高质资源聚集地，为东北工业基地的发展与振兴起到了重要的战略作用，而三省的经济、人口也逐渐向四城市集中。2003年，这四座城市集中了全东北24.5%的人口和43.4%的GDP。[①]

受到四大中心城市格局的影响，在东北地区逐渐形成了十分显著的三大重要的城市群，即以沈阳、大连为核心的辽中南城市群，以长春、吉林为核心的吉中城市组群和以哈尔滨、大庆、齐齐哈尔为核心的哈大齐城市组群。其中，哈大齐城市组群是以重型机械制造与石油开采为主的城市组群；吉中城市组群则是我国重要的汽车工业基

---

① 王士君，宋飏. 中国东北地区城市地理基本框架[J]. 地理学报，2006（6）：574-584.

地；而辽中南城市群是东北区域内最为成熟的城市群，也是我国四大典型城市群之一，是整个东北地区最为发达的核心区域，以原料与装备制造业为核心产业。其中，哈大齐城市群，依托内部重要的铁路交通干道展开，形成了目前的空间扩散的格局；吉中城市群因长城与吉林间的核心交通走廊，形成了双子星模式的空间结构；辽中南城市群则是以沈阳为中心的放射状与以沈大交通走廊为轴线的带状结构相结合的空间模式。

四个中心城市与三大城市群承担了东北地区主要的工业产业及交通运输，在城市发展的过程中，逐步进行产业结构调整、产业升级，适应新型工业化与城市化转型。但除了重要的核心城市外，其他城市仍然无法摆脱老工业基地资源依赖、布局重复等问题。因此，东北地区面临着老工业基地转型与振兴的艰巨问题，亟待调整，寻找正确的发展之路。

3．当前东北老工业基地的困境及发展

改革开放以后，民营经济与个体经济不断涌现、发展，公有制经济不再是唯一的经济形式。20世纪80年代后期，轻工业快速发展，工业产业升级，但东北地区的重工业并没有乘上这列快车，其经济优势随着改革开放后东南沿海地区的快速发展而逐渐丧失，经济增长速度也逐渐减缓。东北地区大批的国有企业受到严重的冲击，大锅饭的弊端很快暴露出来。产品落后、缺乏市场、运营不善等问题，导致巨型企业举步维艰，也影响着所在城市的经济发展。1990年代，在市场经济的带动下，国企改革势在必行，东北地区有将近800万国企职工下岗。虽然在全国经济高速增长的带动下，东北地区也实现了同步增长的态势，但是相对而言，东北经济增长在全国经济格局中属于较慢的地区。2014年以后东北三省的增长速度基本处于全国后五位。

随着东北地区与东南沿海地区差距的不断扩大，中央也制定了一系列措施，带动东北经济发展，振兴东北老工业基地。

1）产业结构调整与优化升级

东北老工业基地建立于新中国成立之初，建设时间较早，随着社会发展经济转型，以往相对落后的产业结构和产品结构都已经不能满足当前的经济发展需求，而且已经严重阻碍了东北经济发展。对此，党中央作出了很大调整。加大化工、食品、机械工业的比重，加大高新技术产业的发展力度，使东北地区的工业产业不仅局限于重工业，而且在高技术的轻工业上也有所发展。

2）吸收借鉴先进技术经验

东北老工业基地建设于我国经济恢复时期，最初的技术基本是学习和照搬苏联的技术与生产模式，但随着社会发展，东北地区缺乏对高新技术的吸纳，对先进经验的借鉴。新中国成立初期，东北工业基地的建设取得了一定的成效，但也形成了对苏联技术的过分依赖，伴随着改革开放的浪潮，吸收各国先进技术与经验，并且注重与本土实际情况有效结合，从现实出发，进行必要的筛选，才能发挥高新技术的作用，引导技术的革新。

3）新形势下城市空间形态发展

新技术新产业引领下，东北城市空间也需进行新的调整。在知识经济时代，东北地区城市由传统的制造业为主开始向制造与服务业相结合的产业发展方向转化，随着互联网技术的发展，产品结构发生了巨大的变化，而城市空间也向数字化、网络化、智能化方向转变。以往集中型、封闭式的城市空间划分方式，变成了更为分散、多元的发展。而随着交通技术的革新，城市边缘区迅速拓展，居住用地空间分异明显，同心居住模式得以重构。城市空间发展需向多元主体、多元化目标转变，城市规划管理也应为产业结构调整提供适应的土地使用政策性支持。

三、当代辽东地区聚落体系城乡格局转化

辽东地区的聚落体系城乡格局转化伴随着东北地区城乡体系的发展演变进行，从最初的行政区划格局确立与发展到逐步形成成熟的城市群进而形成比较发达的经济带，原本的聚落体系发生了巨大的变化。

1．新中国成立后行政区划演变与发展

作为中国最北方一个独特的地理与文化区域，东北地区一直以来保持着鲜明的文化特色。新中国成立以后，东北地区政治格局发生了比较大的变化，从最初对省级行政区的大幅度调整，到地级、县级的深入划分，直到20世纪90年代末，行政区划基本稳定，形成了当今的行政区划格局。在这一阶段，辽宁省的行政区划也随着东北地区的调整同步进行。

1）东北地区行政区划演变

作为新中国建立时最重要的解放区之一，东北地区一直以来被称为"共和国长子"。因此，对东北地区的行政区划调整自新中国成立初期便已开始。在省级尺度上，

1949年设立了东北大行政区，设有辽东、辽西、吉林、黑龙江、松江、热河六大省，并设立了沈阳、鞍山、抚顺和本溪四个直辖市，以及旅大行署区。后又经过多次行政区划调整合并，到1955年形成了比较稳定的黑龙江、吉林、辽宁东北三省基本格局。至1969年，东北三省又与蒙东地区进行了重新的整合，但到1979年，又恢复为东北三省的格局。自此以后形成了如今的东北行政区划格局。

在地市级尺度上，新中国成立后恢复了"地区""地级市"一级的行政区，作为一个区域的中心，具有更高一级的治理能力，可以带动区域的发展。"地区"一级行政区划的调整，主要是划定和调整地区的管辖范围，逐步形成了地级行政区划。1983年开始，全国推行"市管县"的管理体制，并在东北率先进行了"地区改市"的方案，大量的"地区"改为地级市，或与地级市合并。在这一阶段，地区变成一个虚级，而地级市的管理机构是一级地方政权，在原有的省、县、乡三级行政区划体系中，增加了一个行政实体的层级。此后，在东北地区，有大量的地区改为市，成为一个地区政区的中心城市，也为东北地区的城镇化推进起到了促进作用。

在县级政区，主要的调整集中在三个层面：县级政区的拆分与合并、撤县改市和县市改区、县级政区管辖范围调整；另外，因为东北地区少数民族较多，结合少数民族聚集区，进行了县改自治县的调整，也为少数民族文化的传承作出了重要的贡献。在新中国成立之初，大量的县级调整也表现出行政区划制度的不成熟和诸多尝试。到改革开放以后，撤县改市增加了地方行政管理权限，促进了经济发展的灵活性，提升了小城市的活力，优化了整个东北地区的城镇体系。

2）辽宁行政区划的调整

1945年日本投降后至1949年4月前，在今辽宁省境内先后建立了中国共产党领导的辽宁省、安东省、辽南行署区、辽北省（部分地区）、辽吉行署区（部分地区）、热河省（部分地区）、辽东省和辽西省等8个省、区，还设有东北行政委员会派出机构——辽东办事处和冀热辽办事处。

抗战胜利后，国家对辽宁地区行政区划进行统一整改，1949年年初，山海关划归河北省，4月21日，辽西省与辽北省合并成立辽西省。同年5月，东北行政委员会发布民建字第15号令，重新调整了行政区划，撤销了辽宁省建制，其所辖地区与安东省合并，成立辽东省；撤销辽北省建制，将所辖鲁北县、通辽县、开鲁县、奈曼旗、东科中旗、东科后旗、库伦旗划归内蒙古自治区管辖，将公主岭市、长农县、怀德县划归吉林省管辖，将西安市、东丰县、西丰县、海龙县、清原县、西安县划归辽东省管辖，其余市、县与辽西省合并，成立新的辽西省，各级民主政府改称人民政府。同年5月1日和17日，辽东、辽西省人民政府分别在安东、锦州市成立，两省首任省政府主席分别为刘澜波、杨易辰。

新中国成立初期，设辽东、辽西省和沈阳、鞍山、抚顺、本溪4个中央直辖市以及旅大行政公署，其中辽东省辖5个市、1个专区、28个县，辽西省辖4个市、21个县。[①] 基本延续了解放战争时期的行政区划。另外，1954年，辽东、辽西两省合并成立辽宁省，以沈阳市为中心，共辖10个地级市、1个县级市、36个县。[②] 几经划分，至1985年末，辽宁省共设13个市、44个县、56个区和1261个乡镇（表5-2）。

1985年辽宁省省辖市行政建置　　　　表5-2

地级市	数量		市辖区	县级市、县、自治县
	区	县/市		
沈阳市	9	2	和平区、沈河区、大东区、皇姑区、铁西区、苏家屯区、东陵区、新城子区、于洪区	新民县、辽中县
大连市	5	5	中山区、西岗区、沙河口区、甘井子区、旅顺口区	瓦房店市（原为复县）、金县、新金县、长海县、庄河县
鞍山市	4	2	铁东区、铁西区、立山区、旧堡区	海城市、台安县
抚顺市	4	3	新抚区、露天区、望花区、郊区	抚顺县、清原县、新宾满族自治县
本溪市	4	2	平山区、明山区、溪湖区、南芬区	本溪县、桓仁县
丹东市	3	4	元宝区、振兴区、振安区	东沟县、宽甸县、凤城满族自治县、岫岩满族自治县
锦州市	5	7	古塔区、凌河区、太和区、南票区、葫芦岛区	锦西县、锦县、义县、北镇县、兴城县、绥中县、黑山县
营口市	4	2	站前区、西市区、鲅鱼圈区、老边区	营口县、盖县
阜新市	5	2	海州区、新邱区、太平区、细河区、清河门区	彰武县、阜新蒙古族自治县
辽阳市	5	2	白塔区、文圣区、宏伟区、弓长岭区、太子河区	辽阳县、灯塔县

[①] 辽宁省地方志编纂委员会办公室. 辽宁省志: 地理志: 建置志 [M]. 沈阳: 辽宁民族出版社, 2001.

[②] 同①.

续表

地级市	数量		市辖区	县级市、县、自治县
	区	县/市		
<u>铁岭市</u>	3	6	银州区、清河区、铁法区	铁岭县、昌图县、法库县、开原县、康平县、西丰县
朝阳市	2	6	双塔区、龙城区	北票市、朝阳县、建昌县、凌源县、建平县、喀左蒙古族自治县
盘锦市	3	1	盘山区、兴隆台区、郊区	大洼县
总计	56	44		

资料来源：依据参考文献［80］，笔者整理，"<u> </u>"原为明代卫所。

经过合并整改之后，辽宁省内部管理更高效便捷，地区凝聚力加强，城市间联系加强，通过交互和反馈，构成了一个有机整体。政策扶持下，辽宁城镇体系得到爆发式发展。

3）辽宁行政区划的特点

行政区划的调整与区域自然地理条件、历史文化积淀、政治环境和经济发展水平均息息相关。辽宁省的行政区划在这一时期有着非常大的调整与变化，但它的区划调整也是与当时国家整体的区划政策与方向保持一致。辽宁省作为"中国鲁尔区"，在新中国成立初期为国家经济发展贡献了很大的力量。在这一时期，辽宁省的行政区划体现出了几个明显的特点：

首先，从宏观来看，辽宁省的行政区划在大的范围内逐渐趋于稳定，但在小的范围内，行政级别的变化、行政区划的类型有很大幅度的不断调整。这种变化具有一定的时代特色，也与国家当时的发展需求相符合。尤其是"地区"撤销之后，一定程度上推进了辽宁省城市化的发展。

其次，辽宁省的行政区划类型具有一定的丰富性。从辽宁省的行政区划类型来看，包括地区、省辖市、盟、旗、县、计划单列市等多种类型，尤其是因其少数民族类型比较丰富，因此结合少数民族特征而形成的自治县、民族乡等，在一定程度上丰富了行政区划的类型，也保留了文化的多样性。

再次，新中国成立初期至改革开放前期，东北地区行政区划的发展与当地的经济发展水平息息相关，尤其是资源型城市的设立，与东北工业基地的大规模快速化建设密不可分，但近20年来，东北地区的城市数量却不增反降，乡村空心化严重，撤村并点、乡镇合并等政策的实施，在很大程度上与东北地区经济发展的滞后有关。

2. 城镇布局的基本结构

截至2022年,辽宁省共辖14个地级市,共59个市辖区、16个县级市、17个县、8个自治县,640个镇、147个乡、54个民族乡、513个街道办事处。城镇布局的总体特征:基本沿主要铁路与公路、河流及海岸线分布重要城市,其中地级市都与重要的交通干线相连,县级城市也均沿主要公路分布。

1)城镇空间要素与结构

辽宁城市空间基本保持由中心城市构成的点,连接成重要的轴线,辐射周边区域,最终形成密集的网络结构。

大型中心城市,是吸引产业和人口聚集的核心动力,也是城镇空间网络的中心极点。从辽宁省目前的城镇空间布局来看,以沈阳和大连为整个网络的极心,同时鞍山、营口、盘锦、锦州为次极心,形成了层次丰富的空间结构。

围绕着几个中心城市及其他的地级市形成了多层级的轴线。其中,有三条重要的一级轴线:沈阳到大连,沿哈大铁路线与沈大高速线展开的轴线;由沈阳到锦州,沿京沈铁路和京沈高速展开的轴线;以大连为中心,向东西两侧沿海岸线展开的沿海轴线。这三条轴线串联起了辽宁省重要的经济产业城市,带动辽宁经济的发展。另外,围绕特大城市沈阳和大城市大连向外围中心城市发散的二级轴线,成为一级轴线的有力辅助,也成为下级城市向上级城市联系的重要通道。而由各个城市向县城发散的轴线成为三级轴线,保证城镇间各种流体的顺利流动,保证城镇体系的有序运行。

伴随着中心城市的网络极心与各级轴线的有序运行,整个区域形成了密集的城镇网络。在城镇网络中,会体现出比较清晰的城市群与经济带结构。如辽宁中部的城市群体及沿海的经济带,有力地支撑着辽宁经济社会的发展。

城镇体系的合理布局与有序发展,成为政治经济社会的有力支撑,应与经济发展相适应,与资源可持续开发相结合,高效发挥路网内部协调效用,带动城乡一体化发展。

2)体系节点多元化,区域实力提升

新中国成立后,国家的工业规划建设强有力地完善了辽东城镇体系的骨架,带动了原有城市的等级提升,大城市数量增加,小城市升为中等城市,新建城市不断涌现。此时,辽宁南部城镇分布密度高于北部。

沈阳、大连、鞍山、抚顺、锦州、本溪、阜新、安东(丹东)成为人口连续增长

型的典型。1949年，大连人口在20万～50万以上，1985年涨至100万以上。1949年煤矿城市抚顺人口仅27.8万人，到1985年，抚顺市非农业人口已超过百万。[①]鞍山人口也由1949年的20万以下涨至1985年的100万以上，均跃居大城市。锦州、本溪、阜新、安东（丹东）则在近40年里人口由20万以下，涨至50万～100万，跃升为中等城市。辽阳涨速较慢，属于渐增型，人口由1949年的20万以下，涨至1985年的20万～50万，仍处于小城市等级。[②]锦西、瓦房店由小城镇发展成为小城市。以上的大城市、中等城市带动周边小城市、镇县共同组成辽东地区城镇体系构架，不断朝向城市化发展（表5-3）。

1984年辽宁省部分县城人口数量统计[③]　　表5-3

省区	数量	县城	人口规模（万） （按非农业人口统计）
辽宁	14	新民县	4.79
		金县	9.58
		复县	13.70
		海城市	10.31
		凤城满族自治县	6.67
		岫岩满族自治县	4.61
		宽甸县	4.56
		营口县	6.89
		盖县	6.76
		盘山县	9.72
		大洼县	14.26
		开原县	8.58
		昌图县	5.00
		凌源县	6.68

资料来源：依据参考文献［82］，笔者整理。

---

① 王先芝. 东北地区城市空间组织研究［D］. 长春：东北师范大学，2006.
② 顾朝林. 中国城镇体系：历史·现状·展望［M］. 北京：商务印书馆，1996.
③ 中华人民共和国公安部三局. 中国城镇人口资料手册［M］. 北京：地图出版社，1996；顾朝林. 中国城镇体系：历史·现状·展望［M］. 北京：商务印书馆，1996.

发展至1994年，全国有地级市186个，辽宁占有14个。全国有副省级城市15个，辽宁有沈阳、大连2个。全国的31个人口超百万大城市中，辽宁的沈阳、大连、鞍山、本溪位在其列。全国城市化水平在37%左右，辽宁已接近47%。辽宁城市化进展超前。[①]

通过查找明代重要卫所对应的当今城镇数据，通过整理，更可看出城镇聚落变化之大，盖州降为营口市所辖县级市，复州、金州整合为大连市所辖，复州人口较少，发展较金州、海州、盖州较慢。抚顺市依靠丰富的能源，由原本的所城发展成为当今独立的地级市，发展势头一路强劲。沈阳作为省会，人口数量最多（表5-4）。

2019年辽宁省部分城镇规模数据　　　表5-4

地名	面积（km²）	人口（万人）	等级
金州区	2299	88.8	大连市辖区
复县	132.01	5.2	大连市的瓦房店市所辖镇
海城市	2566	106.7	鞍山市代管县级市
抚顺市	11271	207	省辖地级市
锦州市	10048	293	省辖地级市
义县	2476	30.6	锦州市下辖县
兴城市	2113	49	葫芦岛市下辖县级市
绥中市	2780.26	55	葫芦岛市下辖县级市
盖州市	2946	68.3	营口市代管县级市
北镇市	1694	49.7	锦州市下辖县级市
辽阳市	4788	174	省辖地级市
铁岭市	12985	289	省辖地级市
开原市	2838	55.7	铁岭市下辖县级市
沈阳市	12860	756	省辖地级市，省会

资料来源：百度百科、《辽宁省年鉴（2019年）》。

3）城镇体系衍生组合，城市群出现

当一个区域，同时有多个城市体系生长扩散，其吸引力便会相互加强，若体系范围出现交互，或由于中间卫星城镇的发展，便会将城市体系联结在一起，并逐渐形成大城

[①] 张志强. 东北近代史与城市史研究［M］. 北京：社会科学文献出版社，2013.

市群带。[①]从新中国成立至改革开放，辽宁城市集聚现象愈发突出，具有代表性的是辽宁地区的两大发展主轴，中部以沈阳为核心的重工业城市群和南部以大连为中心的经济开放城市群，分别涵盖多个小城镇体系，二者自成整体又密不可分，共同组成辽宁省城市群。

新中国成立初，国家政策起到了很大的推动作用。统一规划了辽宁多类功能城镇的体制建设，形成微中心、多节点结构，强有力地促进了体系网格化的发展。1958年以来，为疏散特大城市工业和人口压力，政府在沈阳城周围建设了一批卫星城镇，使城市规模成倍增长。

同时，通过统一规划公路、铁路网，使得中心城市又成为一个区域的交通枢纽。1985年资料显示，沈阳是一级铁路枢纽城市，拥有6条以上公路干线；锦州是二级铁路枢纽城市；大连是三级铁路枢纽城市。[②]

道路网密集，交通方式多样，空间阻隔消失。城市扩散也不再局限在铁路沿线或者沿海地区，空间联系也由简单的"点—线"状扩展为复杂网络联系，聚落形态不再局限于"带状"形式，周围城市联系更紧密，吸引许多现代企业，局部小体系数量增加，轴线扩散叠加。通过团组结合、强强拉动，辽宁工业城镇成为当时国家硬实力的中坚代表（表5-5）。

1985年东三省镇网密度分析[③]　　　　表5-5

省区名	城市网密度		镇网密度		城镇网密度	
	城市数	个/万km²	镇数	个/万km²	城镇数	个/万km²
辽宁	17	1.13	297	19.8	314	20.93
吉林	12	0.67	240	13.33	252	14
黑龙江	16	0.35	283	6.15	299	6.5

资料来源：依据参考文献［82］，笔者整理。

改革开放后，城镇体系不断扩展，城市群出现。20世纪90年代，全国有4个重点城市群，分别是：珠江口、长江、京津唐和辽宁中部城市群，辽宁跻身其中，足可见当时

---

① 王先芝. 东北地区城市空间组织研究［D］. 长春：东北师范大学，2006.
② 顾朝林. 中国城镇体系：历史·现状·展望［M］. 北京：商务印书馆，1996.
③ 同②.

城市组团发展之成熟。具体来看,辽宁城市群的代表是沈阳、大连城市群。

辽宁省中部重工业城市群以沈阳为中心,包括鞍山、抚顺、本溪、辽阳、铁岭等六城市组成。城市密集度高,基础雄厚,交通发达,拥有东北最大的铁路枢纽和航空港。

辽宁省南部城市群位置优越,水陆交通方便,大连港口货物吞吐量达4000万~5000万吨,属于特大海港城市,[①]是整个东北地区对外开放的前沿,城市外向化特点突出。城市群以大连为中心,丹东、营口、盘锦等城市辅助组成。大中等级城市数量较多,且多处于不同层次的经济纽带中心地位,出现城市整合及一体化发展趋势,在促进地区经济发展以及加强内部联系方面,起着关键的作用。

随着联系强化,辽中、辽南两个体系合称为辽中南城市群,以沈阳为大中心,自北向南贯穿沈阳、鞍山、辽阳、抚顺、本溪、营口、海城、瓦房店、大连、丹东10个城市及所辖145个镇。总面积约占辽宁省的23.5%,市镇非农业人口即达1023.2万人(占全省非农业人口的68.8%),[②]成为辽宁向北延伸至吉林的整个东北地区发展的主动脉(表5-6)。

21世纪辽宁城镇职能结构   表5-6

组群	职能	子群
辽东半岛	港口和海洋资源开发	1. 以大连为中心的综合港口城镇; 2. 以营口为中心的辽东湾能源外贸出口加工以及新兴海洋产业为主的工业—港口综合体; 3. 以丹东为中心,轻纺、电子工业为主导的地方港口城镇
辽中	钢铁、机械为主的重工业	—
辽西	港口、旅游、能源、原材料	—

资料来源:依据参考文献[82],笔者整理。

经过长期的历史演变,东北地区城市体系框架结构完整,类型齐全,空间组合合理,城市化水平相对较高。从1990年到2004年,辽宁各城市人均GDP年均增长率飞升,其中沈阳、大连均超过10%,分别为16.16%和17.55%。2003年年底,辽宁城市数有101

---

① 顾朝林. 中国城镇体系:历史·现状·展望[M]. 北京:商务印书馆,1996.
② 同①.

个，城市平均密度为0.81个/万km²，高于0.69个/万km²的全国水平。[①]

城市建设也得到进一步扩展，2004年，沈阳、大连城市的建成区规模均已超过200km²。从1985年到2004年，沈阳建成区年均增长率为3.64%，大连高达8.68%，城市空间发展从向心集聚转向四周扩散，城市边缘城镇、郊区成为城市空间发展重点。

经过二十多年的发展，辽东地区城镇体系发展日趋完善，从城市结构看，城市空间由简单到复杂，组合类型由单一到多样化；从城市职能性质看，有矿业城市、化工城市、旅游城市等，也有综合性城市。[②]辽东地区城镇体系趋向完整多元化（表5-7）。

明代卫所、清初驻防城与当今地名　　　　　　　　表5-7

明代卫所	清代驻防城	清代隶属	当今地名
辽东都司	辽阳城	奉天副都统	辽阳市
开原路城	开原城	奉天副都统	开原市
铁岭卫城	铁岭城	奉天副都统	铁岭市
抚顺千户所城	抚顺城	奉天副都统	抚顺市高尔山城
宁远卫城	宁远城	锦州副都统	兴城县
中前千户所城	中前所城	锦州副都统	绥中县前所
中后千户所城	中后所城	锦州副都统	绥中县
广宁卫	广宁城	锦州副都统	北镇市
义州卫城	义州城	锦州副都统	义县
盖平卫城	盖平城	熊岳副都统	盖州市
复州卫城	复州卫	熊岳副都统	瓦房店市

资料来源：依据参考文献［80］，笔者整理。

3. 辽宁中部城市群体系与结构

辽宁中部城市群是以省会城市沈阳为中心，通过特大城市的经济辐射和吸引力，与周围经济社会活动联系紧密的地区，形成的一个"区域经济共同体"。辽宁中部城市群

---

① 王越. 东北地区城市化动力机制与调控研究［D］. 长春：东北师范大学，2006.
② 王先芝. 东北地区城市空间组织研究［D］. 长春：东北师范大学，2006.

所处的位置正是东北亚地区的中心地带，其范围包括沈阳、鞍山、抚顺、本溪、营口、辽阳、铁岭、阜新等8个城市，约占全省面积的44%，人口占51%，是东北经济区与环渤海都市圈中十分重要的部分，其中包含了我国主要的重工业发展基地、东北地区经济发展的重要地区和辽宁省经济的核心地带；也是东北亚地区重要的都市密集区，具有十分突出的经济发展潜力。

1）中部城市群经济发展总体规划

2008年2月26日，辽宁省发展和改革委员会组织编制的《辽宁中部城市群经济发展总体规划纲要》和辽宁省建设厅组织编制的《辽宁中部城市群发展规划》获得政府批准，意味着以沈阳为中心，以鞍山、抚顺、本溪、营口、辽阳和铁岭为支撑的辽宁中部城市群总体发展规划，即"6+1"发展战略规划进入实施阶段。

中部城市群的发展定位：逐步将其打造成世界级先进装备制造业基地，全国重要精品钢材基地、石油化工基地、农副产品生产加工基地和高新技术产业化示范区，东北亚商贸物流金融服务中心；逐步使这一地区成为经济发展方式向集约型转变的先导区、区域经济一体化发展的综合试验区、生态文明建设示范区，全国具有发展活力的新的经济增长极。

中部城市群经济发展总体规划的基本原则包含三个方面：一是互惠共享原则。明确各城市功能定位，以产业分工协作为核心，促进产业结构的调整和空间重组，实现"双赢""多赢"及利益共享。二是创新优先原则。促进观念创新和制度创新，转换体制和机制，营造良好的创业与投资环境，推动区域创新体系建设，提高自主创新能力，增强区域经济的整体素质和国际竞争力。三是可持续发展原则。建设资源节约型和环境友好型社会，转变经济发展方式，强化生态建设与环境保护，发展循环经济和绿色产业，健全社会保障机制，统筹城乡发展，实现共同富裕。

其发展目标为：以2005年为基期，地区生产总值到2010年，年均增长15%，到2015年年均增长14%，到2020年年均增长13%。地方财政一般预算收入到2010年年均增长15%，到2015年年均增长15%，到2020年年均增长20%。实际利用外商直接投资到2010年年均增长22%，到2015年年均增长20%，到2020年年均增长20%。城镇居民人均可支配收入到2010年年均实际增长12%，到2015年年均实际增长10%，到2020年年均实际增长10%；农村居民人均纯收入到2010年年均实际增长10%，到2015年年均实际增长12%，到2020年年均实际增长13%。城镇化率到2010年达到70%，到2015年达到80%，到2020年达到85%。

2）中部城市群空间布局

辽宁中部城市群的整体空间规划，按照《东北地区振兴规划》中关于加快哈大发展轴沿线城镇建设的总体布局，将城市群划分成三大都市区和四条城镇发展带。

三大都市区包括大沈阳都市区、鞍辽都市区和营口都市区。其中，大沈阳都市区是以沈阳为中心，结合抚顺、本溪、铁岭城市发展空间调整的战略机遇，发挥辽宁中部城市群通海产业大道经济带、沈抚产业经济带、沈本工业经济带和沈铁工业经济带的带动作用。鞍辽都市区是结合鞍山和辽阳地缘相近、产业互补优势，拓展区域发展空间。通过建设鞍海经济带、沈辽工业走廊，实现鞍山和辽阳城区南扩、海城北靠，推进鞍辽一体化发展。营口都市区是结合辽宁省沿海经济带的开发建设，加快营口港建设，推进营口地区城市化进程，提高城镇规模，发展大营口都市区。

四条城镇发展带包括铁岭—营口城镇发展带、沈阳—抚顺城镇发展带、沈阳—本溪城镇发展带、沈阳—阜新城镇发展带。铁岭—营口城镇发展带，是东北地区哈大城镇发展轴的重要组成部分，是辽宁中部城市群发展的核心轴线。沈阳—抚顺城镇发展带，是推进沈抚同城化和带动抚顺东部地区发展的主轴线。完善交通、通信等基础设施，增强轴线的凝聚力和辐射力。沈阳—本溪城镇发展带，是沈阳辐射丹东经济发展的重要轴线。优化发展环境，促进生产要素合理配置。沈阳—阜新城镇发展带，是带动辽西地区发展的重要轴线。加强中心城镇建设，提高城镇经济规模，增强城镇服务功能。

3）中部城市群空间结构特征

中部城市群具有雄厚的工业基础、高度密集的城市聚集度、完备的基础设施等多方面优势，但是同时也存在着一定的问题，一方面在东北老工业基地衰落的背景下，以沈阳为核心的辽宁重工业产业带，也存在着产业结构趋同、体制僵化等问题，另外中部城市群内部仍然缺乏一定的紧密度，缺乏一定的整体性，城市体系不尽合理，影响了中部城市群在更大范围内的竞争力。

另外一方面，在中部城市群内部，虽然有沈阳这种超大城市的存在，但是实际仍是以小城市为主，这些小城市大多发育不完全，经济相对滞后，而能为超大城市提供支撑的中型城市或大型城市却十分缺乏。这就导致城市群内部发展水平差异较大，明显失衡，对小城市的辐射作用不够明显。近年来，东北地区人口流失问题严重，中部城市群内也出现了人口重心的偏移，但总的来说，在沈阳的带动下，以哈大交通线为轴线，在东北地区，中部城市群仍然有较好的发展趋势和发展潜力。

未来中部城市群内部应加强城市整合，在竞争、合作和控制三维框架下，进行动态的、可调控的可持续发展。由于辽宁中部城市群具有城市密集的先天优势，具有相似的产业结构，也有一定的互补性，应对内部各核心城市的城市经济要素、资源和运行环境进行优化组合，使城市群内部组织和产业结构、发展模式、经济资源利用等更趋于合理，平衡南北地区的经济发展，强化城市轴线的集聚效应，达到均衡可持续的长效发展目标。

4．辽宁沿海经济带结构与发展

辽宁沿海经济带是东北地区在环渤海经济圈中非常重要的一部分，属于国家层面的优化开发区，承担者重要的经济任务。

1）辽宁沿海经济带的基本情况

辽宁沿海经济带位于辽宁南部，包括大连市、丹东市、盘锦市、锦州市、营口市、葫芦岛市六个辽宁省重要的沿海城市。其南临渤海与黄海，与山东半岛隔海相望；北部与东北大陆相接，辽河平原成为其重要的腹地；东北与朝鲜半岛相邻，具有较好的贸易条件；西南与京津冀经济圈相接，地理位置十分优越。

辽宁沿海经济带具有良好的土地资源，其内地势总体呈现马鞍形态，东南、西北两侧较高，中部较低。中部有辽河、浑河、太子河等重要的河流，水网密布，形成冲积平原，提供了肥沃的土壤，为农耕提供了优势条件。这一地区因濒海，属于海洋性温带大陆季风气候，虽然大风时节较多，但气温比较适宜，日照充足，四季分明。

在沿海经济带中，有比较丰富的物产资源，种类丰富，储备量大，并且拥有很好的开发潜力，可为经济发展提供有利的条件。另外，东北地区的自然生态环境相对良好，辽宁沿海经济带也因沿海的地理位置和良好的气候而有比较好的生态条件，适宜动植物生长，陆地与海洋生物资源丰富，森林面积较大，提供了良好的自然资源。

辽宁沿海经济带属于东北地区的人口密集区域，人力资源相对比较丰富。但随着整个社会向老龄化趋势发展，克服老龄化问题也是这一地区需要解决的重要方面。

2009年7月，国务院批准《辽宁沿海经济带发展规划》，将辽宁沿海经济带纳入国家战略；2021年9月18日，国务院发布《关于辽宁沿海经济带高质量发展规划的批复》，原则同意《辽宁沿海经济带高质量发展规划》。要大力发展海洋经济，加快发展现代产业体系，完善区域协调发展机制，全面推进更高水平对外开放，积极参与东北亚经济循环,在国际经贸合作中增强竞争力,以辽宁沿海经济带高质量发展推动东北振兴取得新突破。①

2)辽宁沿海经济带的空间结构

在《辽宁沿海经济带高质量发展规划》中,确定了沿海经济带的五项发展定位:东北地区产业结构优化的先导区、东北地区经济社会发展的先行区、引领东北开放合作的新高地、东北亚重要的国际航运中心、东北亚海洋经济发展合作区。通过沿海经济带的高质量发展,传统产业转型升级、新兴产业培育、海洋经济发展取得新成效,初步形成多点支撑、多业并举、多元发展的产业发展新格局,加强与东北腹地的良性互动,推动东北地区的全面振兴,带动东北地区转身向海,更好地参与东北亚区域经济合作。

根据沿海经济带的区位条件、资源禀赋、产业基础及资源环境承载能力,将大连作为重要的核心,将区域划分为"渤海翼"和"黄海翼"两部分协同发展,形成"一核引领、两翼协同、多点支撑"的总体布局。

其中,"一核"主要是指东北滨海的重要核心城市大连,发挥其区位优势,结合其在石化和精细化工产业已有的稳固基础,拓展信息技术产业基地,加快建设具有国际影响力、国内领先的现代海洋城市,形成有综合优势的区域核心,辐射带动整个区域的全面发展。

"两翼"指以营口、盘锦、锦州、葫芦岛为主的"渤海翼"和以丹东为核心的"黄海翼"。东西两翼协同发展,形成稳定的结构,支持整个滨海经济带的协同创新发展。其中,在"渤海翼"建设辽河三角洲高质量发展试验区,同时也大力推动"黄海翼"内大连庄河和丹东东港协同发展。将"一核"和"两翼"统筹建设,合理布局,形成高效的发展格局。

除了"一核"与"两翼"的空间布局外,还通过加速大连金普新区、辽宁自贸试验区大连片区和营口片区、多个综合保税区、丹东边境经济合作区等的重点打造,推进锦州和葫芦岛经济开发区的建设,培养特色产业集群,支撑核心及整个经济带的快速发展。②

---

① 中华人民共和国中央人民政府. 辽宁沿海经济带高质量发展规划[EB/OL]. [2021-10-26]. https://www.gov.cn/zhengce/zhengceku/2021/10/26/5644950/files/051c311db0064fa7aa07c30104d239a5.pdf.

② 同①.

3）辽宁沿海经济带的空间发展

辽宁沿海经济带是国家战略视角下的新兴经济增长区，也是环渤海经济圈的支撑部分，更是东北老工业基地振兴的重要着力点，具有重要的战略意义。在经济发展的同时，其内部空间结构也存在着自身的问题。

首先，从宏观层面来看，辽宁沿海经济带虽是国家战略区域，但在目前国家新型城镇化背景下，其内部却存在着城镇化发展不均衡、城镇化速率趋于缓慢的现象，影响了整个区域的整体经济发展活力。应夯实主导产业，促进新型城镇化建设，带动经济带中小城镇的发展建设，提升经济带内城市人口城镇化水平。

其次，在经济带内部，核心城市极化严重，"两翼"中，"黄海翼"发展优于"渤海翼"，导致严重的发展失衡。应在主体功能区划中，将经济带区域内各部分统筹考虑，突出城乡之间及各区域之间劳动力的合理流动、基础设施的统一配置，统筹城乡及区域间共同发展。

最后，由于经济带的条状空间格局，形成了多中心的发展模式，在以大连为核心，以丹东、营口、盘锦、锦州、葫芦岛为中心城市的格局下，也应注意中小城镇对整个经济带发展的支撑作用，完善整个经济社会发展网络的辐射作用，依托经济带内的石化、装备制造、冶金、农副产品加工、高新技术等产业集群，驱动中小城镇人口的集聚，提升整个经济带内大中小城镇的新型城镇化建设质量，构建多元化的沿海经济带。

经历过战火纷飞、动荡不安的东北地区，在新中国成立初期开启了轰轰烈烈的工业振兴和支援全国建设的大幕，成为当时共和国最重要的工业基地，也被称为"共和国长子"。但东北地区的命运历经波折，改革开放后，没有搭上工业转型的快车，逐渐开始衰落，相比昔日的繁华，当下的举步维艰更让人唏嘘不已。"振兴东北"不仅是一句口号，而是要从根本上解决东北产业落后、经济发展滞后的严峻问题，扭转东北衰落的发展趋势，寻找东北地区再次振兴的新契机。

在东北发展的历史背景下，辽宁作为重要的组成部分，其历史进程是伴随着东北的兴衰而展开的，从满目疮痍的抗战中建立起中国近代工业文明的摇篮、新中国的"装备部"。辽宁的城乡发展是伴随工业发展进行的，城镇结构发生了巨大的变化，中心城市的建设与自然资源、工业与经济发展水平、铁路交通干线等发展密切相关。目前，辽宁的中心城市群与沿海经济带成为辽宁城镇体系中最重要的两大部分，支撑着社会经济的发展，但其内部尚存在空间发展不均衡、城镇发展滞后、资源配置不均等多种问题。

在新的历史机遇下，辽宁乃至东北是否能重新焕发新的活力，需要重新梳理与审视半个多世纪以来东北地区的经济、社会、城乡发展历程，探寻其发展演化的规律，挖掘其潜能，思考如何走出一条振兴东北老工业基地的新路子，实现东北的全面振兴。

第六章

辽东镇军事聚落体系演变特征与影响因素

辽东地区很早便有城池建置，但成体系的城镇格局规划直到明代方才形成。这一时期，出于军事防御的需求，辽东地区聚落由孤立分散转向相对集中，聚落等级分明，区域重心突出，加以墩台、驿站、烽燧等附属设施联系，形成了完整的军事聚落体系。但以军事为导向的城镇体系也存在一定的局限性，从军事聚落的空间布局来看，各聚落仍为一个个孤立的"点"，彼此间距较远，除了遭遇战事时协同合作御敌，聚落之间的联系并不密切。

清军入关后，初期对辽东地区的政策与明代相似，以军事驻防为主，遗留下来的明代军事聚落以驻防城的形式得以延续。清廷从政治、地缘角度规划新的体系重心，完成了辽东地区军事体系一次重大的发展转折，沈阳正式取代辽阳成为区域首府，其历史地位自此奠定。聚落由清初基本湮灭状态到逐步恢复，再至后期蓬勃发展，功能逐渐完备，数量等级丰富。随着时代的发展，辽东地区军事防御压力减小，城镇军事职能逐渐弱化，转向以政治、经济、交通要素作为发展的主导因素。城市的出现和工商业的初步发展使得城镇体系出现了新的转折点，突破了以往闭塞呆板的军事聚落形式，表现出城镇内在发展的强大生命力。

民国时期时局动荡，社会背景复杂，因此辽东地区城镇体系发展也经历了剧变，"世异则事异，事异则备变。"受到海外列强"外力"、国内自救运动"内力"的双重推动，辽东地区城镇体系发展进程不同以往，整体呈现出城镇近代化加速、区域之间发展不均衡的趋势，体系脉络分支在交通影响下更显清晰。

新中国成立后，辽东地区工业化进程加速，城市集聚愈发明显，聚落形态发生变化，卫星城出现，城镇功能分化，空间体系完善。从城镇发展的进程来看，明代军事聚落发展较为稳定缓慢，以军事导向为主，清初进入由军事聚落向经济聚落的发展转型，清中后期出现城镇。民国时期，在近代化浪潮的冲击和列强势力管控下，城市发展格局割裂，部分城市已完成近代化进程，老城区也有一定的发展。新中国成立后，国家重点建设辽宁重工业基地，城镇体系进入工业化发展进程。尤其是改革开放后，城镇经济活力空前活跃，城市之间联系紧密，有多个城市群形成。

一、演变特征

1. 体系结构

1）明代类"金字塔形"至清代"带形"

有明一代从始至终近三百年的时间内，统治者在辽东地区逐步建立起一套完整的军事聚落体系，其等级分明，布局结构严谨，由"镇—路—卫—所—堡"为等级划分的聚落层层分散，相互配合、策应。有关辽东镇军事聚落体系的沿革及规划特征，已在本文第一、二章中详尽叙述，相较于普通城池，明长城军事聚落的显著特点是层级从属、严格分工，以及城内高度的军事化管理。由明至清这段时期，其体系结构可概括为由类"金字塔形"向"带形"的转变。

明立国以前，辽东地区连年战争，导致城池破坏严重，人口锐减。在此背景下的明长城军事聚落体系形成初期，辽东镇聚落少、分布分散，几乎全部城池都以军事防御职能为导向，各个卫所与中心镇城之间的经济联系十分微弱，也缺乏自然演进的痕迹。起初，聚落间没有形成明确的分工体系，基本都为屯田、屯兵城，军户战时守城、闲时耕种，自给自足。从城镇体系结构来说，这一时期的军事聚落体系表现为较原始的、低等级的离散状态，但已经确定辽阳、广宁镇城为整个体系的军事重心，卫城为局部重心，统辖四周所城、堡城，聚落等级已经初显雏形，空间结构表现为孤立的多军事中心特征。

随着军事聚落体系的不断发展，重心聚落的重要地位越来越明确，其往往负责下辖聚落的调度、管理等，通过较强的影响力，与其周边低等级聚落产生一定的联系，形成单个军事防区。镇城、卫城的发展主要依靠军事实力和便利的选址吸引集聚周边的军户人丁、物流资源等要素，聚落规模不断扩大，逐步形成城镇雏形，空间结构呈现向单中心化发展的趋势。

此时，辽东地区的军事防御体系已经十分完备，但由于缺少经济、文化等因素的参与，作为城镇聚落体系来看尚不成熟，其空间结构特点类似"金字塔形"结构，呈现出鲜明的军事色彩。辽东镇军事聚落体系以两个大城镇为核心，周围的中小聚落以不同距离围绕中心聚落呈环状集中分布[1]，小聚落的兴衰与大聚落的发展息息相关。各个军事防区类似同心圆，发展活力由中心聚落层层向四周扩散辐射。

---

[1] 戴小文. 成都平原地区产业集群与城市化发展研究 [D]. 成都：西南财经大学，2009.

到了清代，辽东地区的军事防御压力骤减，经济活力得到释放。尤其是清中后期，受到近代化浪潮和列强势力的影响，辽河、渤海航运繁盛，也兴建了以中东铁路、南满铁路、京奉铁路为代表的近代化铁路，因此这一时期新兴的中小城镇多集聚在交通干线、江河流域的沿线地区。此时的区域重心城市多地处交通枢纽位置，同时肩负政治、经济等职能，周围城镇簇拥，空间分布形成体系分支，脉络清晰，主体形成一字排列的带状结构。城镇职能从简单的军事等级从属转变为复杂有机的功能互补，体系也由封闭、静态缓慢发展向开放快节奏的近现代体系转化。

明代的类"金字塔形"空间结构，无疑是强调军事防御功能的产物，由于辽东镇防御压力始终较大，所有的城镇聚落都需以军事防御为首要任务，为了更高效地协调防务，以高级聚落统辖和调配低级聚落的空间结构便成为必然。而以清中晚期为代表的"带形"空间结构，则是以经济和贸易为主要导向而形成的，这一时期得到发展的城镇聚落多集中于铁路沿线、辽河流域和渤海沿岸，呈现明确的线形发展。由类"金字塔形"向"带形"空间结构的转变，也意味着辽东镇军事聚落体系职能的彻底转变。

2）当代网格型趋势

民国时局动荡，辽东地区城镇体系发展更是被裹挟前进，呈现出发展不均衡、联系不紧密的特征。城镇继续沿交通线呈线状发展壮大，单向线性扩散带来了诸多问题，造成同级城镇相互之间缺乏协作和联系，进而影响到城镇体系的健康发展。[①]地区发展程度差距拉大，各聚落发展参差不齐，资源分布不均，城市内部各区域（铁路附属地、商埠地、老城区）结构割裂。在日伪统治时期，东北地区煤炭、铁矿进入了近代工业开发阶段，相继出现一批重要的工业、交通和军事城镇。但由于列强觊觎能源的开采，导致能源城镇职能单一，未能形成良好的经济结构。[②]城市功能并不健全，经济职能抗风险能力差，城镇数量大且发展畸形。

但与此同时，民国又是辽东地区城镇近代化发展的重要节点，中国古代传统城市规划普遍较为单一，且通常有厚重的城墙环绕，自然演进速度缓慢，而随着列强势力在东北地区的逐步扩张和经营，带来了西方先进的近代城市规划思想，这一思想最先在铁路

---

① 罗若愚，许涛，周勇. 新疆城镇体系发展框架初探［J］. 新疆师范大学学报（自然科学版），2001（3）：65-69.
② 王先芝. 东北地区城市空间组织研究［D］. 长春：东北师范大学，2006.

附属地和租借区的城市规划中体现，主要是以广场、车站为区域中心的辐射形路网和方格形路网的结合，由于这部分区域的带动作用，商埠地的建设和老城区的改造也逐步走向近代化。这一时期，城镇之间的联系得到加强，并围绕区域核心城市形成城市群，城市群之间又通过近代交通等方式相连接，逐步形成完整的城市网络。在后续的发展中，辽东地区无论是宏观结构还是微观城市规划都承继于这一时期的城镇体系，也奠定了现当代城镇体系发展的基础和方向。

从近现代再到当代，辽东地区城镇体系的阶段性特点是趋向网格化，由最初的等级森严的类"金字塔形"向以互动关系为特色的城市网络转变。原本的重心城市也化为体系中的节点，城市等级差异逐步缩小，同一等级的城市数量较多，其规模、影响范围相当，功能多样，作为节点共同对区域内的其他中小城市发挥作用。同一区域内，核心城市之间以及核心城市与其他城市之间的联系更为密切，数个城市群组合衍生，由此形成了辽东地区的多中心城镇体系。

在城市群内部，各城镇之间分工明确，各有职能偏重，但彼此依赖性不强，也可独立进行经济活动。而整个城市群又是完整的一套体系，例如，辽中南城市群以重工业为主，辽宁沿海城市群则是整个辽宁省的科技开放窗口，与外界联系密切。辽中、辽南及沿海经济带又串联在一起，共同组成辽宁全方位、强实力的大城市群，甚至继续北上连接吉林、黑龙江省的城市群，从而拉动东三省整体的发展。

2. 聚落形态

1)"散漫型"转"集聚型"

明代军事聚落的形态和规模受自然、防御等级、风俗文化等因素影响，整体分布较为零散，聚落之间距离较远。清前期仍然沿袭明代的军事聚落形式，设置驻防城，政治、军事为聚落发展的主导因素。在当时背景下，人口是决定城镇发展水平的重要因素之一，由于明清战争的主战场位于辽东镇，连年战火使得辽东地区人口流失现象较为严重，明代城池也多遭到破坏，城镇体系的发展陷入停滞和倒退。

辽东地区聚落形态的演变主要是由军事导向转向经济导向的过程。体系建设初期，高等级聚落多分布在气候良好、临近水源、平坦肥沃之地，或临近交通通达的地方，低等级的堡城则分布在地势险要之处，用以瞭望和防御。明代军事聚落体系整体呈现聚落数量少、人口密度小的特点，土地利用以屯田农业为主，距离较大的人口中心较远，发展具有区域性特点。聚落的经济以农业生产为主，商业经济发展缓慢，城镇互动关系较少。该时期城镇基础设施都比较简陋，多以军事防御为出发点。[①]城镇建设多集中在城池修筑或其他共建方面，有官署、城隍庙、库房等建筑类型，但对于其他功能民用建筑等鲜有涉及。

清代时，城镇商业经济得到了一定的发展，但整体还处于零散分布、疏于联系的状态。这一时期的重要影响因素则是辽河渤海航运业和铁路行业的发展，由于这些近代交通方式的出现，使得聚落之间的联系加强，也为商业贸易的兴起提供了合适的土壤。

民国时期，许多新兴城镇是在矿产资源开发的基础上形成的，由于矿产资源的分布基本上都具有"点多、线长、面广"的分散特点[②]，因此，城镇聚落形态一般表现为多中心组团型、局部相对集中型等类型[③]，聚落分布集中在资源产地附近，聚落形态受地形或交通路网影响，多在河流沿岸、山谷、铁道沿线呈"带状"集中分布。后期随着经济开放发展，聚落多沿复杂的交通路网辐散，各城镇发展以自我为中心，形成竞争态势，城镇之间的横向联系加强，聚落组团出现，城镇聚落密度增大，聚落之间分工协作，形状有团状、带状、环状等，不尽相同，整体呈网状分布。

随着近代化程度的不断加深，城镇体系也不断发展和完善，城镇聚落的数量由少至多，密度由小变大，聚落之间联系逐步加强，由地广城少的"散漫型"结构变成了联系紧密的"集聚型"结构，从而进一步形成了聚落组团和城市群。

2）动态扩散生长式

各城镇辖域自古以来便参差交错，辖域范围此消彼长，但整体而言呈现出动态扩散生长的趋势。明初辽东镇军事聚落体系设立后，一直以军事防御为导向，缺乏经济和城市建设的发展，因此明代辽东镇疆域并无大变化，聚落等级也大体延承。至清代以后，辽东区域重心转移，城镇商业经济开始发展，聚落体系由等级森严的军事防御格局转变为沿河、沿铁路线的线状城镇格局，辽南三港（大连、营口、安东）后来者居上，成为区域的经济中心。民国到现代时期，辽东地区以工业化为导向的聚落体系发展脉络更加清晰，高速的近代化进程使得城镇聚落规模得以扩大。总体而言，自明代至今，辽东地区聚落体系呈现出规模扩大、数量增加、职能分化逐渐清晰的趋势，单一聚落也呈现动态扩散生长趋势。一般而言，可将城镇聚落增长方式分为：围绕城镇分散扩张或者沿城

---

① 朱凌. 清代柳条边外城镇类型与发展模式研究［D］. 长春：东北师范大学，2004.
② 陈亮，陈晓红，李诚固. 近代东北区城市化与工业化相互作用的过程分析［J］. 城市发展研究，2004（6）：28-31.
③ 王先芝. 东北地区城市空间组织研究［D］. 长春：东北师范大学，2006.

镇边缘比邻扩张。[①]

由于军事防御压力的瓦解和商业经济的发展，辽东地区聚落体系的动态扩散生长趋势自清代开始凸显。清初，因辽东地区旗、民杂居，采取了分治制度，军事驻防城制度与府州县制度并行，州治辖境和驻防城辖境并不相同，后期又数次进行区划的调整、分割与合并，各聚落境域差异就此拉开，其中，在明辽东镇军事聚落体系中，具有明显扩张趋势的代表性聚落就是沈阳（明称沈阳卫城，清称奉天城）。

沈阳作为清政权的陪都，"龙兴之地"，自清代立国以后便取代辽阳、广宁成为区域重心城市。城镇聚落以旧有古城为中心，向四周扩散生长。民国时期，铁路的修建改变了聚落自然演进生长的态势，沈阳位于多条铁路线的交汇处，借由铁路经济的繁荣而高速发展，新兴的附属地、商埠地等区域均围绕铁路线扩张。伪满洲国时期，日本在城市规划上强行植入西方规划理念，新城区平面呈现出放射形和方格网形道路结合的格局，新城旧城空间割裂，衔接较为生硬，城间道路多不贯通，造成了城市的不均衡发展，街区划分面积大小不一。随着现代的逐步发展，沈阳城市肌理方才有机融合，新旧城空间阻隔逐渐打破，点块粘连，化整为零，道路环城相连，受古城影响，呈环状发散，主次道路分明，聚落面积扩大，功能完善，至今都作为辽宁省的核心城市而存在。

由于整体区域面积有限和政治、经济等因素的影响，部分城镇的动态扩散生长趋势，必然会使得其他部分城镇面积缩减，呈现出此消彼长，但整体加强的格局。以辽阳城为例，辽阳原本是明辽东都司治所，是等级最高的城池之一，但受到战争影响破坏较大，其地位逐步为沈阳所取代。清初辽阳州治地辖境，东外围以凤凰城（今凤城县）为界，南外围以海城县为界，西外围为牛庄城，北外围以奉天将军特辖区为界。[②] 自1906年（光绪三十二年）设置本溪、辽中县开始，政府不断划拨辽阳土地；民国时期辽阳的辖域主要划分给以能源为基础产业的鞍山市，辽阳管辖范围进一步缩减；到了近现代时期，鞍山与辽阳管辖范围不断调整，辽阳范围回扩，实力增强。然而从区域整体视角看，虽然单体聚落辖域削减，但形成了多个城市组成的城市群，也利于区域职能分化、建设完善。

新中国成立后，辽阳的辖域又有所调整，整体实力得到增强。1949年，政府将辽阳县所属城昂堡、张忠堡等12个行政村划归鞍山市。1950年，辽西省辽中县小北河区划归

---

① 李小荣. 乡村聚落及村庄内部空间结构演变研究[D]. 西安：西北大学，2016.
② 熊文钊. 中国行政区划通览[M]. 北京：中国城市出版社，1998.

辽东省辽阳县，计17个行政村，土地109695.37亩。1956年，鞍山市第五区即弓长岭矿区，全部划归辽阳县（实际上为20个村1个镇）。

开原县发展也历经了类似于辽阳的动态波折。明代开原路城统辖一路军事城池，是辽东镇北路防御体系的中心城市。清康熙三年（1664年），开原建县，共有5439户，42699人，满汉各半。所辖疆域县治，东至耿王庄，东南至马家寨，南至山头堡。[①]康熙九年（1670年），政府令从开原县威远堡至吉林之法特哈修筑柳条边，简称新边，开原县为边里，昌图、廉平等地为边外。出入边门需经检查。光绪三十二年（1906年），法库县设治，将开原县辽河以西之地划给法库县。光绪三十三年（1907年），日本人在开原孙家台设置"满铁附属地"，割去开原县土地184505万坪（折6.1km²）。[②]

1985年开原的疆域又发生变化，东与西丰为邻，东南与清原、铁岭相连，南至中固接铁岭界，西南以辽河为界与铁岭、法库隔河相望，西与昌图接壤，东北与吉林省梨树县毗邻。[③]开原的聚落形态变化，前期主要受政治、军事等因素影响，往往缩减分割以供给新城发展。后期则主要受到近代铁路发展的影响，城镇明显趋向于铁路沿线集聚分布。由点粘连成面，带来板块扩增，最后固化成型。

城镇聚落的兴衰发展，并不仅仅受到某一元素的决定性影响，而是自然、经济、政治、文化等多个因素综合作用的结果。聚落发展的复杂、开放性，使其发展脉络通常呈现动态而不稳定的趋势，因此难以明确归纳出聚落形态的发展规律。但从宏观视角来看，聚落的扩张态势通常基于经济和工业的发展，也有赖于资源的有效分配和城市组团的有机整合，近代辽东地区的城市近代化和工业化发展为此提供了合适的土壤，因此使用"动态扩散生长式"可以对辽东地区聚落形态的演变特征进行概括。

3. 内部结构

1）垂直层级性

明辽东镇聚落体系形成的初期，政治、军事防御等级体现在军事聚落建置的不同级别，有主有从，以强统弱。统治者通过控制和规划各城池规模，由上至下，强化统属关系，形成典型的垂直层级性结构。

---

① 李毅. 开原县志［M］. 民国九年石印本. 台北：成文出版社，1974.
② 同①.
③ 同①.

明代军事聚落按防御等级可分为镇城、路城、卫城、所城、堡城，在城市规划上通常遵循以往的礼制营建制度，不同等级的聚落在形态和规模上有着严格的区分。其中，辽阳、广宁镇城规模最大，统辖整个地区的防御体系；路城统辖一路防御体系；卫所主要用于屯兵、屯田；堡城作为等级最低、数量最多的聚落，负责着对外防御和联络策应。聚落规划等级、所辖各级城邑数量、城池分布、城池规模、军户人丁、土地赋税等都有严格的规范。等级较高的城池中基础设施较为完备，例如辽阳镇城内，除了军事防御设施外，还设有寺庙、学堂等功能，道路呈轴线划分城内功能区，城池布局规整，体现出鲜明的中国古代城市规划特征。周边所城、堡城依附于镇城、卫城，听从人员、物流调度，集结力量，为整个军事防御体系的正常运转提供保障（表6-1）。

明代辽东镇军事聚落规模　　　　　　　表6-1

名称	与所辖总驻兵数（人）	路台、敌台总数	城占地规模（周长/m）[①]
前屯城	3297	152	2541.4
宁远卫城	3883	187	3511.04
中前所城	4668		1371.22
中后所城	525		1595.22
沙河中右所城	525		1753.92
塔山中左千户所城	1235		1753.92
义州路城	9229	128	4513.8
广宁中屯卫城	4507	114	4074.38
松山中左千户所城	413		2941.6
大凌河中左千户所城	413		1517.94
海州卫城	6303	66	3089.3
沈阳中卫城	5814	112	4550
开原路城	7710	125	6027.6
铁岭卫城	2767	12	2082.8
蒲河中左千户所城	1283	19	2295.032
懿路中左千户所城	707	31	1973.34
汛河中左千户所城	915	24	2259.4
抚顺千户所城	1108	22	1500
辽阳城	10027	155	8407.1

① 这里的折算按照：尺0.32m，步1.38m，里约500m，丈约3.16m。

续表

名称	与所辖总驻兵数（人）	路台、敌台总数	城占地规模（周长/m）[①]
广宁分司城	21284	301	4522
金州卫	1726	95	3526.2
复州卫	51	29	2841
盖州卫城	121	8	2840
海州卫城	6303	44	3089.3

资料来源：依据参考文献［101］、［105～108］、［111］整理。

因辽东镇聚落体系数量庞大，其聚落建置和城址都经过了数次调整，历史资料散佚颇多，可能会有较大误差，但仍能通过数据粗略看出城池之间的垂直差异性。辽阳城、广宁城的人口、所辖路台敌台数量、城池占地规模都是最高级别，卫城与所城又有一个量级的差异，同等级别的卫城也会由于防御压力和地理位置的差异而导致规模和人口的差距。辽东地区初期的城镇规模分布比例与偌大的辽东地区相比，并不协调，城镇相对松散封闭，除了军事防御功能，核心城镇作用发挥效力并不高，拥有明确的垂直层级性，但聚落之间联系并不紧密。

2）水平关联性

随着商品经济的发展和军事防御压力的减轻，清代以后，手工业中心、商业贸易中心、政治经济军事三位一体的综合城镇相继出现，城镇间的联系逐步丰富，冲淡了原本森严的军事等级关系，用以区分聚落等级的人口和规模也发生了较大的变动。自清代起，辽东地区的聚落体系不再是严格的自上而下的依从关系，而是转向水平向的互补协作的复合关系（表6-2）。

城镇水平联系基本形式[①] 表6-2

类型		形式
自然联系		自然综合体、地理单元、河流水系及流域、生态相互关系、灌溉系统
经济联系	基础设施及贸易联系	铁路网、公路网、水运网、航空网、管道运输网、能源供应网、商品供应网、卫生医疗网、教育训练进修联系、工作通勤流、市场网络、部门及区际物资流、内外贸易网等

---

① 顾朝林. 中国城镇体系：历史·现状·展望［M］. 北京：商务印书馆，1992.

续表

类型		形式
经济联系	产业联系	生产联系，原材料及半成品流
	资金联系	财政金融网、资金流、收入流
技术联系		技术扩散形式（集聚、分散）、电信系统等
社会联系		人口迁徙及移民流，旅行与旅游流，居民原籍关系、亲属关系、风俗、礼节和宗教信仰，社团组织及其相互关系
行政管理联系		行政机构隶属关系，政府预算过程及其实施程序，议案—批准—监督管理机构组织，日常政策制定—执行—监督管理机构组织等

资料来源：引自参考文献[82]。

近现代以后，辽东地区虽存在一定程度上的垂直向城市间管辖依附关系，但整个聚落体系已经转向近代化发展，城市间拥有共同的目标和发展需求，相同或相近等级城市之间的水平向互动联系的重要性增强，许多城市群开始共同进行基础设施建设，达到资源共享、联动互助、优势借补的目的。城镇之间虽存在竞争关系，但更强调合作，打破孤立，建立联系，因此各等级城市之间通过生产上的分工协作建立起了紧密关系。①

二、影响因素

从明至当代的时间跨度来看，辽东镇军事聚落体系的演变发展与所处时代的兴衰变迁、周围环境资源、行政区划、交通条件等多要素密切相关，条件变动则牵一发动全身，体系发展是内在生命力与各种外在有利、不利条件逐步动态整合的过程。

1. 自然因素

明清时期，社会生产力水平较低，城镇商业不发达，因此相比经济因素而言，自然条件对于聚落的选址和发展更具有决定性影响。聚落所处的地势、气候、水系、土壤、资源等因素，极大程度地制约了军事聚落的规模与布局发展。这种自然制约力与生产力发展水平呈反比关系。

---

① 王士君，廉超，赵梓渝. 从中心地到城市网络：中国城镇体系研究的理论转变[J]. 地理研究，2019，38（1）：64-74.

清代初期设立各副都统管辖城镇，沿袭明代的城镇军事功能，其管辖范围大而散，划定范围内的城镇数量稀少，除了副都统驻扎地以外，其余从属的小城镇并不多，对自然因素的考虑还停留在地势、水源、气候等影响城镇农耕资源的因素。到了近现代，近代交通的高速发展强化了城镇间的联系，现代农业技术和工具的出现也使得自然因素的限制力减弱，而适宜的自然气候、丰富的矿产资源、优越的地理位置促进带动着整个城镇体系的发展，仍然起到锦上添花的作用。

自民国起，地区资源分布成为自然因素中最重要的一环。辽宁地区的矿产资源逐步得到开发，其矿产资源种类多、储量大、发展起步早，成为新中国成立后重工业基地的物质基础，并逐步形成了以沈阳、大连为主副中心，鞍山、抚顺、锦州等为亚中心的辽宁省城市群，产业体系涵盖冶金、石化、装备制造、新材料等多种重化工产业体系，成为整个东北地区经济发展的龙头。

2. 政治军事因素

明代军事聚落体系的建立，即决定了政治、军事作为聚落初期发展主导因素的地位。"筑城以卫君"是聚落城池建设的主要目的，即"君"是城之"本"，城为"君"而筑。①众多军事聚落的产生、选址乃至规模都由军事需求决定。辽东镇整个聚落体系，都是明廷为稳定辽东地缘格局、防御外敌侵袭而兴建的，因此政治军事因素是这一阶段的决定性因素。

直到清代前期为止，辽东地区的主要职能仍然是军事防御。但从清代实行"旗民分治"后，府、州、县区划逐步设立。同一城镇中，除了军事驻防外，还设有各民政管理部门，政治职能逐步完善，军事功能逐渐弱化。最终奉天（今沈阳市）凭借其特殊的政治背景，取代辽阳成为辽东地区的行政中心。清末伴随河航发展、沿海城市开埠，经济职能接替政治职能成为统辖城镇发展的新动力，政治军事因素的影响减弱，军事聚落逐渐演变为不同规模和职能的工商业城镇。

到了现当代，区域一切经济建设活动更是在国家有计划的掌控之中，城镇体系功能布局都是在按照选定的行政区域分步进行，因此政治因素的影响力仍然保持，但军事因素已逐步退出历史舞台。行政区划对局部城镇的形成和发展、自然资源的开发利用、经济空间结构的调整和布局产生了巨大的影响。因此，在新中国成立初期，行政区划左右

---

① 赵晔撰，《吴越春秋》，汉代。

着空间组织发展的经济实体，当时社会背景下的行政理念、发展战略决定了辽东城镇后期的发展趋势，政治影响力在经济影响因素之上。

新中国成立之初，国家统一部署，集中人才物资、围绕沈阳分门别类建设了钢都鞍山、煤都抚顺、煤铁之城本溪、煤电之城阜新、造纸轻纺之城营口、海港化工之城大连、新兴工业之城锦州、仪表轻纺之城丹东、轻纺之城辽阳、机械工业之城沈阳等数十座功能中心城市。①通过安排中心城市发展扩大，以辐射带动周边新城市崛起。

最终效果证明，国家政治力量加快了辽宁地区的城镇发展进程。中心城市发展迅速，新建城市也大量涌现。朝阳市成为辽西工业重镇，铁岭市成为机械和食品加工的辽北工业名城，葫芦岛市发展出石化工业的特色，盘锦市则成为国家第三大油田基地。不同等级的城市配合默契，功能互补，相应带动周边城镇成为专项职能产出的小城镇体系。国家政策推动下，辽宁城镇体系发展日趋完善。

3. 经济因素

经济因素对城镇发展的影响自清中后期开始萌芽，随着工商业的不断发展，经济因素的影响力也逐步提升，到近现代时期更加显著。经济的相对独立性与完整性决定了不同层级的城镇体系规模、聚落形态的演化方式，较高层次的经济发展水平促进了区域空间开放体系的形成，反过来又促进了外向型经济的发展，增强了城市的外向化职能。②

从城镇的职能来看，明代至清中期，辽东地区均为传统军事城镇，具有闭塞、单一的特点，以军事职能为主，政治职能为辅，以经济为导向的城镇比较少。前期统治者虽然考虑到经济发展的必要性，但是辽东作为边境地区，须时时处处为军事需求服务，无法发展出多样的城镇职能。自近代铁路的修建以及港口城市开埠后，以对外贸易为主要内容的城镇商业不断发展，引起封建城镇向近代城镇的剧变，经济发展的内在动力使经济职能越来越凸现。政治地位较高的城镇转为多功能重心，沈阳、锦州这类城镇往往政治、经济、军事职能并存，经济职能愈发鲜明。

现代以后，经济因素成为重要的发展主导因素，为追求最大经济效益，城镇布局紧密，彼此间产业贸易、物流联络密切。随着经济发展至成熟，城市化水平提升，区域大小体系连成一片，城市群由此形成。其中，以沈阳为中心的城市群组产业结构完备，人口稠

---

① 张志强. 东北近代史与城市史研究 [M]. 北京：社会科学文献出版社，2013.
② 王先芝. 东北地区城市空间组织研究 [D]. 长春：东北师范大学，2006.

密，工商业繁荣，是整个辽宁地区的核心地带。城市群的发展扩张，又反过来拉动经济水平攀高。例如，以大连为核心的沿海城市群，以丹东为次级中心，以大连为扩散中心，沿沈大铁路，沈大、沈丹高速公路不断发展，引领辽宁省渤海湾区域的经济发展。①

经济发展还具有推动城市化和城市近代化的效应，从而影响到城镇内部空间结构。从民国十五年（1926年）至民国十七年（1928年），沈阳市形成了具有4400多户商号的商业网。②设市以后，为适应需求，政府新筑了大东、大南、小西、大西等路面，对城内旧有的井字街道进行拓宽，加修柏油路面，改造大西城门，添设铁柱路灯。③城镇功能分区明确，城市形象得到更新。

4. 交通因素

经济因素主要影响城镇的扩张规模和方式，交通则建立在经济因素基础之上，进一步影响城镇发展扩张方向、城镇聚落形态，甚至是城市职能分布等方面。现代交通的发展与经济由古代至现代的转型脱不开关系，交通与经济因素联系紧密，相互促进。

明代军事聚落选址时，出于军事防御的需要，物流补给、军事策应等问题是值得重点考虑的，因此在辽东地区军事聚落体系初建时，交通因素就具有重要的影响力。清代统治者将辽东城镇体系重心由辽阳移至沈阳的原因，除了政治军事上的考量外，也考虑到沈阳的区位更加优越，交通便利，有利于城镇后续的发展扩张，因此辽东地区重心城市的转移也是历史发展的必然。明代辽东镇以沈阳以南的辽阳为重要军事镇城，是出于把控河海航运的考虑，辽阳较沈阳更近海，拥有由太子河入渤海的有利运输条件，经由山东登莱转运兵粮至辽东，又有以辽阳为中心抵御倭寇的辽东海防线。到了明末清初时期，清廷主要精力在由陆路进入华北平原和蒙古草原，同时要保持与辽东山地后方的交通畅通，战略重心有所北倾，陆路交通枢纽尤为重要，沈阳的地理位置自然较辽阳更为优越，因此，沈阳便接替辽阳成为新城镇体系重心，这一空间格局延续至今。

清代，辽东半岛海防交通重心由金州、复州改为盖州，原因与沈阳、辽阳二城更替类似，明初辽东面对有防御蒙古、女真、倭寇各方面的军事压力，而至清代，辽南各海防关口没有了防守的必要。留有交通功能为主的栾谷关和音石岩关，作为辽东半岛上一

---

① 王先芝. 东北地区城市空间组织研究［D］. 长春：东北师范大学，2006.
② 辽宁省档案馆，日文资料工矿商业档，第2369号。
③ 辽宁省档案馆，日文资料工矿商业档，第3758号。

南—北通往京城的据点，重心北移。

民国时期，城镇多沿铁路分布，局部城镇多以车站所在地为中心扩散发展，瓦房店便是典型，因作为中东铁路中的站点，实现由一座小村庄不断发展为城镇的蜕变，最后于1985年，接替发展历史更为久远的复县（原明代复州卫城）成为辽宁的一座地级市。

现代以后，辽宁地区进行了铁路线路改造，建成了西边道以及通往各个工矿城市的线路，加强了公路建设和以大连港为首的辽东半岛港口建设，形成了辽东地区的交通运输网，缩短了城市间的空间距离[①]，使得辽宁城镇发展畅通无阻，有力地促进了网格式城镇分布格局的形成。

三、保护与利用

明代辽东镇军事聚落体系是当代辽宁省网格城镇体系的重要基础，城镇体系的生成过程漫长曲折，承载了厚重的历史底蕴和人文积淀。周密复杂的演化过程、聚落城镇的兴衰变迁，掺杂自然、政治、军事、经济等各因素的作用，通过对聚落体系发展的深入认知，可为当今城镇发展提供参考。通过对明代军事聚落的保护与利用，彰显以各等级军事聚落为源头的城镇发展史的价值，不仅对明代军事聚落体系的研究提供资料基础，也为现代城镇发展提供更科学的指导和预测。

1. 文化遗产保护

明朝灭亡之际，辽东镇作为战争的最前线，大部分军事聚落已毁于战争，仅存部分城墙遗址。至新中国成立以后，辽东卫所聚落只有宁远卫（位于今兴城市）和中前所城（位于今绥中县）保存尚属完整[②]，与军事聚落体系相辅相成的长城本体也遭到严重破坏，目前尚存部分遗迹。其他一些附属设施例如敌台、关堡等，因其地处位置的不同，受损情况各异，敌台现存共504座。在辽西丘陵地带军事设施保存的数量较多，受损情况较轻，关堡保存情况普遍较差。现存军事古遗址破坏严重，除了自然风化作用外，也与辽宁地区后期人口增长，生产建设活动频繁有一定的关系。[③]

---

① 王先芝. 东北地区城市空间组织研究 [D]. 长春：东北师范大学，2006.
② 黄欢. 明代长城防御体系之辽东镇卫所城市研究 [D]. 南京：东南大学，2007.
③ 辽宁省文物局. 辽宁省明长城资源调查报告 [M]. 北京：文物出版社，2011.

古城墙的施工质量、构造材料等会随着时间的推移逐渐老化，发生自然坍塌现象。自然变化的影响多为不可抗因素，比如：在山坡、风口上直接突兀裸露的长城，由于缺乏植被或者地形的掩护，容易产生风蚀破坏。季节性气候的雨雪风暴的影响下，结构老化加速；墙面浸水，局部砖块剥落的现象时有发生。现存的夯土城墙受到不同程度的自然因素的破坏，逐渐失去原有的风貌。

除了自然因素的影响外，城市扩张和社会经济发展对古城带来的人为影响，其严重程度甚至远超于自然因素的损害，对军事聚落遗产造成了不可逆的破坏，导致城墙倾圮、拆毁，民居风貌改变。

长期以来，居住在军事聚落城址附近的居民，其日常生产、居住、搬迁等行为都对古城周围生态环境造成了一定的影响。居民对古城墙、古建筑的历史价值并没有清晰的认知，踩踏、随意修复、修路扩建等都加剧了城墙的毁坏。另一方面，近年来服务型产业结构比重增加，游客的活动对遗址也有直接的破坏作用。由于周边大城市的虹吸效应，这些聚落中的居民逐年减少，村镇活力下降，同时，新建的现代建筑在形式、材质、构造等方面都与遗存的街道肌理、面貌并不相符合，影响了古村落的特色风貌，也造成了长城及沿线军事城池聚落的逐渐衰败。

通过对现有古城进行调研，整理调研资料，发现上述问题在当今辽东古城中较为常见。其中，中前所古城、复州古城、盖州古城都有破败情况，中前所古城保存整体情况较好，城墙完整，跑马道尚有存留。城墙内民居建筑虽为新建，但仍为辽西独有的囤顶式平房民居，地方特色鲜明，建筑形式并不突兀，与古朴城墙相得益彰。

中前所古城素有"关外第一所城"之称，扼据要冲，形势险要，明清都曾派重兵在此把守。明清战争对辽东军事聚落的破坏是空前的，但中前所城是众多军事聚落中保存较为完整的一座古城。目前，古城整体保存情况良好，三座城门形制完好，分别为：东门（定远门）、南门（广定门）和西门（永望门），西城门外的半圆形瓮城结构坚固，箭楼、门闸等防御设施仍有存留，可见当时的军事防备力量。城墙外包青砖，中间夯黄土，但是多处出现裂痕，局部有坍塌现象，能看出城墙的内部构造。

城里街巷布局和民居建筑特色鲜明，房屋屋顶形式大多是辽西风格的囤顶式，民居平面多呈四合院式，多数建筑仍住有居民。城西瓮城外设有广场，傍晚时分，城内居民可在广场进行娱乐活动。饱经战火、岁月洗礼的古城，如今隐秘安静得成为一座历史风景，融于百姓日常生活，重归平静（图6-1）。

复州古城保存得基本完好。1976年，当地政府为拓宽道路、兴修水利，对古城墙进

(a) 古城城门入口　　　　　　　　　　(b) 保存完好的跑马道

(c) 古城南侧瓮城结构　　　　　　　　(d) 古城南侧瓮城与广场

(e) 古城内建筑的独特屋顶形制仍有存留　(f) 从跑马道上看城内民居

(g) 古城墙外侧局部砖块脱落　　　　　(h) 古城墙外侧局部坍塌

图6-1　中前所古城调研照片
（资料来源：笔者自摄）

行了部分拆除，但仍旧保留原有格局。如今的复州古城被政府着力开发成特色旅游区，古城内民居大部分保存较好，被称为"明清一条街"，古城外设有热闹的仿古商业街，动静分区明确，规划者对古城的保护较为周全。城内一直以来都有居民居住，因此人工修补痕迹较多，但也转变成为传统民居生命的一部分，蕴含着丰富的历史和文化价值，其人居环境条件也随着社会经济的发展而不断改善。建筑外立面材质、纹理极为丰富，附近院落民居仍以古建筑群的纹理作为样式，装点新居，可作为地方特色进行保护。建筑屋脊、墙面都有岁月的痕迹，局部侵蚀、风化现象较为严重，而建筑修缮则缺少一定的标准，因此可通过地方建筑修缮导则的编制来保护传统民居。

古城中最重要的明代军事遗存，是一段位于东门东侧、长约140m的古城墙，但是通过图6-2可以看出，城墙整体疏于保护，旁边便是垃圾箱，其历史价值被严重低估，是复州古城保护中较为遗憾的部分。

盖州古城需格外注意保护，古城内多为新建建筑，建筑拥挤，环境较为杂乱。城墙保存并不完整，且有损坏现象。古城最有价值的建筑仅剩一座城门楼，城里为数不多的几处古建筑，因年久失修，破败不堪，已成为即将崩塌的"危楼"（图6-3）。

兴城古城（宁远古城）城市格局保存较为完整，城墙、城门楼、瓮城均保存完好，还有钟鼓楼、文庙、城隍庙等古建筑遗存，具有重大的历史价值。但古城的十字轴街道改造成仿古商业街，翻修痕迹较为明显，且未沿用辽西传统的囤顶民居样式，对古城主

（a）残留的古城墙遗址

（b）正在修建的瓮城

（c）城守尉衙署旧址

（d）"明清一条街"内的古朴民居

（e）古建民居特色的节点构造

（f）居民修补后的建筑外立面，"新旧"对比强烈

图6-2　复州古城调研照片

轴线的风貌造成了一定的破坏。另外，古城西北部大部分民居已遭到拆除，目前处于空置状态，位于这一区域的城隍庙也已关闭，保护情况不容乐观（图6-4）。

总体来看，辽东地区军事聚落遗产保护现况不一，或完好如故，或残垣断壁，或宛如新筑，仍需仔细考量、权衡其历史文化价值和商业价值，探讨保护策略，以供后人有更多机会寻摄古城朴拙的岁月风貌。

（a）盖州古城楼

（b）古城内破败的"危楼"

图6-3　盖州古城调研照片

（a）正在修建的古城墙塔楼

（b）古城四周围墙保存较好

（c）古城中心的钟鼓楼

（d）古城内的仿古商业街

图6-4　兴城古城调研照片

（e）古城内建筑的材质纹理（1）　　　　　　（f）古城内建筑的材质纹理（2）

图6-4　兴城古城调研照片（续）

2. 展示与利用

目前，军事聚落保护工作面临许多压力，由于民众以往对长城防御体系整体性认知不足，保护修缮的方式存在许多问题。军事聚落作为一种特殊时代背景下的聚落模式，反映了边塞独特的军事管理制度。文化遗产传承延续、活力再生，既需要对建筑、村落等有形结构进行完善保护，也需要顺应从人的行为心理需求到时代发展要求的变化。

1）因地制宜、分类分地进行有针对性的开发与利用

通过了解军事聚落体系各部分的布局关系，可以掌握长城本体与聚落建筑、军事驿站、交通道路等重要遗迹的联系。根据不同区域内系统的关系，可从多个方面进行划分保护，如：现存长城实体物质遗产范围，军事防御范围（自然环境居多），以及后期扩散发展的村镇聚落范围（人文生活部分）三个层面，将抽象的军事聚落体系时空关系转化为现实的空间保护范围，完整真实，达到尽可能保存相关遗存的目的。

在现代村镇生活需求与聚落遗址保护矛盾面前，整体性保护与村镇开发建设相结合，不失为一种更为灵活的解决方式。将军事聚落分类，将历史环境内的系列建筑物，包括：敌楼、烽火台等进行保留修缮。而古井、庙宇遗址、衙署遗址等历史建筑遗存可进一步开发利用。在聚落周围可规划修建采摘园，种植果树，提高村民收入，还可将其逐步发展为旅游产业的一项内容。既发挥聚落军事防御主题功能，又使居民得以居住或者发展商业使用功能，节约成本又环保。村落精心规划，保留相应的生活方式，展现原汁原味的本土文化，合理发展村域产业，激发村庄发展活力。

2）依托"互联网+云观赏"平台促进文化遗产展示与传播

军事聚落现状遗存特点突出，体量巨大且分布离散，将分段的长城与军事聚落遗址联系为整体，综合附近物质特产优势，可打造不同线路的特色旅游。现代互联网技术较为成熟，可提供相应的技术支持，进行科学的信息采集与梳理，将现存的、已破损的长

城资源、军事聚落建筑数据进行整合修复，通过科学方法留档，建立电子数据库，开发无须人力便可"云观赏"军事聚落体系现状的软件。同时，文娱方面可迎合不同年龄段的审美，"长城"文创、古建模型、历史人物手办将聚落军事文化精神融入其中，使其得以良好传承。

由于拥有较长时间的发展史，辽东城镇拥有良好的历史基础。中西结合是近现代辽宁城镇发展的文化特色。民国时期，辽东地区受列强侵略统治，外来文化带来建筑风格的多样。这一时期，多元建筑文化碰撞融合，造成了近现代辽宁城镇建筑文化多层次的近代城市景观。因此，可借机打造有文化立体感的城镇建筑群，按照中西混合、中西合璧、中西融合三类[①]，进行城市特色名片展示。

同一城市，内部建筑风格不尽相同。在沈阳，以现在的和平人街为界，东部是以本土文化主导的建筑群，西部是外来文化主导的建筑群。东部的建筑又可以分为古代建筑群、近代建筑群、大东工业区建筑群和其他建筑群。西部的建筑又可以分为附属地建筑群、商埠区中心建筑群、沈海商业建筑群、铁西工业区建筑群。在大连，俄国侵略时期以现在的西山、胜利桥和铁路一线为界，以东及沿海为外来文化建筑群，以西则为本土建筑群。本土建筑群则主要保留在现在的西岗区一些山地交通不便的地方。[②]这些都是聚落体系发展演化过程中的文化财富，单独的城市发展史可通过影视展览、文学创作进行宣传记录。

总之，通过辽宁地区城镇体系的历史脉络可以看出聚落发展的复杂性，时间跨度长、城镇数量多，且不同城镇的发展曲折多变。每个聚落遗址的材料、形制、保存状况以及所处自然环境、人文环境条件等都不尽相同，建筑文化素材极其丰富。若要开发利用，最重要的前提是认清作为重要发展源头的明代军事聚落层次体系的空间分布规律，再利用文化集群效应，开阔旅游业市场。保护、发展方法应该注意与各地区现况结合，遵循"因地制宜、分类分级"的原则，合理利用、吸纳、整合聚落文化旅游资源，充分挖掘每个时期的城镇特色文化展现，丰富拓展军事聚落连带明长城遗产的旅游层次，扩大规模，实现保护与聚落发展的双重价值和意义。

本章节总结归纳军事聚落体系发展至城镇体系的演变特征，以及影响因素的探析。从宏观到微观，大到整体体系的脉络和层次演变，小到城镇聚落的兴起衰落及规模格局

---

① 曲彦斌. 辽宁文化通史[M]. 大连：大连理工大学出版社，2009.
② 同①.

转变，探讨贯穿其中的自然、政治、军事、经济和交通等影响因素。

明代历时近三百年，在辽东地区建立起了一套军事聚落体系，等级分明，布局结构严谨，此时，军事聚落的特点类似"金字塔形"结构，体系以一个大城镇聚落为核心，周围的中小聚落以不同距离围绕大城镇聚落呈环状集中分布，小聚落的兴衰与大聚落的发展息息相关。至清代，辽东地区的经济活力得到释放，众多城镇集聚在交通干线、江河流域的沿线地区。空间分布形成体系分支，脉络清晰，主体形成一字排列的带状结构。现当代，辽东城镇体系的阶段性特点是趋向网格化，出现多中心城市群。聚落形态则由散漫型转向集聚型，城镇间，垂直层级关系减弱，横向关联性加强。

最后，通过整理调研的照片，史料与现况结合，结合辽东地区发展现况，给出相应保护建议，强化明代辽东镇长城军事聚落体系的整体性保护意识，为辽东长城遗产保护与发展提供借鉴与参考。

附录

明代辽东地区主要的战争[①]　　　　　　　　　　　　附表1

公元	王朝纪年	战争名称
1375年	洪武八年	倭扰辽东、元军扰辽东之战
1387年	洪武二十年	明军攻金山之战
1403年	永乐元年	鞑靼攻辽东
1410年	永乐八年	朱棣攻鞑靼胪朐河之战
1419年	永乐十七年	明歼倭望海埚之战
1430年	宣德五年	阿鲁台攻扰辽东
1501年	弘治十四年	泰宁卫贼犯辽东，掠长胜诸屯堡之战
1523年	嘉靖二年	鞑靼小王子扰辽东之战
1545年	嘉靖二十四年	女真犯辽东
1546年	嘉靖二十五年	鞑靼攻锦义之战
1549年	嘉靖二十八年	朵颜三卫导鞑靼攻辽东
1552年	嘉靖三十一年	明与鞑靼辽东之战
1560年	嘉靖三十九年	鞑靼攻明辽东之战
1562年	嘉靖四十一年	土默特犯辽东之战
1563年	嘉靖四十二年	明军击俺答永宁、辽阳之战
1565年	嘉靖四十四年	明军与鞑靼辽东等地之战
1571年	隆庆五年	鞑靼土默特部攻辽东之战
1572年	隆庆六年	土默特攻辽东
1575年	万历三年	明击土默特沈阳之战
1580年	万历八年	迤东土酋王兀堂犯辽东
1581年	万历九年	明御土默特锦义之战
1581年	万历九年	土默特犯广宁、攻义州
1582年	万历十年	明军与鞑靼镇夷堡之战
1582年	万历十年	建州阿台犯沈阳

[①] 中国军事史编写组. 中国军事史：附卷：历代战争年表 [M]. 北京：解放军出版社，1985.

续表

公元	王朝纪年	战争名称
1583年	万历十一年	努尔哈赤起兵攻尼堪外兰之战
1585年	万历十三年	明军反击鞑靼犯沈阳之战
1586年	万历十四年	努尔哈赤击灭尼堪外兰
1589年	万历十七年	土默特入侵辽沈之战
1596年	万历二十四年	土默特攻辽东
1613年	万历四十一年	鞑靼攻辽东
1616年	万历四十四年	建州女真努尔哈赤进行兼并战争
1618年	万历四十六年、后金天命三年	后金起兵攻明抚顺之战
1619年	万历四十七年、后金天命四年	后金、明开原铁岭之战
1621年	天启元年、后金天命六年	明、后金沈阳、辽阳之战
1622年	天启二年	金攻明西平堡广宁之战
1625年	天启五年	明攻后金耀州
1626年	天启六年	明、后金宁远之战
1627年	天启七年、后金天聪元年	明、金锦州、宁远之战
1629年	崇祯二年	金攻明北京附近之战
1631年	崇祯四年	金攻明大凌河之战

清代辽东地区主要的战争   附表2

公元	王朝纪年	战争名称
1644年	顺治元年	清军进军山海关之战
1894年	光绪二十年	中日甲午战争大连、旅顺之战

东三省人口与土地分配[①]   附表3

地域	总户数	农民占总户数百分数（%）	耕地面积（亩）	荒地面积（估计数）	面积——陈长卫氏修正估计数（亩）
辽宁	2157705	82.3	78540000	74237	27698000
吉林	1260907	73.7	83784000	48234	91683000
黑龙江	624468	78.5	69832000	146581	141315000

---

① 国民政府主计处统计局. 中国人口问题之统计分析 [M]. 南京：正中书局，1946.

东三省户口分布[①]　　　　　　　　　　　　　　　　　附表4

地域	户数	人口数	每户平均人口数	面积（km²）	每平方公里平均人口数
辽宁	2311815	15253094	6.60	324323	47.40
吉林	1200923	8031132	6.0	280330	23.35
黑龙江	607378	3751109	6.18	449623	8.34

东北三省农户与农民平均耕地[②]　　　　　　　　　　　　附表5

地域	平均每个农户耕地面积（市亩）	平均每个农民耕地面积（市亩）
辽宁	39.5	5.92
吉林	83.19	14.47
黑龙江	124.77	18.71

全国人口面积分配[③]　　　　　　　　　　　　　　　　附表6

区域		行政区域	人口百分数（%）	土地百分数（%）	人口分布指数
东三省		辽宁、吉林、黑龙江	6.7	23.5	0.3
珠江流域	沿海	浙江、福建、广东	14.6	9.3	1.6
	内陆	广西、云南、贵州	9.7	15.2	0.6
黄河流域	沿海	山东、河北	11.1	5.9	2.4
	内陆	山西、河南、陕西、甘肃	13.3	18.3	0.7
长江流域	上游	江苏	8.2	2.2	3.7
	中游	安徽、江西、湖北、湖南	22.0	15.4	1.4
	下游	四川	11.0	8.1	1.4

资料来源：依据《中国人口问题之统计分析》，笔者改绘。

---

① 国民政府主计处统计局. 中国人口问题之统计分析 [M]. 南京：正中书局，1946.

② 同①.

③ 同①.

我国近代城市体系等级规模结构（1933—1936年） 附表7

人口规模（万）	城市数 数量（个）	城市数 占比（%）	人口数 数量（万）	人口数 占比（%）	城市名称
大于200	1	0.50	348.0018	10.8	上海
100~200	4	2.12	480.2877	14.9	北平、广州、天津、南京
50~100	5	2.70	316.5665	9.8	汉口、香港、杭州、青岛、沈阳
20~50	18	9.52	598.321	18.6	成都、长沙、大连、济南、武昌、滨江（吉林）、苏州、福州、保定、开封、重庆、南昌、无锡、宁波、长春、镇江、温州、周口店
10~20	48	25.4	665.8641	20.7	如皋、徐州、扬州、南通、常熟、盐城、海门、绍兴、嘉兴、芜湖、安庆、蚌埠、景德镇、汉阳、沙市、宜昌、老河口、湘潭、衡阳、万县、自流井（自贡）、厦门、澳门、汕头、潮州、佛山、朝阳、昆明、贵阳、威海、济宁、烟台、临沂、太原、长安（西安）、汉中、兰州、安东（丹东）、普兰店（新京）、营口、旅顺、锦州、抚顺、牛庄、永吉（吉林省）、张家口、西宁、拉萨
5~10	113	59.79	814.5125	25.2	松江、青浦、淮阴、常州、灌云、嘉定、泰县、高邮、阜宁、宝应、沛县、仪征、沭阳、江阴、兴化、淮安、台州、金华、衢州、余姚、常山、亳州（安徽亳县）、阜阳、合肥、六安、宜城、九江、宁都、赣州、瑞金、建昌、南丰、鄱阳、常德、益阳、邵阳、津市、澧县、耒阳、叙州、泸县、三台、阆中、达县、涪陵、乐山、南充、大竹、遂宁、武胜、延平、晋江、建瓯、宁德、龙溪、江门、梅县、合浦、揭阳、石歧、黄冈、高要、南宁、梧州、桂林、腾越、个旧、遵义、唐山、山海关、石家庄、潍县、诸城、黄县、掖县、泰安、益都、莒县、蓬莱、周村、胶县、临清、郑州、洛阳、商丘、安阳、许昌、汾阳、大同、大荔、三原、渭南、安康、故市、天水、临潭、平凉、新民、辽阳、洮南、铁岭、扶余、双城、龙江、归绥（呼和浩特）、包头、宁夏、库伦（乌兰巴托）、迪化（乌鲁木齐）、沙车、疏附（喀什）、奇台、和田等
合计	189	100.0	3223.5536	100.0	

附表8

1985年辽宁省各县行政建置表

县名	新中国成立时县等级	县政府驻地	面积（km²）	新中国建立至今建置	行政区划
新民县	乙等县	新民镇，距省会沈阳53.9km	3352	新中国成立初，隶属辽西省。 1954年8月，改隶辽宁省。 1956年2月，新民县划归辽阳专区。 1959年1月，新民县划归沈阳市。 1964年3月，新民县改属辽阳专区。 1968年12月，新民县划归铁岭专区。 1969年12月，新民县又划归沈阳市管	1954年：12个区，1个镇，296个村。 1958年：8个公社。 1966年：1个镇，26个公社。 1985年：7个镇，20个乡。
辽中县	—	辽中镇，距省会沈阳69km	1644	新中国成立初期，隶属辽宁省。 1954年8月，改隶辽宁省。 1956年2月，划归辽阳专区。 1959年1月，改隶沈阳市。 1964年3月，隶属沈阳专区。 1968年12月，隶属沈阳市	1954年：5个区，1个镇，48个乡。 1958年：5个公社。 1966年：1个镇，20个公社。 1985年：8个镇，13个乡，1个农场。
金县	—	金州镇，距省会沈阳335.6km	1352.54	新中国成立初期，隶属旅大地区。 1954年10月，隶属旅大市。 1965年12月，隶属辽南专区。 1968年12月，重新隶属旅大市（大连市），一直延续至1985年年末	1954年：4个镇，31个乡。 1958年：1个镇，12个公社。 1966年：1个镇，11个公社。 1985年：10个镇，10个乡，1个民族乡
新金县	—	1947—1956年：皮口镇。1956年6月—1958年：皮口镇；普兰店镇，距省会沈阳319km	2769.9	新中国成立初期，隶属辽东省。 1954年8月，隶属辽宁省。 1956年2月至1959年1月，隶属辽阳专区。 1959年1月5日，改隶旅大市。 1965年12月至1968年12月，隶属辽南专区（大连市）。 1968年12月，重新划归旅大市（大连市），一直延续至1985年年末	1949年：17个区，1个镇，10个街，316个村。 1954年：12个区，2个镇，244个村。 1958年：8个公社。 1966年：3个镇，29个公社。 1985年：18个镇，10个乡，1个农场。

续表

县名	新中国成立时县等级	县政府驻地	面积（km²）	新中国建立至今建置	行政区划
长海县	丁等县	1949—1960年：小长山岛回龙村。1960—1985年：大长山岛四块石镇，距省会沈阳292.5km	3426	原为金县长山列岛区。1949年11月10日，东北人民政府批准设置长山县，隶属旅大地区。1950年10月，改隶旅大市（大连市）。1953年1月，中央人民政府内务部批准更名长海县，一直延续至1985年	1953年：5个区，33个村。1956年：14个乡。1959年：5个公社。1960年：划入庄河县石城公社。1966年：7个公社。1985年：3个镇，4个乡
庄河县	甲等县	庄河镇，距省会沈阳240.5km	3774	新中国成立初期，隶属辽东省。1954年8月，隶属辽宁省。1956年2月，划归安东专区。1959年1月，划归旅大市。1965年12月，划归丹东市。1968年12月，划归旅大市（大连市），一直延续至1985年年末	1949年：18个区，2个镇，320个村。1954年：1个镇，16个区，312个村。1956年：8个区，3个镇，94个乡。1958年：16个公社。1960年：石城公社划归长海县。1966年：2个镇，30个公社，268个生产大队。1984年：18个镇，13个乡。1985年：18个镇，15个乡，3个农场
台安县	丙等县	台安镇，距省会沈阳97.3km	1388	新中国成立初期，隶属辽西省。1954年8月，隶属辽宁省。1956年2月，隶属辽阳专区。1959年1月，改属沈阳市。1964年3月，隶属沈阳专区。1968年12月，划归盘锦垦区。1975年11月以后隶属鞍山市	1954年：8个区，138个村。1956年：4个区，1个镇，47个乡。1958年：6个公社。1966年：1个镇，12个公社，202个生产大队。1984年：1个镇，16个乡。1985年：7个镇，10个乡

续表

县名	新中国成立时县等级	县政府驻地	面积（km²）	新中国建立至今建置	行政区划
抚顺县	乙等县	1949—1969年：抚顺城。1961—1979年：石文厂村。1979—1985年：抚顺市内，距省会沈阳40km	2206	新中国成立初期，隶属辽东省。1952年9月，东北人民政府批准撤销抚顺县，将其辖地分别划归本溪市和抚顺市管辖。1961年8月，国务院批准恢复抚顺县的建制，至1985年一直隶属抚顺市管辖	1949年：9个区，96个村。 1950年：9个区，4个街，1个乡，181个村。 1961年：15个公社，1个农场。 1962年：20个公社，3个农场。 1966年：18个公社，3个农场。 1984年：2个镇，15个乡。 1985年：2个镇，13个乡，2个民族乡
清原县	丁等县	清原镇，距省会沈阳126km	3978	新中国成立初期，隶属辽东省。1954年8月，隶属辽宁省。1956年2月，隶属铁岭专区。1959年1月，隶属抚顺市。1964年3月，改归沈阳专区。1968年12月至1985年年末，隶属抚顺市	1949年：9个区，67个村。 1950年：4个区，2个镇，35个乡。 1958年：6个公社。 1966年：3个镇，14个公社。 1985年：10个镇，5个乡，6个民族乡
本溪县	—	1949—1960年：本溪市内。1960—1985年：小市镇，距省会沈阳83km	3529	新中国成立初期，隶属辽东省。1952年9月，东北人民政府决定撤销本溪县建置，另设本溪市郊区委员会，划入本溪县建置，由本溪市代管。1956年5月，国务院批准恢复本溪县建置，隶属本溪市。1959年1月至1985年年末，隶属本溪市	1956年：10个区，1个镇，67个乡。 1958年：17个公社。 1966年：17个公社。 1985年：7个镇，10个民族乡
桓仁县	丙等县	桓仁镇，距省会沈阳172km	3547	新中国成立初期，隶属辽东省。1954年8月，隶属辽宁省。1956年2月，隶属安东专区。1959年1月至1985年年末，隶属本溪市	1951年：1个镇，7个区。 1956年：2个镇，32个乡。 1958年：7个公社。 1962年：17个公社。 1966年：2个镇，15个公社。 1984年：2个镇，15个乡。 1985年：10个镇，8个民族乡

续表

县名	新中国成立时县等级	县政府驻地	面积（km²）	新中国建立至今建置	行政区划
东沟县	乙等县	大东镇，距省会沈阳323km	2195	原名安东县。新中国成立初期，隶属辽东省。1954年8月，隶属辽宁省。1956年2月，隶属安东专区。1959年1月至1985年末，隶属丹东（安东）市。1965年1月，改名为东沟县	1949年：11个区，1个镇，12个街，207个村。1954年：9个区，1个镇，190个村。1958年：8个公社。1966年：2个镇，21个公社。1985年：11个镇，11个乡，1个民族乡。
宽甸县	乙等县	宽甸镇，距省会沈阳166.3km	6193.7	新中国成立初期，隶属辽东省。1954年8月，隶属辽宁省。1956年2月，隶属安东专区。1959年1月至1985年末，隶属丹东（安东）市	1949年：13个区，1个街，240个村。1954年：14个区，231个村。1958年：13个公社。1966年：1个镇，20个公社。1985年：6个镇，6个乡，11个民族乡。
兴城县	丙等县	兴城镇，距省会沈阳265km	2148	新中国成立初期，隶属辽西省。1954年8月，隶属辽宁省。1956年2月，归锦州专区。1959年1月，隶属锦州市。1965年12月，复隶锦州专区。1968年12月至1985年末，复隶锦州市	1954年：9个区，192个村。1958年：9个公社。1966年：1个镇，22个公社。1985年：6个镇，10个乡，11个民族乡。
绥中县	乙等县	绥中镇，距省会沈阳400km	2749.75	新中国成立初期，隶属辽西省。1954年8月，隶属辽宁省。1956年2月，隶属锦州专区。1959年1月，隶属锦州市。1965年12月，复隶锦州专区。1968年12月至1985年，重新隶属锦州市	1954年：12个区，240个村。1956年：6个区，2个镇，66个乡。1958年：8个公社。1964年：1个镇，27个公社。1966年：1个镇，22个公社。1985年：11个镇，9个乡，10个民族乡。

续表

县名	新中国成立时县等级	县政府驻地	面积（km²）	新中国建立至今建置	行政区划
锦县	乙等县	大凌河镇，距省会沈阳223km	2895	新中国成立初期，隶属辽西省。1954年8月，隶属辽宁省。1956年2月，隶属锦州专区。1959年1月，隶属锦州市。1965年12月，复隶锦州专区。1968年12月至1985年年末，复隶锦州市	1949年：13个区，335个村。 1954年：13个区，311个村。 1956年：7个区，1个镇，72个乡。 1958年：1个镇，14个乡。 1965年：4个镇，28个公社，2个农场。 1985年：11个镇，21个乡，2个农场。
北镇县	乙等县	广宁镇，距省会沈阳190km	1782	新中国成立初期，隶属辽西省。1954年8月，隶属辽宁省。1956年2月，隶属锦州专区。1959年1月，隶属锦州市。1965年12月，复隶锦州专区。1968年12月至1985年年末，复隶锦州市	1954年：9个区，1个镇，168个村。 1956年：4个区，2个镇，51个乡。 1958年：7个公社。 1964年：2个镇，22个公社。 1985年：9个镇，4个乡，12个民族乡。
黑山县	乙等县	黑山镇，距省会沈阳136km	2500	新中国成立初期，隶属辽西省。1954年8月，隶属辽宁省。1956年2月，隶属锦州专区。1959年1月，隶属锦州市。1965年12月，复隶锦州专区。1968年12月至1985年年末，复隶锦州市	1954年：11个区，2个镇，249个村。 1958年：12个公社。 1965年：4个镇，27个公社。 1985年：14个镇，18个乡。
义县	乙等县	义州镇，距省会沈阳184.6km	2481.6	新中国成立初期，隶属辽西省。1954年8月，隶属辽宁省。1956年2月，隶属锦州专区。1959年1月，隶属锦州市。1965年12月，复隶锦州专区。1968年12月，撤专区后，复隶锦州市	1949年：11个区，246个村。 1954年：11个区，239个村。 1956年：5个区，1个镇，43个乡。 1958年：9个公社。 1962年：1个镇，22个公社。 1985年：6个镇，7个乡，10个民族乡。

续表

县名	新中国成立时县等级	县政府驻地	面积（km²）	新中国建立至今建置	行政区划
营口县	丙等县	大石桥镇，距省会沈阳179km	1600	新中国成立初期，隶属辽宁省。1954年8月，隶属辽东省。1956年2月，隶属辽阳专区。1959年1月，划归营口市。1965年12月，划归辽南专署。1968年12月至1985年年末，复隶营口市	1954年：8个区，240个村。 1956年：6个区，1个镇，61个乡。 1958年：7个公社。 1964年：1个镇，18个公社，2个农场。 1985年：6个镇，14个乡，3个农场。
盖县	甲等县	盖州镇，距省会沈阳183km	3053	原名盖平县。新中国成立初期，隶属辽东省。1954年8月，隶属辽东省。1956年2月，隶属辽阳专区。1959年，划归营口市。1965年1月，更名为盖县，12月，归辽南专区。1968年12月，辽南专区撤销，盖县重新隶属营口市	1949年：24个区，23个街，484个村。 1954年：13个区，1个镇，459个村。 1956年：5个区，2个镇，67个乡。 1958年：2个镇，13个公社，5个农场。 1964年：2个镇，31个公社。 1985年：8个镇，26个乡，3个民族乡
彰武县	丙等县	彰武镇，距省会沈阳127km	3635	新中国成立初期，隶属辽西省。1954年8月，隶属辽宁省。1956年2月，隶属锦州专区。1959年1月至1985年年末，隶属阜新市	1949年：10个区，188个村。 1954年：9个区，1个镇，178个村。 1956年：5个区，1个镇，46个乡。 1958年：1个镇，8个公社。 1964年：1个镇，23个公社。 1985年：7个镇，14个乡，3个民族乡。

续表

县名	新中国成立时县等级	县政府驻地	面积（km²）	新中国建立至今建置	行政区划
辽阳县	甲等县	原为辽阳镇，后移首山镇，距省会沈阳76km	2822	新中国成立初期，隶属辽东省。1954年8月，隶属辽宁省。1956年2月，隶属辽阳专区。1959年1月，国务院批准撤销辽阳县，区域并入辽阳市。1961年，国务院批准恢复辽阳县，隶属鞍山市。1965年4月，隶属辽宁省。12月隶属辽南专署。1968年6月，经省革委会决定撤销辽阳县，并入辽阳市。1980年4月，国务院批准恢复辽阳县，隶属辽阳市	1950年：18个区，1个镇。1956年：8个区，3个镇，102个乡。1964年：5个镇，36个公社。1968年：2个镇，21个公社。1985年：9个镇，11个乡，1个民族乡。
灯塔县	—	灯塔镇，距省会沈阳47km	1331	原为辽阳县辖地。新中国成立初期，隶属辽阳县。1968年6月，辽阳市划归辽阳市管辖，设灯塔区。1980年4月，国务院批准灯塔区改为灯塔县，归辽阳市领导	1980年：2个镇，13个公社，1个农场。1985年：6个镇，12个乡。
铁岭县	乙等县	铁岭市，距省会沈阳61.3km	2279	新中国成立初期，隶属辽西省。1954年8月，隶属辽宁省。1956年，辽宁省增设铁岭专区，铁岭县属该专区管辖。1959年1月，归沈阳市管辖。1964年3月，改属沈阳专区管辖。1968年12月，改属铁岭专区管辖。1984年6月，隶属铁岭市	1954年：10个区，230个村。1956年：2个镇，44个乡。1958年：2个镇，9个公社。1964年：2个镇，18个公社。1985年：4个镇，12个乡。

续表

县名	新中国成立时县等级	县政府驻地	面积（km²）	新中国建立至今建置	行政区划
开原县	乙等县	开原镇，距省会沈阳91.2km	3164	新中国成立初期，隶属辽西省。1954年8月，辽宁省增设铁岭专区，开原县属该专区管辖。1959年，归沈阳市管辖。1964年3月，改属沈阳专区管辖。1968年12月，改属铁岭专区管辖。1984年6月，隶属铁岭市。	1954年：11个区，1个镇，248个村。1956年：2个镇，38个乡。1958年：8个公社。1964年：24个公社。1985年：6个镇，14个乡，5个民族乡。
西丰县	丙等县	西丰镇，距省会沈阳144km	2686	新中国成立初期，隶属辽东省。1954年8月，辽宁省增设铁岭专区，西丰县属该专区管辖。1959年1月，归沈阳市管辖。1964年3月，改属沈阳专区管辖。1968年12月，改属铁岭专区管辖。1984年6月，隶属铁岭市。	1954年：8个区，117个村。1956年：1个镇，35个乡。1958年：6个公社。1964年：2个镇，19个公社。1985年：6个镇，13个乡，1个民族乡。
昌图县	乙等县	1949—1962年：昌图老城；1962—1985年：昌图镇，距省会沈阳118 km	4324	新中国成立初期，隶属辽西省。1954年8月，辽宁省增设铁岭专区，昌图县属该专区管辖。1959年1月，归沈阳市管辖。1964年3月，改属沈阳专区管辖。1968年12月，改属铁岭专区管辖。1984年6月，隶属铁岭市。	1954年：18个区，1个镇，333个村。1956年：8个区，3个镇，97个乡。1958年：12个公社。1966年：4个镇，37个公社。1985年：9个镇，32个乡。

续表

县名	新中国成立时县等级	县政府驻地	面积（km²）	新中国建立至今建置	行政区划
康平县	丙等县	康平镇，距省会沈阳105km	2173	新中国成立初期，隶属辽西省。1954年8月，隶属辽宁省。1956年辽宁省增设铁岭专区，康平县属该专区管辖。1959年1月，归阳市管辖。1964年3月，改属沈阳专区管辖。1968年12月，改属铁岭专区管辖。1984年6月，隶属铁岭市。	1954年：11个区，119个村。1956年：5个区，1个镇，34个乡。1958年：9个公社。1964年：1个镇，14个公社。1985年：4个镇，12个乡。
法库县	乙等县	法库镇，距省会沈阳73.3km	2320	新中国成立初期，隶属辽西省。1954年8月，隶属辽宁省。1956年，辽宁省增设铁岭专区，法库县属该专区管辖。1959年1月，归阳市管辖。1964年3月，改属沈阳专区管辖。1968年12月，改属铁岭专区管辖。1984年6月，隶属铁岭市。	1954年：10个区，227个村。1956年：1个镇，41个乡。1958年：8个公社。1964年：2个镇，21个公社。1985年：6个镇，13个乡，1个民族乡。
朝阳县	甲等县	朝阳市，距省会沈阳341km	4629	新中国成立初期，隶属热河省。1949年1月，隶属辽西省。同年4月，划归热河省。1955年7月，热河省的行政建置撤销，朝阳县划归辽宁省。1956年2月，隶属锦州专区。1959年1月，隶属朝阳市。1964年3月，隶属朝阳专区。1984年6月，复隶朝阳市。	1955年：18个区，2个镇，8个乡，341个村。1956年：7个区，1个镇，85个乡。1958年：25个公社。1969年：45个公社，1个镇，1个农场。1985年：3个镇，36个乡，1个民族乡。

续表

县名	新中国成立时县等级	县政府驻地	面积（km²）	新中国建立至今建置	行政区划
建平县	乙等县	1949—1954年：建平镇。1954—1985年：叶柏寿镇，距省会沈阳319.3km	4865.6	新中国成立初期，隶属热河省。1955年7月，热河省撤销后隶属锦州专区。1956年2月，隶属锦州专区。1959年1月，隶属朝阳专区。1964年3月，隶属朝阳专区。1984年6月，复隶朝阳市。	1949年：13个区，234个村。1956年：6个区，1个镇，66个乡。1958年：11个公社。1964年：24个公社。1985年：4个镇，26个乡，2个民族乡。
凌源县	丙等县	凌源镇，距省会沈阳550km	3278	新中国成立初期，隶属热河省。1955年7月，撤销热河省，行政改隶辽宁省。1956年2月，隶属锦州专区。1959年1月，隶属朝阳专区。1964年3月，隶属朝阳专区。1984年6月，复隶朝阳市。	1949年：13个区，395个村。1955年：13个区，216个村（街）。1956年：6个区，1个镇，60个乡。1958年：11个公社。1961年：24个公社，1个农场。1985年：4个镇，19个乡，5个民族乡。
建昌县	丙等县	建昌镇，距省会沈阳324km	3184	新中国成立初期，隶属热河省。1955年7月，撤销热河省，隶属辽宁省。1956年2月，隶属锦州专区。1959年1月，隶属朝阳专区。1962年3月，隶属朝阳专区。1984年6月，复隶朝阳市。	1949年：13个区，228个村。1957年：8个区，70个乡镇。1958年：10个公社。1962年：27个公社。1985年：2个镇，29个乡，1个民族乡。
大洼县	—	大洼镇，距省会沈阳147km	1400	原为盘山县地，隶属营口市，称大洼区。1961年，为营口市盘锦区所属的大洼区。1966年1月，为盘锦垦区所属的大洼区。1970年1月，在盘锦垦区内设大洼区（县级）。1975年11月，经国务院批准撤销大洼区的行政建置，改设大洼县的行政建置，隶属营口市管辖。1984年6月，隶属盘锦市管辖	1971—1980年：2个镇，1个公社，17个农（苇）场。1985年：6个镇，14个乡

参考文献

[1] 姬昌. 周易[M]. 北京：华夏出版社，2009.

[2] 许慎. 说文解字段注：十三册：卷10：上[M]. 成都：成都古籍书店，1981.

[3] 房玄龄. 晋书[M]. 北京：中华书局，1974.

[4] 袁枢. 通鉴纪事本末[M]. 北京：中华书局，1964.

[5] 欧阳修，宋祁，范镇，等. 唐书[M]. 北京：中华书局，1975.

[6] 司马光. 资治通鉴[M]. 长沙：岳麓书社，1990.

[7] 刘效祖. 四镇三关志[M]. 明代万历四年刻本. 郑州：中国古籍出版社，2018.

[8] 李贤，等. 大明一统志[M]. 方志远，等，点校. 成都：巴蜀书社，2017.

[9] 魏焕. 皇明九边考[M]. 嘉靖刻本. 北京：华文出版社，1969.

[10] 朱元璋. 四库存目丛书本：史部264册：皇明祖训[M]. 济南：齐鲁书社，1996.

[11] 王在晋. 三朝辽事实录[M]. 南京：江苏广陵古籍刻印社，1988.

[12] 李辅. 全辽志[M]. 明代嘉靖四十四年刻本. 沈阳：辽沈出版社，1984.

[13] 毕恭. 辽海丛书：辽东志书序[M]. 沈阳：辽沈书社，1934.

[14] 任洛，等. 辽海丛书：辽东志[M]. 沈阳：辽沈书社，1934.

[15] 郑若曾. 中国兵书集成：015：筹海图编[M]. 北京：中华书局，2007.

[16] 明官修. 明实录[M]. 台北："中央研究院"历史语言研究所，1962.

[17] 冯瑗辑. 开原图说[M]. 万历刻本. 沈阳：辽宁人民出版社，2014.

[18] 陆容. 菽园杂记[M]. 北京：中华书局，1985.

[19] 霍善，等. 诸司职掌：吏部：选部：在外[M]. 续修四库全书影印北京图书馆藏明刻本. 上海：上海古籍出版社，2000.

[20] 宋应昌. 经略复国要编[M]. 民国间影印明万历间刻本. 杭州：浙江大学出版社，2020.

[21] 陈子龙. 皇明经世文编[M]. 北京：中华书局，1962.

[22] 茅元仪. 督师纪略[M]. 北京：北京图书馆出版社，1989.

[23] 沈国元. 两朝从信录[M]. 台北：华文书局，1968.

[24] 计六奇. 明季北略[M]. 北京：中华书局，1984.

[25] 清官修. 清实录[M]. 北京：中华书局，1985.

[26] 张廷玉，等. 明史[M]. 北京：中华书局，1974.

[27] 高士奇. 扈从东巡日录[M]. 长春：吉林文史出版社，1986.

[28] 王一元. 辽左见闻录[M]. 姜念思，肇乐群，校注. 沈阳：沈阳出版社，2013.

[29] 谷应泰. 明史纪事本末: 故元遗兵: 蒙古文 [M]. 赤峰: 内蒙古科学技术出版社, 2011.

[30] 阿桂, 等. 盛京通志 [M]. 沈阳: 辽海出版社, 1997.

[31] 鄂尔泰, 等. 八旗通志 [M]. 长春: 东北师范大学出版社, 1985.

[32] 顾祖禹. 读史方舆纪要 [M]. 北京: 中华书局, 1955.

[33] 乾隆官修. 清朝文献通考 [M]. 杭州: 浙江古籍出版社, 2000.

[34] 贾桢. 筹办夷务始末: 咸丰朝: 卷32, 卷33 [M]. 北京: 中华书局, 1979.

[35] 王彦威. 清季外交史料 [M]. 北京: 书目文献出版社, 1987.

[36] 徐世昌. 东三省政略 [M]. 长春: 吉林文史出版社, 1989.

[37] 王奕增, 等. 锦县志 [M]. 范勋, 等, 纂. 沈阳: 辽沈书社, 1936.

[38] 刘源溥, 孙成. 锦州府志 [M]. 沈阳: 辽沈书社, 1936.

[39] 骆云. 盖平县志 [M]. 沈阳: 辽沈书社, 1936.

[40] 朴趾源. 热河日记: 第二卷 [M]. 上海: 上海书店出版社, 1997.

[41] 小越平隆. 白山黑水录 [M]. 铅印本. 上海: 上海广智书局, 1902 (清光绪二十八年).

[42] 守田利远. 满洲地志 [M]. 东京: 丸善株式会社, 1907.

[43] 菊池秋四郎, 中岛一郎. 奉天二十年史 [M]. 奉天: 奉天二十年史刊行会, 1926.

[44] 沈桐生. 光绪政要 [M]. 台北: 文海出版社, 1969.

[45] 程廷恒. 复县志略 [M]. 张素, 纂. 民国九年石印本. 台北: 成文出版社, 1974.

[46] 李植嘉, 等. 辽中县志 [M]. 沈阳: 东北交通用品制造厂, 1930 (民国十九年).

[47] 恩麟, 王恩士. 兴城县志 [M]. 杨荫芳, 等纂. 兴城: 兴城华昌印刷局, 1927 (民国十六年).

[48] 文镒. 绥中县志 [M]. 范炳勋, 等, 纂. 奉天: 辽宁作新印刷局, 1929 (民国十八年).

[49] 赵恭寅. 沈阳县志 [M]. 曾有翼, 纂. 民国六年铅印本. 台北: 成文出版社, 1974.

[50] 李毅. 开原县志 [M]. 民国九年石印本. 台北: 成文出版社, 1974.

[51] 石秀峯, 辛广瑞. 盖平县志 [M]. 王郁云, 纂. 民国十九年铅印本. 台北: 成文出版社, 1974.

[52] 翟文选, 臧式毅. 奉天通志 [M]. 沈阳: 辽海出版社, 2003.

[53] 徐嗣同. 东北研究丛书: 东北的产业 [M]. 北京: 中华书局, 1932.

[54] 中央研究院历史语言研究所. 明清史料: 甲编 [M]. 北京: 北京图书馆出版社, 2008.

[55] 连濬. 东三省经济实况概要 [M]. 上海: 观海时事月刊社, 1931.

[56] 东北物资调查委员会研究组. 东北经济小丛书 [M]. 北京: 商务印书馆, 1948.

[57] 辽阳市地方志办公室. 辽阳市志 [M]. 沈阳: 辽宁人民出版社, 1993.

[58] 营口市地方志办公室. 民国营口县志 [M]. 沈阳: 辽宁民族出版社, 1999.

[59] 满史会. 满洲开发四十年史 [M]. 长春: 东北师范大学出版社, 1988.

[60] 田方, 陈一筠. 中国移民史略[M]. 北京: 知识出版社, 1986.

[61] 赵尔巽. 二十五史: 清史稿[M]. 上海: 上海古籍出版社, 1986.

[62] 中国第一历史档案馆. 满文老档[M]. 北京: 中华书局, 1990.

[63] 王铁崖. 中外旧约章汇编[M]. 北京: 生活·读书·新知三联书店, 1982.

[64] 程素红. 中国历代兵书集成: 全卷四[M]. 北京: 团结出版社, 1999.

[65] 中国地方志集成: 山东府县志辑: 第48册[M]. 南京: 凤凰出版社, 2004: 73.

[66] 金毓黻. 辽海丛书[M]. 沈阳: 辽沈书社, 1936.

[67] 辽宁省统计局. 辽宁统计年鉴[M]. 北京: 中国统计出版社, 2019.

[68] 中国史学会. 中国近代历史资料丛刊: 第六册: 洋务运动[M]. 上海: 上海书店出版社, 1962.

[69] 姚贤镐. 中国近代对外贸易史资料[M]. 北京: 中华书局, 1962.

[70] 中国军事史编写组. 中国军事史: 第四卷: 兵法[M]. 北京: 解放军出版社, 1988.

[71] 中国军事史编写组. 中国历代军事家[M]. 北京: 解放军出版社, 2004.

[72] 中国军事史编写组. 中国历代军事战略: 上下[M]. 北京: 解放军出版社, 2010.

[73] 中国军事史编写组. 中国军事史: 附卷: 历代战争年表[M]. 北京: 解放军出版社, 1985.

[74] 方志远. 明朝军队的编制与领导体制[M]//中国明史学会. 明史研究: 第三辑. 合肥: 黄山书社, 1993.

[75] 刘谦. 明辽东镇长城及防御考[M]. 北京: 文物出版社, 1989.

[76] 王绵厚, 李建才. 东北古代交通[M]. 沈阳: 沈阳出版社, 1990.

[77] 曲晓范. 近代东北城市的历史变迁[M]. 长春: 东北师范大学出版社, 2001.

[78] 戴鸿义. 辽阳历史大事记[M]. 沈阳: 辽宁民族出版社, 2010.

[79] 曲彦斌. 辽宁文化通史[M]. 大连: 大连理工大学出版社, 2009.

[80] 辽宁省地方志编纂委员会办公室. 辽宁省志: 地理志: 建置志[M]. 沈阳: 辽宁民族出版社, 2001.

[81] 马正林. 中国城市历史地理[M]. 济南: 山东教育出版社, 1998.

[82] 顾朝林. 中国城镇体系: 历史·现状·展望[M]. 北京: 商务印书馆, 1992.

[83] 鲁西奇. 区域历史地理研究: 对象与方法: 汉水流域的个案考察[M]. 南宁: 广西人民出版社, 2000.

[84] 孔经纬. 中国东北地区经济史: 第一卷: 清代东北地区经济史[M]. 哈尔滨: 黑龙江人民出版社, 1990.

[85] 张士尊. 清代东北移民与社会变迁[M]. 长春: 吉林人民出版社, 2003.

[86] 施坚雅. 中国封建社会晚期城市研究: 施坚雅模式[M]. 王旭, 等, 译. 长春: 吉林教育

出版社，1991.

[87] 孙占文. 黑龙江省史探索[M]. 哈尔滨：黑龙江人民出版社，1983.

[88] 郎元智. 中国近代东北地区城市生活兴衰与社会发展研究（1861—1931）[M]. 北京：人民出版社，2020.

[89] 李剑农. 中国近百年政治史：上[M]. 上海：复旦大学出版社，2002.

[90]《民国山东通志》编辑委员会. 民国山东通志[M]. 台北：山东文献杂志社，2002.

[91] 步平，等. 东北国际约章汇释[M]. 哈尔滨：黑龙江人民出版社，1987.

[92] 杜恂诚. 日本对旧中国的投资[M]. 上海：上海社会科学出版社，1980.

[93] 张志强. 东北近代史与城市史研究[M]. 北京：社会科学文献出版社，2013.

[94] 辽宁省文物局. 辽宁省明长城资源调查报告[M]. 北京：文物出版社，2011.

[95] 中共中央党史研究室《中共党史大事年表》编写组. 中共党史大事年表说明[M]. 北京：人民出版社，1983.

[96] 复旦大学历史系中国近代史教研组. 中国近代对外关系史资料选辑：下卷：二分册[M]. 上海：上海人民出版社，1977.

[97] 托因比. 美国、英国和俄国：它们的合作与冲突：1941—1946年[M]. 上海：上海译文出版社，1978.

[98] 中央档案馆. 中共中央文件选：第13册[M]. 北京：中央党校出版社，1991.

[99] 中央档案馆. 1949—1952中华人民共和国经济档案资料选编[M]. 北京：中国城市经济社会出版社，1989.

[100] 施瑶. 明大同镇长城军事聚落适应性特征研究[D]. 北京：北京林业大学，2020.

[101] 范熙晅. 明长城军事防御体系规划布局机制研究[D]. 天津：天津大学，2015.

[102] 杨孝本. 清代辽宁地区城镇地理研究[D]. 长春：东北师范大学，2010.

[103] 侯丹蕾. 明长城辽东镇驿传系统研究[D]. 天津：天津大学，2018.

[104] 张芳. 明清时期辽东半岛城镇体系演变研究[D]. 北京：中央民族大学，2012.

[105] 魏琰琰. 分统举要，纲维秩序：明辽东镇军事聚落分布及防御变迁研究[D]. 天津：天津大学，2016.

[106] 刘文斌. 明辽东地区海防聚落工程体系研究[D]. 天津：天津大学，2012.

[107] 尹泽凯. 明代海防聚落体系研究[D]. 天津：天津大学，2016.

[108] 李严. 明长城"九边"重镇军事防御性聚落研究[D]. 天津：天津大学，2007.

[109] 任玉雪. 清代东北地方行政制度研究[D]. 上海：复旦大学，2003.

[110] 薛原. 资源、经济角度下明代长城沿线军事聚落变迁研究：以晋陕地区为例[D]. 天津：天津大学，2007.

[111] 吴迪. 明清辽东地区城市形态演变研究[D]. 沈阳：沈阳建筑大学，2017.

[112] 黄欢. 明代长城防御体系之辽东镇卫所城市研究 [D]. 南京：东南大学，2007.

[113] 樊磊. 民国时期政府移民政策述略 [D]. 长春：吉林大学，2007.

[114] 赵晓蕾. 民国时期东北地区救助关内难民研究（1912—1931）[D]. 沈阳：辽宁大学，2021.

[115] 王先芝. 东北地区城市空间组织研究 [D]. 长春：东北师范大学，2006.

[116] 徐凌玉. 明长城军事防御体系整体性保护策略 [D]. 天津：天津大学，2018.

[117] 马洁. 空间剥夺视角下环渤海地区城市经济联系研究 [D]. 沈阳：辽宁师范大学，2019.

[118] 夏灵安. 老工业基地城市的空间结构演变研究 [D]. 天津：天津大学，2009.

[119] 姜博. 辽宁中部城市群空间联系研究 [D]. 长春：东北师范大学，2008.

[120] 权梦琪. 近代中东铁路南段沿线城镇体系与形态特征研究 [D]. 大连：大连理工大学，2020.

[121] 郝赫. 近现代东北政区沿革述论（1907—1955）[D]. 长春：吉林大学，2007.

[122] 石建国. 东北工业化研究 [D]. 北京：中共中央党校，2006.

[123] 董婕. 日本对南满铁路附属地的经营及其影响 [D]. 沈阳：辽宁大学，2006.

[124] 徐婷. 铁路与近代东北区域经济变迁（1898—1931）[D]. 长春：吉林大学，2015.

[125] 郭艳波. 清末东北新政研究 [D]. 长春：吉林大学，2007.

[126] 孙鸿金. 近代沈阳城市发展与社会变迁（1898—1945）[D]. 长春：东北师范大学，2012.

[127] 李小荣. 乡村聚落及村庄内部空间结构演变研究 [D]. 西安：西北大学，2016.

[128] 辛圣凤. 朝鲜人的满洲移民史研究 [D]. 延吉：延边大学，2013.

[129] 马迎淇. 建国初期东北工业基地建设研究 [D]. 长春：吉林大学，2014.

[130] 方青，常工. 向着新中国的工业基地前进 [N]. 东北日报，1950-09-30.

[131] 姜晔. 民国时期东北移民与东北地区的开发 [J]. 大连近代史研究，2012，9：443-452.

[132] 越泽明. 长春的都市规划史（1905—1945年）[J]. 经济地理学年报，1993（5）：45-46.

[133] 王士君，宋飏. 中国东北地区城市地理基本框架 [J]. 地理学报，2006，61（6）：574-584.

[134] 李诚固. 东北老工业基地衰退机制与结构转换研究 [J]. 地理科学，1996，16（2）：104-114.

[135] 张玉坤，李严. 明长城九边重镇防御体系分布图说 [J]. 华中建筑，2005，23（2）：116-119，153.

[136] 曹劲. 关怀与唤醒：微观视角的乡村文化遗产传承与复兴 [J]. 建筑学报，2017（1）：118-120.

[137] 陆春炎. 古代军队处理军民关系思想探析 [J]. 军事历史研究，2001（3）：88-92.

[138] 刘俊勇. 明代辽东海防城堡的调查与考证：以金州卫、复州卫为中心 [J]. 东北史地, 2015（4）：35-39，97-98.

[139] 顾诚. 明帝国的疆土管理体制 [J]. 历史研究, 1989（3）：135-150.

[140] 何一民. 清代东北地区城市发展与变迁 [J]. 新华文摘, 2010.

[141] 胡雪梅. 东北大豆出口贸易与近代中国东北开发（1860—1931）[J]. 北方文物, 2002（3）：93-99.

[142] 姜振寰, 郑世先, 陈朴. 中东铁路的缘起与沿革 [J]. 哈尔滨工业大学学报（社会科学版）, 2011.

[143] 安成日, 刘艳. 日俄战争与东亚国际体系的重构 [J]. 哈尔滨工业大学学报（社会科学版）, 2011, 13（2）：7-16.

[144] 江沛, 程斯宇. 安奉铁路与近代安东城市兴起（1904—1931）[J]. 社会科学辑刊, 2014（5）：147-154.

[145] 陈亮, 陈晓红, 李诚固. 近代东北区城市化与工业化相互作用的过程分析 [J]. 城市发展研究, 2004（6）：28-31.

[146] 江红春. 明清时期辽东半岛建置沿革 [J]. 满族研究, 2006（2）：26-32.

[147] 赵现海. 中国古代长城的历史角色 [J]. 社会科学文摘, 2021（3）：93-95.

[148] 李严, 张玉坤. 明长城军堡与明、清村堡的比较研究 [J]. 新建筑, 2006（1）：36-40.

[149] 王雁. 衰落与萌芽：明清战争期间辽宁城镇发展 [J]. 满族研究, 2012（2）：38-44.

[150] 关锡镝, 王飒. 明代辽东都司军事聚落体系变迁新探 [C]// 中国建筑学会建筑史学分会. 2016年中国建筑史学会年会论文集. 武汉：武汉理工大学出版社, 2016：10.

[151] 胥琳. 近代沈阳满铁附属地城市与建筑的现代化进程 [J]. 建筑与文化, 2013（10）：55-57.

[152] 王士君, 廉超, 赵梓渝. 从中心地到城市网络：中国城镇体系研究的理论转变 [J]. 地理研究, 2019, 38（1）：64-74.

[153] 董肖芫, 杨庆华. 解放战争时期东北战略后方基地建设研究 [J]. 军事历史研究, 2000（1）：71-79.

[154] 傅颐. 二十世纪五六十年代中央对东北工业基地的经略与建设 [J]. 中共党史研究, 2004（5）：58-65.

[155] 董志凯. 论20世纪后半叶大陆的城市化建设 [J]. 中国经济史研究, 1999（3）.

[156] 吴松涛. 城市设计在老工业基地更新中的机遇与应对 [J]. 城市规划, 2004（4）.

[157] 中华人民共和国中央人民政府. 辽宁沿海经济带高质量发展规划 [EB/OL]. [2021-10-26]. https://www.gov.cn/zhengce/zhengceku/2021-10/26/5644950/files/051c311db0064fa7aa07c30104d239a5.pdf.